中国式农业现代化之路

从小农户到规模化经营

郑阳阳　刘瑞峰 ◎ 著

中国财经出版传媒集团

经济科学出版社

Economic Science Press

·北京·

图书在版编目（CIP）数据

中国式农业现代化之路：从小农户到规模化经营 /
郑阳阳，刘瑞峰著. -- 北京：经济科学出版社，2024.
8. -- ISBN 978 - 7 - 5218 - 6195 - 2

Ⅰ. F320. 1

中国国家版本馆 CIP 数据核字第 2024549PD7 号

责任编辑：汪武静
责任校对：王肖楠
责任印制：邱　天

中国式农业现代化之路：从小农户到规模化经营

ZHONGGUOSHI NONGYE XIANDAIHUA ZHILU：
CONG XIAONONGHU DAO GUIMOHUA JINGYING

郑阳阳　刘瑞峰　著

经济科学出版社出版、发行　新华书店经销
社址：北京市海淀区阜成路甲 28 号　邮编：100142
总编部电话：010 - 88191217　发行部电话：010 - 88191522
网址：www. esp. com. cn
电子邮箱：esp@ esp. com. cn
天猫网店：经济科学出版社旗舰店
网址：http：//jjkxcbs. tmall. com
固安华明印业有限公司印装
710 × 1000　16 开　15. 5 印张　230000 字
2024 年 8 月第 1 版　2024 年 8 月第 1 次印刷
ISBN 978 - 7 - 5218 - 6195 - 2　定价：68. 00 元
（图书出现印装问题，本社负责调换。电话：010 - 88191545）
（版权所有　侵权必究　打击盗版　举报热线：010 - 88191661
QQ：2242791300　营销中心电话：010 - 88191537
电子邮箱：dbts@ esp. com. cn）

本书系

浙江省哲学社会科学重点研究基地温州人经济研究中心重点项目：乡村振兴背景下工商资本下乡风险的生成演化机理及多元治理研究（WZRJDZS2021001）成果

序

　　星燧贸迁，晷刻渐移。在这片承载着数千年文明历史的华夏大地上，农业从始至终都是中华民族赖以生存的根本。从黄河、长江流域的肥沃平原到辽阔的西部高原，每一寸土地都承载着世代农民朝耕暮耘的辛勤汗水和智慧结晶，春种秋收的节奏，犹如历史的脉搏，代代相传，生生不息。随着科技的进步和农业现代化的发展，时至今日，这片古老的土地正焕发出新的生机，未来农业蕴藏着无限的潜力。面对庞大的农业人口和复杂的农业生产环境，实现农业强国是解决"三农"问题、推动经济可持续发展的根本途径。

　　农稳社稷，粮安天下。如何实现小农户的现代化是实现农业强国的重要内容。在党的二十大之后召开的第一个中央农村工作会议上，习近平总书记强调，全面推进乡村振兴、加快建设农业强国，是党中央着眼全面建成社会主义现代化强国作出的战略部署。从传统小农户经营向规模化经营转变，无疑是一条挑战与机遇并存的中国式现代化之路，这条道路并非一蹴而就，需要我们在实践中不断探索，在理论中不断积累。

　　格物致知，求本溯源。本书以翔实的数据、生动的案例和多样的分析方法，剖析小农经营的内在逻辑，以及在规模化经营时所面临的优势和挑战，为我们描绘了中国式农业现代化的发展路径。虽然国内已有很多针对小农经营与农业现代化发展的研究，但关于内在机制的揭示还远远不够。在书中，我们可以看到作者对农业现代化的理解是全面的，对问题的分析是深入的。这本书没有华丽空洞的辞藻修饰，尝试用朴素的语言，基于中国农业农村的大量调研案例和数据，从理论和实践层面阐释中国农民的底层逻辑。

　　笃行致远，惟实励新。本书是国内农业经济领域的一项重要成果，提供了中国式农业现代化背景下小农规模化转型的最新经验证据，为推动小农户与现代农业有机衔接提供了宝贵的经验和策略。此外，本书还为学术界进一步深入探讨小农户在农业现代化中的作用奠定了坚实的基础，为加快实现农业农村现代化提供了科学的解决方案。我相信，这本书将会成为农业工作者、政策制定者、研究者的重要参考资料。

在此，我为《中国式农业现代化之路：从小农户到规模化经营》这本书的出版感到由衷的喜悦，并期待它能够为中国式农业现代化的发展贡献自己的力量。

欣阅此书，谨以为序。

2024 年 7 月于郑州

前　言

"洪范八政，食为政首"。"商鞅变法"以来，大力发展农业作为一项基本国策相沿不替，从历史上封建王朝的兴衰来看，"文景之治""开元盛世""康乾盛世"的出现均使农业得到极大发展，而农业的衰落也导致了封建王朝的更替。中华民族五千年的历史就是一部农业发展史，翻阅厚重的历史史册，既有"采菊东篱下，悠然见南山"的田园生活，也有"纵有健妇把锄犁，禾生陇亩无东西"荒芜景象。悠悠华夏五千载，封建王朝统治下的中华民族用勤劳和智慧创造了灿烂的农耕文明，不断恩泽于后世子孙。

中华人民共和国成立之后，在中国共产党的领导下，我国农业开启了波澜壮阔的伟大实践，探索出一条中国式农业现代化之路。农业科技贡献率超过63%，农作物耕种收综合机械化率超过73%，辽阔的田野处处体现着科技的力量；从"皇粮国税"到"农业补贴"，中国农民告别了延续2600多年的农业税历史，走出了"黄宗羲定律"怪圈，质朴的农民处处洋溢着幸福的味道。从"吃得饱"转变为"吃得好、吃得健康"，中国的实践成功地回应了"布朗之问"。

回到写这本书的初衷，在推进中国之农业现代化过程中，我国"大国小农"的基本国情和农情没有改变，小农户在规模和数量上依然占据重要位置，那么在推动小农户与现代农业有机衔接过程中，小农户真实想法和行为是什么呢？行为逻辑背后的内在机理是什么呢？这都促使笔者不断去思考。2018年底跟随中国社科院农发所刘同山教授的一次黄淮海调研让笔者对小农户和规模化经营有了全新的认识，后续只要有机会与农民聊天，便会像小学生问老师问题一样地去问各种幼稚的问题。也正是在与小农户一次次的访谈过程中，笔者深刻地感受到小农户的伟大与可爱，他们看似不合理的行为中透露着理性的光辉，无数小农户细小的行为维持着社会的稳定、保障着国家粮食安全，成为国家发展稳定的"战略后院"。

探讨中国式农业现代化之路是一个比较宏大的命题，本书尝试从农户微观视角去构思，运用经济学方法去剖析小农户农业生产过程中真实的内心世界和行为逻辑背后的内在机理。本书总共有十一章。

第一章为小农户生产行为与多维功能。从总体上阐述小农户目前的生产行为、多维功能和面临的现实困境。

第二章为小农户缘何不愿流转土地。主要探讨为什么仍有大量小农户不愿流转土地，从生存理论性、经济理性和社会理性三个方面进行阐述。

第三章为土地流转中的小农复制形成。着重分析土地流转中小农复制的现状，并从农业生产分工、人文传统、公共服务、乡土社会和经营风险五个方面探讨原因。

第四章为小农户扩大经营规模的意愿。分析不同类型小农户扩大经营规模的意愿，以及小农户扩大经营规模意愿的影响因素。

第五章为规模化农户扩大经营规模的意愿。着重回答是否农户经营规模越大越愿意扩大经营规模。

第六章为农户想要多大的经营规模。主要探讨不同类型农户想要的经营规模，以及农户想要多大经营规模的影响因素。

第七章为提升农户规模化意愿路径。主要从农业生产培训和互联网使用两个方面探讨如何提升农户规模化意愿。

第八章为农业规模化经营中农户差异化需求。着重探讨异质性农户的农业生产逻辑和差异化生产需求。

第九章为农业规模化经营中的农户土地退出。从动态演化视角分析农业规模化经营中如何促进农户土地退出？

第十章为农业规模化经营的潜在风险与防范机制，着重从经营主体和社会层面两个方面探讨农业规模化经营风险，并构建"三位一体"农业共营制风险化解机制。

第十一章为农业规模化经营应把握的规律和避免的误区，从整体视角探讨农业规模化经营中应关注的两个关键问题、把握的两个内在规律和避免的三个思维误区。

整体而言，本书用朴素的语言来阐释中国农民的底层逻辑，了解他们真

实的想法和行为，但对中国式农业现代化之路仍处于初步探讨阶段，尚有许
多不足和改进的地方，恳请大家的批评和指正。

郑阳阳

2024 年 6 月

CONTENTS 目 录

第 一 章

小农户生产行为与多维功能

　　"农，天下之大本也，民所恃以生也。"自古以来中国就是农业大国，是国际学术界公认的五个古代农耕文明的发源之一。随着隋唐时期均田制的实行，"自给自足，分散经营"的小农经济逐渐从"大农"中演化出来。近代以来，市场因素开始逐渐渗透到小农经济中，虽然小农户在不同历史阶段面临的经济发展水平不同，但小农经济一直在延续、发展。改革开放后随着"家庭承包责任制"的确立，数以万计的小农户重新成为我国农业基本经营单位。关于小农户主要存在两大对立的观点，即以马克思为代表的"消灭小农论"和以舒尔茨为代表的"合理存在论"。"消灭小农论"认为小农户经营孤立、分散和封闭，无法适应社会化大生产，必须走向联合实现社会化大生产①。"合理存在论"认为小农是"理性小农"，他们如企业家一样追求利益最大化，主张改造传统小农实现农业现代化（舒尔茨，2009）。从我国农业实际出发，当前仍有2.1亿户多小农户，而且，在未来一段时期内会仍然存在大量小农户②。所以，在当前和未来一段时间内，"大国小农"是我国的基本国情农情，我国农业的基本面还是小农户，合作社和家庭农场也是小农户间的合作化、专业化和规模化生产。因此，要实现乡村振兴，必须实现小农户的振兴。

　　要实现小农户的振兴以及贯彻、落实和完善小农户的扶持政策，首先必须读懂当代中国小农户的农业生产行为才能对症下药、有的放矢。目前，针

---

① 马克思. 资本论［M］. 北京：人民出版社，2004。
② 苑鹏：小农户如何实现与现代农业的有机衔接？［EB/OL］. 中国农村网，2018 – 08 – 27. http：//www. farmer. com. cn/kjpd. /dtxw/201808/t20180827_1401463. htm.

对于小农户的讨论纷繁复杂，从直观感受和理论分析来看，一般认为小农户规模小、经营分散、经营者素质低，面临高经营成本、高经营风险、产业链条衔接难、资金获取难和信息不对称等问题（李铜山和周腾飞，2015；王亚华，2018；田鹏，2024；江永红和杨春，2024）。从行为实践层面来看，小农户对农业保险的购买意愿和愿意支付的保费水平显著低于新型农业经营主体（叶明华和朱俊生，2018）；小农户采纳新技术的数量和比重均比较低（张瑞娟和高鸣，2018）；小农户借贷需求较弱，并且不容易获得正规金融机构贷款，而资金制约是小农户向规模农户转变的重要阻碍，等等（蔡海龙和关佳晨，2018；廖媛红，2024）。既然小农户存在如此多的问题，那么小农户是否也是低效率呢？罗森茨维格和宾斯旺格（Rosenzweig and Binswanger，1992）基于印度的研究发现，农业生产效率或者单产与规模呈现负相关。李谷成等（2010）基于湖北 1999～2003 年的农户数据再次验证了上述结论，发现小农户比大农户农业生产效率更高。主要原因是小农户具有自我监督和精耕细作的特性，具有有效配置资源的内在"基因"。然而，郑志浩等（2024）基于第三次全国农业普查规模农户数据，经研究发现中国农户的规模—生产率关系已经走向或正在走向倒"U"形关系，过大或过小的土地经营规模都不利于生产率的提升。未来水稻单产与播种面积关系将会呈现为倒"U"形关系，且拐点会进一步前移。因此，小农户需要通过合作经营或农业社会化服务来弥补其不足（温锐和范博，2013；陈锡文，2013；曹光乔和吴萍，2023）。一方面，通过提高小农户组织化程度，以合作社或龙头企业为载体向农户提供生产性服务、经营性服务和金融性服务（徐旭初，2018；江永红和杨春，2024；黄炜虹等，2024）；另一方面，通过农业社会化服务组织，解决小农户生产过程中生产要素缺失问题（苑鹏和丁忠兵，2018；陈义媛，2023）。现实中合作社容易出现"大农吃小农"现象，因此，合作社是否有效有待商榷。同时，农业社会化服务目前存在龙头带动不强、服务内容不新、利益联结不紧、管理水平不高等问题（全志辉和温铁军，2009；刘益平，2018；郭晓鸣和温国强，2023）。

上述关于小农户的研究仍在继续，已有研究有助于我们理解小农户的客观现实，也为本书研究提供理论指导。然而存在以下两个方面的问题：第一，已有研究多局限于经济学的讨论，认为土地的增收和保障功能在下降，土地的要素功能在彰显。而且，从经济学"成本—收益"来看，推动规模化经营可以降低农业生产成本，提高农业竞争力方面（叶兴庆，2018；韩朝华，2023）。然而，小农户不仅是理想中的"经济人"，也是现实生活中的"社会人"，不仅追求个人经济利润最大化，同样追求家庭效用最大化。第二，对于种植粮食作物和经济作物的小农户，由于其配置在农业的劳动时间和收入占总收入的比重差异较大，因此，其行为逻辑也存在差别，而这往往被已有研究所忽略。基于此，本章从经济学和社会学视角，从农户农业生产的最基础、最现实、最本质的问题出发，详细分析当前小农户的农业生产行为，尝试探寻其行为背后的内在机理，为相关政策制定提供参考依据。

第一节　小农户的生产行为

基于传统古典经济学思想，许多研究把农民工进城务工当作个人追求利益最大化的决策，认为城市能够带来更高的收入、更好的公共服务社会，是实现梦想的地方。但是，个人首先是一个社会人，嵌入社会家庭之中。新家庭经济迁移学派认为，个人迁移决策是基于家庭收益最大化，个人并非最合适的收益单位。迁移行为不仅考虑个人利益最大化，也考虑整个家庭的效用最大化，使家庭收入多元化，从而减轻家庭在制度不完善的社会中所面临的风险（张晓青，2001）。对于深受儒家思想影响的中国，特别重视家庭，如《论语·里仁》中的"父母在，不远游，游必有方"等。虽然当前市场因素已经渗透到生活的各个方面，但家庭伦理观念是中国人永远"解不开的结"，特别在社会保障不健全的农村。当前小农户的劳动分工、兼业化、生产外包抑或选择"劳动节约型"农作物行为，不仅是其基于个人利益最大化的选择，更是家庭效用最大化下的决策。

（一）劳动分工：合理配置劳动资源

根据分工理论，随着劳动力的分化，劳动力之间也存在一定的差异，表现出不同的分工。具体到农业生产中，由于"农一代"年龄的增加，逐渐从非农产业退出，从事农业生产，而"农二代"年富力强，主要从事非农就业。从性别来看，男女之间的差异决定了其分工的差别，男性主要在外从事体力劳动强度大的产业，而女性主要从事"去劳动化"的农业生产。

1. 家庭代际分工

农户作为理性的经济人，会充分地配置家庭资源以实现家庭效用最大化。对于一个家庭来说，有老年劳动力和年轻劳动力，老年劳动力只能留守家中，由于农业生产中繁重的体力劳动已被机械替代，而且，小农户也会选择"去劳动化"的农作物，所以，老年劳动力在家也会从事农业生产，即农业生产的高度机械化和市场化，使劳动者纯粹年龄上的差别在生产过程中越来越小。为获取更大家庭收益，年轻劳动力一般会选择进城务工。因此，家庭代际分工是小农户基于家庭资源做出的最优决策，也是现阶段小农户农业生产的重要特征。

对于第一代农民工（参考通常的做法，"农一代"大致出生于20世纪60年代或70年代）（叶兴庆，2018），其教育水平不高，一般是改革开放之后开始外出务工，很少有能力在城市定居。而对于他们的子女（出生于20世纪80年代或90年代），即第二代农民工，其文化程度较高，就业机会较多，特别是互联网和手机的广泛应用，他们能够接触更多的信息，更愿意也更有能力在城市定居。对于"农一代"土地是其返乡后的依靠，而"农二代"则对土地的观念淡薄，更向往城市的生活。因此，当前许多"农一代"留守农村既从事农业生产又照顾家庭，而"农二代"则外出从事非农就业以期获得更多收入。所以，家庭代际分工是现阶段小农户农业生产的典型特征。从农民工城市化视角来看，年轻劳动力"进城务工"并不一定是"进城定居"，其是否选择进城定居是其考虑到城市生活成本、收入、能力等各方面因素做出的决策。对于当前和未来一段时间的中国小农户，在追求发家致富的天性与求生求荣的本能驱使下，能够"进城定居"是整个家庭追求的梦想。然而，农民工城市化是一个循序渐进的过程，是一种接力式进城模式，通过家庭接力式的代际支持实现城镇化（王德福，2017；刘金凤等，2023；苏红键，2024）。家庭一代一代地接力式传递的城镇化，说明每一代都有一定数量的农民在经过努力仍无法实现"城市梦想"而留在农村，这也是当前存在家庭代际分工的重要原因。随着代际的传递，由于农村家庭对子女教育的重视和投资，他们的子女更有能力在城市定居，而且，"农二代""农三代"等对土地、农业和农村的乡土感情也在慢慢变淡，再加上非农就业机会的增加和国家城镇化的稳步推进，每一代中能够定居城市的人口比例越来越大，因此，代际接力式进城影响着中国农村人地关系的松动以及乡村发展演化的进程和速度（刘金凤等，2023）。

2. 性别分工

性别分工是指根据成员的性别差异而进行的社会分工，这是纯生理基础上产生的劳动分工（邓伟志，2009）。在古代，我国封建的小农经济长期处于男耕女织的状态，男性主要从事劳动密集型耕种活动，女性则相反。"男主外女主内"作为中国几千年的传统思想一直延续至今，虽然这是古代重男轻女的传统观念，但这也符合中国当前社会的现实，是农户作为理性经济人做出的合理选择。随着生产力的提高和社会的进步，对体力要求降低而越来越重视公平的脑力劳动，性别分工的意义越来越小。但目前农村仍普遍存在性别分工，即一般都是男性外出务工，而女性则留守土地，从而实现农户家庭利益最大化。主要原因是男性能够从事较重的体力劳动，外出能够挣更多的工资，如建筑行业、快递行业等，能够获得更多的收入。而目前农业生产几乎不需要过多体力劳动，其耕种收运输等环节都可以外包，繁重的体力劳动被机器所替代，女性也可以很好地胜任农业生产。同时，由于家中老人需要得到及时的照顾，再加上当前父母对子女教育和身心健康意识的提高，相比较于外出务工的机会成本，宁愿留守家中多花时间陪伴子女健康成长，这也是很多妇女留守的重要原因。从社会学成本—收益视角来看，照顾老人和小孩获得的效用也是重要的收益，而不能简单地以外出务工的机会成本来计算收益。相比较于外出务工的机会成本，子女的教育和健康成长也是重要的收益。如笔者调研的河南省 M 村一户人家，男主人在外干建筑，而女主人在家照顾小孩（子女正在上小学和高中）和土地，虽然子女放假回家可以跟着上一辈的老人，但是为了更好地照顾子女的生活和教育，女主人还是选择留守在家，从而放弃外出务工的收入。

（二）兼业化生产：家庭效用最大化

当前，随着城镇化的推进和非农就业机会的增加，非农就业的收益远高于土地收益，因此，农户会理性地选择非农就业。同时，为了获得最大化收益，即在非农就业和土地上同时获得收益，兼业成为许多农民的理性选择和农民生产生活的显著特征，即在农忙时回家耕种土地，在农闲时外出务工。根据理性经济人假说，人的一切行动根源于经济诱因，农民首先作为理性的经济人，以个人利益最大化为基本原则，会充分考虑各种因素，合理地配置自身劳动时间，实现劳动时间的边际效益最大化，从而实现帕累托最优。同时，人都是置身于社会的"社会人"，具有社会性，根据霍桑实验，人不仅具有经济需求，也具有社交和亲情需求。因此，农户是否选择兼业，主要是衡量成本—收益之后的选择，而这个收益不仅包括经济收益，也包括社交和亲情需求收益。当收益大于成本时，农户会选择兼业，当收益小于成本时农户选择不兼业。因此，考虑到人的"经济理性"和"社会理性"，农户的决策行为是以家庭效用最大化为原则。

农户兼业行为最早开始于 1984 年（高强，1998），经过几十年的经济发展，兼业已经成为中国农民最普遍、最典型的生产行为。当前，我国城市化、工业化和农业现代化正在稳步推进，为农民创造了较多的就业机会。农户作为理性经济人，同时也是风险规避者，不会放弃任何谋利的机会，但也不会去冒险谋利，他们会在风险可控的条件下充分配置劳动时间以获得最大收益。一般来说，农户（特别是务工地点比较近的农户）会选择在农忙时回家耕种，在农闲时外出务工，根据农作物的生长特点在城市和乡村之间穿梭，既兼顾了农业生产也保证了非农就业。农户在兼业化生产过程中，同样会把农业生产环节外包，只是不同农户的外包程度有所差异。如果农户在家停留时间比较长，可能选择只把个别生产环节外包，如收割环节，如果在家停留时间比较短，会把更多生产环节外包，如耕种收等，不管外包的环节多少，其都是农户基于自身条件做出的利益最大化决策。同样，对于不同的农户，其兼业化程度也会有差异，即农业收入占总收入的比重不同，如郭庆海（2018）把农业收入占比在 50%～90% 的划为兼业 I 型农户，把农业收入占比在 10%～50% 的划为兼业 II 型农户，等等。同时，由于中国区域差异比较大，不同区域的资源禀赋和经济发展水平具有显著差异，农户的兼业化程度也不相同。从笔者调研的河南、山东和安徽的村庄来看，除非是务工地点离家比较远，农户一般都会选择兼业化生产，即在城乡之间流动。

农户是否选择兼业是其基于经济学和社会学的"成本—收益"的最优选择。根据决策理论的"决策人"假设，决策存在事实前提和价值前提，即把经济利益、社会心理需要都看成一种可变的决策前提。农户在综合考虑其经济利益和社会心理需求的前提下做出兼业化决策。当前，对于兼业化农户，土地和非农就业可以为其带来双份收入，土地仍然发挥着财产性收入功能，而且，在非农就业不确定的情况下，土地可以起到社会保障功能。同时，兼业意味着农户没有更多的时间投入农业，这样对农业的要求是"去劳动化"和"简单化"，因此，粮食作物成为兼业农户的理性选择，这也说明兼业农户具有"趋粮化"的特征，能够有效地保障国家粮食安全。可以说，兼业是农户现阶段的理性选择，而随着国家社会保障制度的完善和非农就业机会的增加，当农民生活基本不再依赖于土地，非农收入和社会保障可以保障农户"衣食无忧"，而且没有后顾之忧时，土地流转或者土地退出会农户数量会增加。

（三）生产外包：使农业更加方便

亚当·斯密最早发现分工和专业化对经济发展的重要性，认为"劳动生产力上最大的增进，以及运用劳动时所表现的更大的熟练、技巧和判断力，似乎都是分工的结果"（亚当·斯密，2009）。分工的出现也促进农业劳动力资源的有效配置，提高了农业生产效率。在当前中国农业实践中，农业生产被分割为不同的生产环节，一方面，由于非农就业机会的增加，农民把更多的时间配置到收益更高的非农产业，相应投入农业生产的时间减少，其会理性地选择把个别农业生产环节外包；另一方面，农户对农业的投入越来越少，缺少农业生产的机械设备，许多生产环节农户无法独立完成，如小麦的收割环节。另外，随着农民生活水平的提高，农民对土地心态发生了变化，如在调研中发现许多农民无意识地提到"现在人都变懒了""现在人都图省事"等。总之，农民会根据自己的时间来决定农业生产不同环节是否外包。

分工理论虽然能够解释农户农业生产的外包行为，但从信息理论看，分工是一种信息不对称。而农业作为一种相对简单的产业，特别是对于种植大田作物的农户，其对耕种收和田间管理各个环节的投入和产出都会比较了解。因此，也就不存在农业社会化服务主体利用信息不对称增加对农民的"剥夺"。同时，由于社会化服务主体一般都来自本村或附近地区，而在农村的熟人社会中，人与人之间的交流比较多，能够建立起彼此的关系与信任，从而减少因陌生或不信任而产生的交易成本。

（四）选择"劳动节约型"农作物：减少农业劳动投入

根据诱致性变迁理论，由于资源稀缺变化引起的要素相对价格变化进而导致诱致性变迁。改革开放四十多年来，非农就业机会越来越多，农村劳动力不断地向城市转移，劳动力成为稀缺的要素，其价格相对较贵，为了减少劳动力投入降低农业生产成本，农户会理性地选择"劳动节约型"农作物。具体来说，随着劳动力的非农转移，农业生产呈现典型的"老龄化"和"妇女化"特征，一方面劳动力价格变得非常昂贵；另一方面劳动力刚性约束显著增强，为应对高昂的劳动力成本，农户往往会选择种植一些机械化程度高、社会化服务市场发育较成熟的大田作物。如笔者调研的河南省 M 村，小农户为了减少劳动力投入选择种植小麦和大豆（俗称"懒庄稼"），由于大豆属于经济作物，因此其种植结构不同于罗必良和仇童伟（2018）提出的"趋粮化"特征，从本质上讲是"去劳动化"。主要原因是大豆相对玉米来说更耐旱，耕种和田间管理更加方便，不需要投入过多的劳动力。同样，在调研中发现山东临沂一些地区为了减少农业投入时间，甚至直接把农地变成管理更加方便的林地。进一步从历史变迁来看，在 20 世纪 80 年代或 90 年代，当时非农就业机会非常少，年轻劳动力都留在农村，为了增加收入许多农户选择种植附加值更高的经济作物。随着非农就业的增加，许多年轻劳动力选择进城务工，劳动力成本上升，为了提高边际劳动生产率以获取更多的收益，农户选择把更多的劳动时间投入非农就业，相应投入农业的劳动时间减少，因此，农户选择"劳动力节约型"农作物（即大田作物甚至选择林业）来应对劳动力的短缺。可见，不管从历史变迁还是当前现状来看，小农户农业种植结构本质上是"去劳动化"。

第二节　小农户的多维功能

（一）保障国家粮食安全

"民为国基，谷为民命"，粮食安全是国家安全的重要基础。改革开放四十多年来，中国的城市化率由 1978 年的 17.9% 提高到 2023 年底的 66.2%，而且，在当前和未来一段时间内，城镇化仍在继续推进和深化。同时，农民非农就业的数据不断增加，2023 年，农民工总数达到 29 753 万人，农业收入占农民总收入的比重越来越少，2022 年，工资性收入占农民收入的 41.96%，是农民增收贡献的大头①。由于非农就业的增加和农业收入在总收入比重的降低，农民会把更多的时间配置到非农就业上，农民对农业收入的期盼由增加收入、养家糊口变为可有可无、心理保障，农业成为农民的副业，而且未来副业化倾向越来越明显。基于劳动力的考虑，农民对农业生产的需求是"去劳动化"。由于粮食作物（小麦、玉米和水稻）的机械化程度高，农业社会化服务市场发育完善，农民只需要投入较少的劳动力就可以完成。如当前许多地方的农业生产呈现出的"老龄化"和"妇女化"，主要原因是目前种植粮食作物对劳动力的体力要求降低，农业生产环节均可外包，甚至是代耕代种、联耕联种或农业生产托管。非农就业增加对农业生产的"去劳动化"需求与当前耕种粮食作物"不需要过多的劳动力"不谋而合，因此，当前大部分小农户主要种植粮食作物，而且，随着工业化和城镇化的推进，小农户的"趋粮化"趋势会愈加明显。从现实情况来看，在农业劳动力充裕的情况下，农业是小农户的主要收入来源，为在有限的土地上获得最大的收益，农民更多种植产出价值较高经济作物，农业种植结构呈现"非粮化"特征；在非农就业和土地流转背景下，农业收入占总收入的比重很低，为了把更多的时间投入非农就业，农户会理性地选择"去劳动化"的粮食作物，农业种植结构呈现"趋粮化"特征；随着劳动力约束的增强、农业机械化的发展和农业社会化服务市场的完善，农地转入会强化农户种植结构的"趋粮化"态势（罗必良和仇童伟，2018；罗必良等，2018）。同样，钟甫宁等（2016）基于农业部全国固定观察点 2004～2011 年连续 8 年的调查数据，发现非农就业促使农户要素投入结构和种植结构调整，增加机械要素投入并提高粮食播种面积比例。相反，对于新型农业经营主体，其种植规模大，土地需要支付一定的租金，为了获取超额的土地利润，利润空间较大的经济作物往往成为其首要选择，因此种植结构呈现"非粮化"特征（陈靖，2013；谭淑豪等，2023）。不可否认，小农户也会种植经济作物，由于

---

① 《中国统计年鉴 2024》。

经济作物需要投入大量的劳动时间，而且，小农户面临着信息不对称问题，市场波动较大。根据前景理论，大多数人在面临获得时是风险规避的，而且，对损失比对获得更敏感。随着未来非农就业机会的增加，小农户在具有稳定预期收入的非农就业和风险较大的经济作物之间会越来越多地选择非农就业，因此，小农户会越来越多地退出经济作物领域，呈现"趋粮化"特征。因此，小农户具有保证国家粮食安全的溢出效应，对国家粮食安全战略具有重要意义（袁威和关文晋，2024）。

（二）维护社会稳定

当前，我国正大力推进城镇化，在城镇化过程中需要坚持以人为本，让城镇化的每一个角落都能彰显人性的光辉，处理好改革发展稳定三者之间的辩证关系。从国外的案例来看，由于工业化进程中英国的非农行业吸纳失地农民的能力有限，大量农民成为城市流浪者，幸运的是当时可以向海外大规模移民。然而，发展中国家就没有这么幸运的发展空间，如巴西大量小农的土地被大财团兼并而失去土地，由于城市又无法提供足够的非农岗位而又无法回到农村，从而形成许多贫民窟（韩俊等，2005）。从中国历朝历代的兴衰更替来看，均是由于小农土地被地主大量兼并，造成许多失地农民"吃不饱穿不暖"而揭竿起义引起。从中国当前的城镇化实践来看，中国城镇化率逐年提高却没有出现"拉美陷阱"，主要原因是土地的保障作用，农民可以在城乡之间选择，进可攻退可守。如当城市就业机会多，工资高时，农民会选择在城市就业，当城市就业机会少时，可以退回农村继续种地，等待城市就业机会的好转以便再次进城务工[①]。特别是对于年龄较大的人，他们无法在城市继续打工，不得不选择回到农村。值得关注的是，虽然中国城镇化率 2023 年已经达到了 66.2%，但户籍人口城镇化率不到 50%，农民工总量达到 29 753 万[②]。由于长期的城乡二元结构，许多农民工无法享受城镇基

---

① 如 2008 年全球金融危机，南方大量工厂倒闭，许多务工人员返乡。金融危机时，全国短期内有 40%～50% 的农民工返乡，当时并未产生严重的社会稳定问题，其中，弹性的城乡双向流动在稳定农民工群体中发挥了重要作用（数据来源：国务院发展研究中心课题组：《农民工市民化：制度创新与顶层政策设计》，中国发展出版社 2011 年版）。

② 国家统计局，网址：http://www.stats.gov.cn.

本社会保障，而且，他们在城市往往从事劳动密集型产业，如建筑、快递等。目前，城市房价和生活成本高，生存压力大，他们游走于城乡边缘，想留在城市而又缺乏足够留在城市的生存本领。当农民进城找不到稳定的工作或者由于年龄、经济危机等因素而失业时，如果没有土地成为他们基本的保障和迂回空间，极有可能成为新的社会不稳定因素。因此，在经济发展水平不足以吸纳进城农民的前提下，小农户的存在是中国经济发展的稳定器（张明皓，2024）。

（三）传承农耕文明

农耕文明是指由农民在长期农业生产中形成的一种适应农业生产、生活需要的国家制度、礼俗制度、文化教育等的文化集合。农耕文明为中华文化的孕育和发展提供了深厚的土壤，承载着中华民族的乡土情结，也是中华文化长盛不衰、日益繁荣的重要原因（在四大文明古国中，中国是唯一一个文明没有中断的国家）。而农耕文明的一个典型特征就是规模小，分工简单。"日出而作，日落而息"是对小农户农业生产的形象描述。虽然目前中国的农业包含了大量的现代元素，如机械化、生产外包、商品化等，但当代小农户依然在新的生产力水平下继承和发展农耕文明。小农户在农业生产时依然要依据四季的变化规律和温度、水分、光照等"天时"条件进行生产，而且在农业生产过程中演化出各种传统文化习俗和农田自然景观，如"迎春""集会"等民俗文化以及北方旱地、南方水田等田园景观。许多民间传统文化都是农民在生产劳动中激发灵感而创作的，如西周初年至春秋中叶的诗歌《诗经》、西北黄土高原上的信天游、东北的二人转，这些都是农民在生产生活中精神、思想、感情的结晶。同时，村落延续着中华民族尊老爱幼、邻里和睦、勤劳勇敢的优秀传统文化，在差序格局的熟人社会中形成中国典型的乡土文化，而且，村落也是人们"看得见山，望得见水，留得住乡愁"的重要载体。可以看出，农耕文化是依附在农民的农业生产生活中。从本质上看，中国文化是乡土文化，中华文化的根脉在乡村，乡土、乡音、乡情等都是中国乡土文化，也是中华文化的"基因"。因此，小农户的存在、生产和发展本身就是对农耕文明的传承和发展（陈龙，2024）。如当前许多地方建立农耕文化展览室，国家从 2018 年起将每年秋分日设立为"中国农民丰收节"，等等。

从农作物生长周期来看，由于农业生产活动的季节性，农作物在生长和发育阶段不会产生任何价值，只有在收获时才能产生价值，而且，在生产过程需要生产者对农作物进行看管和照料。由于小农户家庭经营规模小，时间弹性强，可以降低农业生产决策成本。基于产权激励性，小农户对土地具有承包权和经营权，完全享有对土地剩余索取权和剩余控制权，能够有效地实现资源配置、减少监督成本。虽然通过规模化经营降低农业生产成本和交易成本，甚至可以提高农业的附加值。但是，规模化经营需要雇佣工人，存在委托代理，劳动的监督成本高，容易产生偷懒或者生产性努力不足的机会主义行为。同时，由于非农就业的增加，农村一般缺乏年轻劳动力，而雇工呈现"老龄化"和"妇女化"，因此，雇工的劳动效率和劳动质量相对来说不会很高，而且，由于当地都是熟人社会，管理也比较困难，这在一定程度上影响农业生产效率。

第三节　小农户的现实困境

许多学者提出，目前我国小农户存在"小生产"和"大市场"矛盾、农业机械装备落后、生产成本高、生产资金获取难、产业链条衔接难等问题（胡凌啸和王亚华，2022；冯小，2023；刘洁和韩昕儒，2024）。现实中这些问题不能笼统地概括分析，对于种植经济作物和种植粮食作物的小农户，其农业投资、收入具有显著差别，面临的困境也有差异。

（一）农产品质量安全问题

"民以食为天"，食品安全与每个人切身利益息息相关，如何保证食品安全得到全社会的高度关注。根据英国 2017 年发布的《全球粮食安全指数报告》，在 113 个国家中，中国食品安全排名 45。对于如何保障食品安全，目前学术界有两种倾向："去小农化"和"再小农化"。主张"去小农户"的学者认为分散化的小农户经营增加了食品安全的潜在风险，而主张"再小农化"的学者认为食品加工企业在利润驱动下，利用复杂的食品工艺和手段，如食品添加剂、保鲜剂等，使食品生产和流通超越具体的时空而盈利（扬·杜威·范德普勒格，2013）。不可否认，农户按照自然的方式进行生产，如果可以顺利销售实现其价值，那么这对于生产者、消费者和农业可持续发展都有利。可现实中食品市场往往存在信息不对称（Nelson，1970），很容易产生"劣币驱逐良币"。虽然中国农业大学在华北农村开展的"巢状市场"（Nested Market）实践，使乡村按照乡土方式生产的农产品与城市消费者直接相联系，但这种情况只是在个别地方实践，绝大部分小农户的农产品面临信息不对称问题。

一般来说，小农户文化水平较低，缺乏必要的农业质量安全知识，即便知道大量施用农药会产生农产品质量安全问题，在市场利益的驱动下，通常会出现"道德失灵"。而且，小农户规模小、经营比较分散，监管比较困难，其没有能力、动力和责任心去采用标准化生产或者实施农产品可追溯体系（杨丹和冷利，2023）。因此，在"道德失灵""政府失灵"和"市场失灵"的情况下，很难保证小农户能够生产出安全的农产品（姜安印和杨志良，2021）。比较典型的如"一家两制"现象，农户作为生产和消费统一体的理性经济人，在满足自家消费需求时，追求效用最大化，而在满足市场需求时，追求经济利益最大化，实行差别化生产（周立和方平，2015；孙治一等，2021）。笔者在安徽省 J 县水稻种植户的调研中发现，农户自己吃的水稻不会施用化肥农药，而对外销售的水稻则大量施用农药化肥。农户明白不施用农药化肥的水稻会更健康，但在市场利益驱动和"道德失灵"的情况下，做出对私人利益最大化的决策。此外，受教育水平、收入以及外部市场和监管的限制，小农户水稻质量安全生产行为水平并不高（王洪丽和杨印生，2016；黄炎忠等，2020）。农产品质量安全是"产出来"的，也是"管出来"的，而对于规模化种植户，特别是对于合作社或农业企业，虽然同样面临"政府失灵""市场失灵"和"道德失灵"风险，由于其规模较大，有固定的场所和资产，具有较强的市场谈判能力。规模化种植户在农业生产环节更有动力和能力去采纳新技术，且更容易受到大众消费者的监督，同时，政府监督成本也比较低。此外，不同于小农户可以在农业生产和非农就业之间随时切换，规模化种植户转换成本比较大，往往会做长期规划。如为使农产品获得消费者信任，会树立自己的品牌，也更有动力、能力推行标

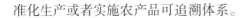

准化生产或者实施农产品可追溯体系。

（二）环境问题

乡村振兴，生态振兴是关键。党的二十大报告指出，"推动经济社会发展绿色化、低碳化是实现高质量发展的关键环节""推动绿色发展，促进人与自然和谐共生"。当前，我国农业发展过程中面临着农业面源污染、土壤污染、水资源短缺等严重的资源环境约束。

对于种植粮食作物小农户，为获得更高产量而大量施用农药化肥，而较少采用环境友好型技术（如滴灌喷灌技术、有机肥）。主要原因包括以下几个方面：第一，农业收入占总收入的比重很小，农业作为一种"副业"，农户缺乏动力去采纳较高资本或者劳动投入的环境友好型技术。即便一项环境友好型新技术能够增加每亩收益，如果增加的收益没有足够超过农民的预期，农民也不会为了增加较少收益而投入较多劳动力（何秀荣，2018；朱郭奇等，2023）。如滴灌喷灌技术，虽然能够有效地节约水资源，提高其利用率，增加农产品产量。但是由于滴灌喷灌投入大，对于小农户来说，为了小规模的土地而投入较多的成本是"不划算的"。第二，小农户兼业化生产，农户把更多时间投入非农就业，从事农业生产的机会成本较高，倾向于选择节省劳动力的技术或者要素。如西南地区许多环境友好型间作套种技术，虽然这项技术已被试验证明能够有效增加单位面积的产量和收益，由于比较费劳动力，农民也不愿意为了增加一点收益而流汗受累。这也是许多看似美好的技术而只能停留在实验室或试验田的原因。对于小农户来说，新技术必须便于操作、省力，除非这项技术能够增加很大的收益。第三，小农户文化素质较低。随着非农就业的增加，农业生产呈现"老龄化"和"妇女化"，农业劳动者文化程度相对较低，对于新事物、新技术的接受能力较差（程鹏飞等，2023）。李铜山和周腾飞（2015）的研究表明，仍有22%的小农户认为传统种植方法是正确的，不愿意接受新技术、新观念，35%的小农户的农业生产是盲目跟风。

对于种植经济作物的小农户，由于经济作物小农户收入主要来源于农业，小农户环境友好型生产行为受农产品收益影响比较大，而现实中，经济作物产品价格波动较大。笔者在河南省安阳市的调研发现，许多种植经济作物的小农户有机肥的施用与农产品价格影响很大，如果蔬菜价格较高，农户会倾向于多施用有机肥，愿意增加投入，而如果价格很低，农户甚至会全部施用化肥。因此，虽然种植经济作物的小农户有动力采纳环境友好型生产行为，但往往受市场波动的影响比较大（陈宏伟和穆月英，2022）。

对于规模化经营主体，由于农业是其主要收入来源，其时间主要投入在农业生产中。而且，规模化经营主体都具有较高的文化水平或者敢拼敢闯的魄力和经营能力。因此，其更有能力和动力去接受环境友好型新技术和新观念。已有研究表明，农业规模的扩大有利于农业环境保护。徐涛等（2018）以民勤县滴灌技术为例，基于389户滴灌技术推广户的调研数据，发现规模化经营通过降低耕地细碎化程度提升农户滴灌喷灌技术采纳意愿。吴等（Wu et al.，2018）基于浙大中国农村家庭调查数据库发现，土地规模过小是中国单位面积化肥农药居高不下的主要原因，而土地规模作为承载技术的平台，只有土地规模达到一定程度，农民由"兼业户"转为"专业户"时，相关农业"减肥"技术才能落地。因此，通过规模化经营可以缓解或者解决一部分农业环境问题。

（三）"小生产和大市场"问题

许多研究表明，由于小农户信息滞后、议价能力低、交易成本高，普遍面临"小生产和大市场"问题（胡凌啸和王亚华，2022；王娜娜和付伟，2022；丁焕峰等，2024）。现实中，对于不同类型的小农户，其面临的困境也有差异。

对于种植粮食作物的小农户，粮食作物价格较为稳定（粮食最低收购价），加上小农户种植规模小，非农就业是其最主要收入来源，即便价格波动也不会对小农户农业收入产生太大影响。因此，粮食作物小农户没有参与"大市场"的动力。笔者在调研中发现一个现象，河南地区许多农户在小麦收割后，农户本可以把粮食储存来"待价而沽"，然而大部分农户会选择在收割当天卖给收购贩，如果农户卖给距离较远的粮食收购站，价格每斤会高出3~5分，但是，小农户不会为了些许的收益而流大汗。因此，对于种植粮食作物的小农户，他们没有与大市场对接的动力和能力，他们更看重的是非农收入，种地只是一种心理保障。

对于种植经济作物的小农户，其收入来源主要是农业收入，而经济作物的价格完全受市场控制，往往波动较大，由于规模小，缺乏市场议价能力，也没有塑造品牌的动力和能力，小农户在面临市场的汪洋大海时往往不知所措。而且，市场价格的波动对小农户收入影响很大，其迫切需要了解和把握市场价格。由于经济作物受市场波动比较大，而市场价格通常千变万化，小农户在受到市场创伤后，往往会自动放弃种植经济作物，从而选择收益相对比较稳定的非农就业。由此可以判断，对于种植粮食作物的小农户，不存在"小生产与大市场"，而种植经济作物的小农户需要与大市场对接。

（四）成本、资金和农业投资等问题

1. 农业生产成本高

已有研究表明，中国小麦和玉米每公顷成本高于美国 202.82% 和 38.72%，主要在于中国人工成本和土地成本太高（叶兴庆，2016）。对于新型经营主体，土地要缴纳租金，农业生产过程中要雇佣大量的劳动力，这无疑增加了农业生产成本。然而，对于小农户，在自有承包地上耕种不存在土地成本，虽然农户在农忙时节返乡耕种收割会产生机会成本，但这是农户基于自身需求作出的最优决策（如回家休息或看望家人亲戚朋友）。因此，对于种植粮食作物的小农户来说不存在机会成本、土地成本和人工成本。而对于种植经济作物的小农户，由于经济作物许多投入大量的劳动力和资本，存在较高的生产成本，如 M 村烟叶种植户大概投资 60 000 元/公顷。同时，经济作物种植户由于需要投入较多劳动力可能失去外出就业的机会，从而产生较高的机会成本。

2. 生产资金获取难

小农户由于经营规模小，经济实力弱，缺乏有效的担保物，很难从金融机构获取贷款（刘西川和江如梦，2023）。如林乐芬和王步天（2016）基于农村金融改革区 2 518 户样本的实证检验，发现小农户贷款可获得性容易受金融产品制约。但是，根据笔者的调研，种植粮食作物的小农户每亩投资较少，而且非农收入是其主要收入来源，因此，贷款需求很小，很少因为农业投资而贷款。而对于种植经济作物的小农户，由于经济作物投资较高，特别是种植大棚经济作物，农业收入是其主要收入来源，因此，种植经济作物的小农户可能会有贷款需求。

3. 农业机械装备落后

目前小农户几乎很少在农业机械装备上投资，主要因为小农户种植规模小，农业收益较低，而投资机械设备的利用率很低，在当前完全可以把这些不可分割的现代化生产要素以购买服务的方式进行购买。如有专门的农业社会化服务组织或个人提供深耕的大马力拖拉机、大型联合收割机等，这样既可以提高农业生产效率，减少农业生产投入成本，也可以发挥农业机械的最大效用。

4. 产业链条衔接难

种植粮食作物小农户的主要收入来源是非农就业，农业是其"副业"，因此，其没有动力去延伸产业链。而种植经济作物小农户的主要收入来源是农业，其有动力去参与产业链，但由于规模小，往往很难融入产业链条，即便是能够参与产业链，很难分享产业增值收益，只能增加有限的收入。

第四节　结论与政策建议

（一）结论

小农户数量的减少和新型农业经营主体数量的增加是一个大趋势，但这需要一个过程。要实现乡村的振兴，必须遵循小农户的客观发展规律。通过上述分析，得出以下几个方面结论：基于经济理性和社会理性，小农户具有生产环节外包、家庭代际分工、兼业化和选择"劳动节约型"农作物的生产行为。呈现出保障国家粮食安全、维护社会稳定和传承农耕文明的多维功能。小农户面临农产品质量安全问题、环境问题、"小生产与大市场"问题以及成本、资金和农业投资等问题，由于小农户的异质性，其面临的农业生产困境也有差异，但是普遍面临农产品质量安全问题。因此，需要从小农户生产行为和面临的本质问题出发，遵循小农户的发展规律，制定更加符合实际、更具有针对性的政策，解决小农户的实际需求，实现"小农户和现代农业发展有机衔接"这一重要命题。

（二）政策建议

1. 整合"碎片化"的农业社会化服务

基于"大国小农"的基本国情农情，完善农业社会化服务具有重要意义。虽然目前农业社会化服务发展比较快，但呈现细碎化状态，社会化服务的供给者多为当地农户，由于规模小、资金少、服务范围有限，许多社会化服务组织或个人没有动力和能力去更新机器设备，而且，其服务质量也难以保证。因此，需要整合服务组织或个人，形成规模化、标准化和专业化的服务组织，为农户提供高质量的服务。以村或者乡镇为单位，整合分散化的社会服务个体，成立统一、规范的社会化服务组织，这样既可以有能力和动力购买先进的机械设备，也能提供高质量、低廉的服务，而且可以避免分散化个体之间的无序竞争。同时，目前社会化服务组织或个人提供更多的是机器替代劳动力的服务，对于金融服务、信息服务、市场服务等内容供给较少，因此，应提供更高质量、更完备的农业社会化服务。对于整合的规模化服务组织，可以与高校、科研机构或者金融机构合作，构建产学研合作体或者合作联盟，共同为农户提供金融、信息和技术等方面的服务。

2. 提高农业基础设施质量

当前，我国农业基础设施在不断完善，但农业基础设施建设存在质量低劣，后面无人监管的问题。在笔者调研中发现，政府投资建设的灌溉设施，由于没有人监管，承包商往往会出现"道德风险"，许多机井质量不合格。而且，许多设施在建成后没有后续监管和维护，即便遭到人为的肆意破坏也没人监管，这造成政府财政巨大损失。对于田间公路，公路修建得太窄，而且，许多田间公路质量较差，在许多村与村交界的地方田间公路没有接通，影响农业机械的施用。因此，在农业基础设施建设过程中要加强监督，构建

"政府—农民"监督机制，虽然政府可能出现"政府失灵"，但农民作为农业基础设施的受益者，对种地具有特殊的感情，也非常希望能够有好的基础设施，他们会充分发挥主人翁的作用。同时，在后期的基础设施监督和维护中，在省级、市级、县级、乡级和村级都要指定责任人，把责任落实到人，真正地提高农业基础设施的质量。

3. 培育乡村能人

在农村熟人社会，乡村能人往往具有很强的示范和感召作用。一方面，乡村能人长期生活于当地，更容易获得农户的信任，具有很强的示范效应；另一方面，乡村能人一般具有较强的开创意识，更容易接受新事物、新思想，而且，在当地具有很强的社会网络关系，更容易获得政府扶持。通过培育乡村能人，不仅可以提高小农户的组织化程度，扩宽市场销路，而且，能够带动小农户采纳先进的农业生产技术和管理理念。在现实中，许多村庄缺乏乡村能人，因此，政府可以制定有针对性的政策，对于缺乏乡村能人的村庄着重培养和关注，并重点支持和扶持，对有意向的乡村能人，做好思想工作和政策保障。同时，对于典型的乡村能人要大力宣传，形成良好的示范带动作用，激励更多的青年或者大学生返乡创业。

4. 提高农户组织化程度

提高组织化程度可以规范农户生产行为，促进农户采纳先进生产技术和管理理念，从而有效降低交易成本，提高市场竞争力，增加农民收入。当前，提高农户组织化程度可以通过多种经营方式、多种生产形式来实现，如生产托管、农业共营制、"公司＋农户"、"公司＋农民合作社＋农户"等。为此，可以通过宣传教育、典型示范等途径，让农民真正看到组织化的力量。借鉴"一村一社"的思路，针对每个村的具体情况和农户意愿，可以自由选择一种组织化经营方式，而且，村与村之间可以打破地理界限。同时，鼓励农民以协商形式参与农业社会化服务，在调研中发现，许多小农户选择的农业服务主体不一样，选择的服务时间也不尽相同，因此，农业生产性服务无法实现规模经济。小农户之间可以通过相关协商的方式，统一交给农业社会化服务组织进行生产，这样可以方便农业社会化服务组织进行统一管理，降低农业生产成本等。

5. 精准识别不同类型小农户的需求

由于种植作物的不同，小农户的需求也就太相同。对于种植粮食作物的小农户，由于农业收入占其总收入比重小，大量农业生产环节外包，因此，需要完善农业社会化服务水平和质量，而且，可以通过农业社会化服务组织，向农户宣传和推广环境友好型技术和理念，同时，在有条件的地区可以实行联耕联种、代耕代种或生产托管等服务，重点以服务组织为载体推动小农户与现代农业的有机衔接。对于种植经济作物的小农户，由于农业收入是其主要收入来源，受农产品价格波动影响比较大，而且，其生产的安全农产品对全社会产生正向溢出效应。因此，应积极地引导小农户联合，或者加入合作组织，及时地向其传递农产品价格信息，增强市场抵抗能力，重点以合作组织为载体推动小农户与现代农业的有机衔接。

6. 政策制定和实施要注重保护小农户的利益

目前的政策中针对小农户的比较少，存在精英俘获，很多小农户不能从当前的政府农业扶持政策中获得收益，如当前对一二三产业融合和农业新型经营主体的扶持，新型农业经营主体本身实力较强、负责人具有较强的个人能力，其有更多的资金投向农业生产或者一二三产业融合中，加上政府的政策扶持，会造成"马太效应"，而普通小农户很难分享政府红利。这会拉大农村地区贫富差距，也与国家扶持"三农"的政策目标相偏离。因此，政府要制定专门针对的政策措施来维护小农户的利益，在政策条款中明确规定小农户的权利，而且，政策实施过程中要重点关注小农户，构建合理的利益联结机制，防止过度精英俘获。

第 二 章

小农户缘何不愿流转土地

土地流转一直是政界和学术界关注的热点问题之一。早在 1984 年中央一号文件《关于 1984 年农村工作的通知》就提出允许有偿转让土地使用权，"鼓励土地逐步向种田能手集中"。此后，中央通过颁布《中华人民共和国农村土地承包法》，实行土地确权、"三权分置"等一系列改革措施来推动土地流转和规模化经营。与此同时，伴随着农村劳动力的转移，农户也开始主动地参与流转土地。据统计，土地流转比例从 2005 年的 4.7% 增长到 2016 年的 35.1%（匡远配和陆钰凤，2018）。农业农村部数据显示，2022 年底，中国土地流转面积达到 5.5 亿亩，流转比例达到 28.69%。然而，近几年我国土地流转呈现"内卷化"，土地流转增速逐年回落。同时，根据第三次农业普查，我国小农户数量占总农户数量的 98% 以上，从业人员占 90%，耕地面积占总面积 70%，经营规模在 10 亩以下的农户约有 2.1 亿户①。据初步推算，到 2030 年，50 亩以下小农户仍有 1.7 亿户。即便到 2050 年仍将有 1 亿户左右，其耕地面积约占总耕地面积的 50%②。

值得疑惑的是，在土地增收功能和保障功能不断下降，非农就业越来越普遍的背景下（叶兴庆，2018；徐冠清和余劲，2023），为什么会存在大量农户不愿流转土地？为什么仍有 71% 的土地尚未流转（根据上述土地流转

---

① 全国 98% 以上农业经营主体仍是小农户，现代农业路上不能让小农户掉队 [EB/OL]. 中华人民共和国人民政府网，2019 – 03 – 02. https：//www. gov. cn/xinwen/2019 – 03/02/content _ 5369853. htm.

② 以信息化加快推进小农现代化 [EB/OL]. 新华网，2017 – 06 – 05. http：//www. xinhuanet. com//politics/2017 – 06/05/c_1121085279. htm.

比率反推）？在乡村振兴战略实施的背景下，厘清这些最基础、最本质的问题有助于揭示小农户农业生产的内在机理，对当前政策制定和推进规模化经营具有重要的理论和实践意义。因此，本章从农户理性视角深入分析农户为什么不愿意流转土地。

对于农户的行为目前有两种比较经典的解释，一种是"经济人"假设，认为农户是追求利益最大化的个体，代表人物为舒尔茨和波普金。另一种是"社会人"假设，认为农户的行为是更广泛的社会行为的一种类型，经济行为嵌入于法律、制度和道德之中，受到社会习俗、制度、规范、情感和意志的制约，代表人物为恰亚诺夫和斯科特。这就是著名的"斯科特—波普金论题"。作为嵌入于经济社会的农户，不能单纯从经济学角度进行分析，也要考虑其社会性。借鉴文军（2001）的做法，本章将理性分为生存理性、经济理性和社会理性，生存理性是对斯科特（Scott，1976）"生存伦理"的引申，其首先考虑"安全第一"的生存准则，而不是追求效用或者利益最大化。经济理性是根据亚当·斯密的"经济人"假设，认为人的行为是追求个人经济利益最大化。社会理性认为人具有社会性，其行为不仅追求自身经济利益最大化，也追求家庭效益的最大化。

第一节 生存理性：对未来风险和不确定性的担忧

斯科特（Scott，1976）通过对东南亚农民社会生活的考察，提出了农民处于生存水平线上的"生存伦理"——"安全第一"的准则，据此引申出"生存理性"的概念。英国著名社会经济史学家托尼认为小农具有脆弱性，其对中国1931年的农村状况这样描述，"有些地区农村人口的境况，就像一个人长久地站在齐脖深的河水中，只要涌来一阵细浪，就会陷入灭顶之灾"（理查德·H. 托尼，2014）。而中华人民共和国成立后，特别是改革开放四十多年来，中国农业农村发生了翻天覆地的变化，"楼上楼下电灯电话"早已成为现实，2023年底中国农村地区互联网普及率达到66.5%，农村居民家庭人均纯收入从1978年的133.6元增加到2023年的21 691元（未考虑通货膨胀），农村居民家庭恩格尔系数由1978年的67.7%降到2023年的

32.4%（联合国对恩格尔系数划分的标准为 30% ~ 40% 属于相对富裕）。①

那么，当前农户的农业生产行为是否是符合"生存理性"，是否遵循"安全第一"的准则。目前，随着非农就业的增加，土地的增收和保障功能在不断下降。而且，近几年农村医疗、养老保险等社会保障不断完善，土地所承载的保障功能也逐渐剥离出来交给公共社会保障体系。但是，土地对农户仍然具有较强的保障功能，农户对土地仍然具有较强的依赖性（刘依杭，2024；徐冠清和余劲，2023）。主要原因有以下三个方面：第一，多数农民工并未享受到城市社会保障。许多农民工由于从事建筑等或者在私营加工企业打工，并没有享受到应有的社会保障。截至 2023 年，我国农民工数量约 2.9 亿人次，其中 50 岁以上占比 29.2%，但大部分农民工并没有参加城镇职工养老。第二，农村养老和医疗保障水平低。虽然现在农村 60 岁以上老人享有养老保险，但是，养老保险水平较低，而且新农合只能缓解农民部分医药负担。农村居民在满足退休年龄后能领到的养老金每个月仅 200 元左右；医疗保险每年达到约 380 元/人，甚至出现退保潮。第三，对未来风险和不确定性的担忧。当经济不景气时，文化水平较低的农民工往往最先受到冲击，特别是遇到城市就业危机时，土地是其最后的物质和精神保障，如 2008 年全球金融危机，大约有 40% ~ 50% 的农民工因企业倒闭而返乡。同时，面对目前不断攀升的生活成本也使农民对未来不确定性产生担忧。

根据前景理论，大多数人在面临获得时是风险规避的，他们对损失比获得更敏感。农户基于对现实和未来不确定性和风险性的考虑，他们往往是风险规避的。因此，虽然社会保障制度缓解了土地的保障功能，但是，社会保障制度的不完善致使土地的保障功能只能被部分地替代（徐冠清和余劲，2023；刘依杭，2024），这也是农户宁愿选择兼业化生产，在城乡之间奔波也不愿意土地流转甚至退出的原因之一。另外，当前公共服务设施建设水平较低，农民缺乏必要的休闲、娱乐场所，种地变相地成为一种"娱乐"或者锻炼身体的方式。如调研村民所说，"我们这个年纪，不种地没事儿干，天天闲着也没啥事儿干，种地是给自己找个事儿干"。可以说，土地存在一定的精神保障功能，满足农民的精神世界。

与斯科特的生存伦理强调问题不同，目前农户不存饥饿等低层次生存问

---

① 数据来自国家统计局．网址：http：//www.stats.gov.cn/.

题，但是由于社会保障制度的不健全、生活成本的压力以及公共服务设施建设的滞后，农户面临更高层次的生活、精神需求，以及因为对未来生活的不确定性和风险性而产生的生存压力，即农户面临更高层次的生存问题。因此，土地仍然具有一定的社会保障和精神保障功能，农户的农业生产行为是更高层次的"生存理性"。

第二节 经济理性："成本—收益"的考虑

理性"经济人"作为古典经济学的基本假设，亚当·斯密认为理性的经济主体追求利益最大化。舒尔茨（2009）认为农户作为"经济人"，"首先是一个企业家，一个商人"，会有效的配置资源，实现帕累托最优。同样，波普金（Popkin，1979）认为农户是在权衡各种利弊之后，为追求利益最大化而作出的决策，跟资本家相比他们毫不逊色。在现实中，许多农户不愿流转土地是其基于自身现状作出的利益最大化决策。第一，流转收益小于不流转收益。根据笔者在河南的调研，目前农村的土地流转价格一般为每亩1 000 元左右，而每亩土地种植粮食作物的收益约为 1 800 元。可以明显地看出，如果不流转土地每亩可以多获得 800 元左右，一个家庭平均可多获得 4 000 元左右（以平均每家 5 亩计算）。[①] 虽然土地的收益不高，但相对于土地流转来说农户可获得最大收益。第二，考虑到生计成本。一般来说，农户收获的粮食往往会留一部分作为口粮，如果农户土地全部流转，会产生一定的生活成本。第三，生产分工和劳动分工。当前我国农业机械化和社会化服务发育都达到比较高的程度，农业生产的所有环节都可以外包，为减少农业投入时间，农户可以把更多农业生产环节外包给专业的社会化服务组织或个人以获取边际劳动效益最大化。而且农户一般都选择机械化程度高、农业社会化服务市场成熟的"懒庄稼"（粮食作物或大田作物）。因此，农业生产越来越便利，许多留守在家的老人或者妇女也能够从事农业生产。对于代际差异比较明显的家庭，"农一代"选择照顾家庭和农业，"农二代"选择外出务工可以实现有效的劳动力配置，从而获得最大收益。第四，交通方便。

---

① 数据为笔者在河南的一手调查获得。

当前非农就业机会非常多，农民可以在当地或者周边城市很容易地找到工作，由于许多农户务工地点比较近，可以很方便地照顾农业生产，农户可以同时获得农业和务工双重收入。

总之，农户作为理性"经济人"，基于"成本—收益"考虑做出最优决策。因此，农户目前生产行为是"经济人"的最集中体现，是充分权衡长短期利益后作出的对当前来说最优的决策。

第三节　社会理性：具有超越经济的意义

人既是自然人，也是社会人，古典经济学的"经济人"假设过分强调自然人，认为人是追求自身利益最大化，然而人的行为是嵌入于社会之中。因此，古典经济学对人的社会性关注不够。韦伯（1998）注意到了人的社会性，认为人的行动受到社会习俗、制度、规范、情感和意志的制约。不同于经济学的"经济人"假设，社会学的"社会人"假设认为，对于不同的行动者，决策的原则是为最大限度的获得效益，而这种"效益"不仅包括经济效益，也包括政治、经济、文化、情感等内容（Coleman，1990）。

宏观的层面，韦伯认为在解释社会行动时要重视传统文化的重要作用，即要将农民置于传统文化的背景下去理解其社会行为。要理解中国农民的行为，必须根植于中国的传统历史文化。中华文明源于农业，小农经济也延续了几千年，农耕文明为中华文化的孕育和发展提供了深厚的土壤，承载着中华民族的乡土情结，也是中华文化长盛不衰、日益繁荣的重要原因。而土地在中国的农耕文化中占据着核心的地位，中华民族与土地是分不开的，从土地里长出过光荣的历史。虽然目前土地收入占总收入的比重非常小，但是农耕文化具有很强的"路径依赖"，传统小农思想已经根深蒂固，在潜移默化地影响着农民的行为决策，使农民对土地依然产生较强的路径依赖心理。即便目前农业生产包含了大量的现代元素，如机械化、生产外包、商品化等，但是农户依然在新的生产力水平下继承和发展农耕文明。

中观层面，中国社会是乡土性的（费孝通等，2012），而"乡土性"在中原的农耕区表现得尤为明显，正如费孝通等（2012）在《乡土中国》中这样描述"乡土性"："因为只有直接有赖于泥土的生活才会像植物一般地在一个地方生根，这些生了根在一个小地方的人，才能在悠长的时间中，从容地去摸熟每个人的生活，像母亲对待她的孩子一般"。在乡下，"土"是他们的命根，在数量上占着最高地位的神，无疑是"土地"，而且，赋予土地一种情感和神秘的价值是全世界农民特有的态度（Redfield，1956；Yan et al.，2021）。同时，土地作为一种人格化的财产，具有很强的禀赋效应，因此，土地对农民具有一种无形的价值，这种价值包括经济和精神价值。这也可以解释为什么小农户不辞辛苦地去从事农业生产，即便是土地的收益很低。另外，乡村都是熟人的社会，以血缘和地缘形成了每个人的差序格局，每个人都有自己的"社会圈子"，最后编织成一个相通的网络，村民之间相互熟悉，已经习惯了这种生于斯、长于斯的熟人社会，如果放弃土地，可能会打乱农民心中的差序格局社会。

微观层面，当前我国农村有大量留守老人、妇女和儿童，农民的兼业化行为和劳动分工不仅是基于个人利益最大化考虑更多的是家庭效用最大化。根据霍桑实验，人不仅是古典经济学中理性的"经济人"，也是有情感、社交需求的社会人，由于农民工一般从事劳动密集型产业，定期的回家也是一种"休息"或"娱乐"。因此，农户所作的决策不仅是基于经济考虑，亲情、休憩等也是其决策的重要因素，而亲情和休憩等能够给农户带来幸福感。如笔者对 M 村一村民的访谈：

（笔者）问："您为什么还种地，不把土地流转给别人，您的儿子收麦、收豆每次都回家半个月，算下来工资都比您家种地的收入都高"

（农户）回答："他回来不光是收麦、收豆，家里都有小孩和老人，也得回来看看，跟家里团聚一下，不能光在外面打工啊，也得回家看看，也休息休息"

可以看出，虽然农户的兼业化可能会产生较大的机会成本（如在外一天可以挣 200 元左右），但这种看似不合理的情形却隐含着合理性。作为嵌入于社会的理性人，农户最终实现了家庭效用最大化。

第四节　进一步讨论

针对中国农业生产成本过高的问题，许多学者认为规模化经营是提高农业竞争力的重要途径，适度的规模经济可以降低农业生产成本，实现资源的优化配置和规模经济，最终提高农业竞争力（陈杰和苏群，2017；韩朝华，2023）。而土地流转或者土地退出是适度规模化经营的前提，同时，农地"三权分置"的适时提出对农业规模化经营具有重要意义。近年来，国家出台土地退出试点，许多学者研究认为，通过土地流转或土地退出实现适度规模化经营，可以提高国家整体农业竞争力，他们的出发点是认为土地的生计保障功能在下降、生产要素功能在彰显、小农户缺乏技术进步的动力，等等（何秀荣，2016；刘同山，2016；叶兴庆，2018；钟文晶等，2023）。然而，已有学者多是从经济学的"成本—收益"来分析，而没有考虑到社会学的"成本—收益"。具体来说，经济学的"成本"仅仅考虑了农户土地流转或退出的经济理性，而农户的农业生产行为是还受到生存理性和社会理性的影响。借鉴常（Chang，1993）的分析方法来分析一个人的理性选择行为：

$$V = BP - P'C$$

其中，B 表示行动者从预期行动中获得的预期收益，C 表示行动者的预期代价，P 表示行动者预计获得成功的概率，P' 表示行动者预计失败的概率，V 为预期行动的净收益。假设概率 P 和 P' 相同、预期收益 B 相同的条件下，如果只考虑农户土地流转或者退出的经济理性因素，则成本为 C_1，行动的净收益为 V_1。如果综合考虑到农户土地流转或者退出的生存理论性、经济理性和社会理性因素，则成本为 C_2，行动的收益为 V_2。因此，$C_1 < C_2$，$V_1 > V_2$。如果考虑到农户土地流转或者退出的生存理性和社会理性等因素，那么农户土地流转或者退出的净收益就会比只单纯考虑经济理性的收益低。由于生产理性和社会理性在农户土地流转或退出决策中发挥着重要作用，因此，在分析农户土地流转或者退出中要充分考虑农户的生存理性和社会理性，而不能仅仅从经济理性进行分析。

从动态视角看，理性是历史的范畴，由于不同历史阶段的社会条件不同，农户表现出的理性也不相同。与"农一代"相比，"农二代"的知识文化水平更高，接触更多先进思想观念，其生存理性和社会理性相对比较弱，对土地的依赖心理逐渐淡化，而且，随着非农就业机会的增多，非农收入在总收入占比越来越高，更容易土地流转或者退出。笔者在河南、安徽和山东的调研发现，大部分"80后"农民工倾向于在流入地居住，迁户意愿和购房意愿远高于"农一代"，可见，"农二代"的城市化意愿远远高于"农一代"。当前土地主要是由"农一代"耕种，而随着代际的传递，农村人口会越来越少（粟后发，2023）。进一步从农民工城市化进程来看，年轻劳动力"进城务工"并不一定能够"进城定居"。年轻劳动力是否选择进城定居是其综合考虑城市生活成本、收入和能力等各方面因素后作出的决策。对于当前和未来一段时间的中国小农户，在追求发家致富的天性与求生求荣的本能驱使下，能够"进城定居"是整个家庭追求的梦想（佟大建等，2023）。然而，农民工城市化是一个循序渐进的过程，是一种接力式进城模式，需要通过家庭接力式的代际支持实现城镇化（王德福，2017）。可以说，农民作为"能动的主体"，嵌入城乡二元结构中，具有把握自己命运的"阶层主体性"，通过城乡之间双向流动和代际接力方式实现城市化，既保持了农村的有序分化和稳定，也避免了城市的社会动荡，形成了中国特色的渐进式城市化（夏柱智和贺雪峰，2017；苏红键，2024）。

同时，随着农村公共服务的完善，特别是养老保险和医疗保险接近城市水平或者达到农民心理预期，会出现更多的土地流转甚至退出。因为当农民对医疗、养老等具有可预期的稳定性时，土地的物质保障或者心理安慰作用会大大降低，其土地情结也会淡化，从而促进土地流转或退出（赵光和李放，2012；时晓虹等，2014；佟大建等，2023）。如访谈村民所说，"要是农村人的养老保险像城里人一样多，很多农村人都不种地了……农民要的是一种持续的稳定收入，而且以后生活成本越来越高，现在农村一个月给100元，假如60岁后有1 000~2 000元的收入，都不靠种地了"。可以看出，农民对土地的需求更多的是一种对未来生活保障的预期，随着土地的增收和保障功能逐渐被社会保障制度和农村公共服务所替代，农民对土地的需求也会逐渐降低，土地流转甚至退出会越来越多。

第五节　结论与政策建议

（一）结论

本章从农户理性视角，分析农户为什么不愿流转土地这一重要问题。由于社会保障制度的不健全、生活成本的压力以及公共服务设施建设的滞后，农户未来生活面临较大的不确定性和风险性，农户面临更高层次的生存问题。因此，土地仍然具有一定的社会保障和精神保障功能。农户作为"经济人"，随着非农就业收入的增加，把农业生产的不同环节外包，以获取最大的经济收益。农户作为"社会人"，其决策不仅是基于经济考虑，亲情、休憩等也是其决策的重要因素，而亲情和休憩等能够给农户带来幸福感。从动态视角看，土地的增收和保障功能将逐渐被社会保障制度和农村公共服务所替代。

（二）政策建议

基于以上的分析，本章提出以下几方面政策建议：第一，加强农业基础设施建设。基础设施的完善可以更加方便农户进行生产，然而目前许多农村只修缮了农田主干道，而田间许多干道仍是泥路。水利设施虽然比较完善，但是缺乏后续的维修和管理。因此，政府应该制定更加完善的政策或法律来解决农业基础设施的"最后一公里"。第二，完善农业社会化服务。当前和今后中国农业的一个客观现实是仍然存在大量的小农户，通过建立完善的农业社会化服务体系、提高农业社会化服务主体的技术水平，为小农户提供优质高效的服务，挖掘小农户潜力，推动小农户与现代农业相衔接。避免"规模小而无效，规模大而不精"的弊端。同时，当前农村的农业社会化服务多由村民个人来提供，呈现"碎片化"状态，造成服务成本高，服务质量得不到保障，因此，政府应该积极地引导社会化服务个人联合起来，形成专业的社会化服务组织，购买大型的机械设备，从而降低农业生产成本。第三，培育乡村能人。乡村能人或精英在农业发展过程中往往起先锋带头作用，通过示范带动作用引领周围的小农户采用先进的技术等，而许多农村缺乏具有奉献精神的乡村能人，因此，政府要精准地指导，针对没有能人引导的村庄制定专门的政策，有侧重地扶持和培育乡村能人，而且要重视乡村能人的德育。第四，健全社会保障体系。社会保障的完善可以解决农户的后顾之忧，从而放心地进行土地流转或退出，目前新农合和养老保险的保障水平过低，尚未达到农民的预期。因此，政府要着力提升社会保障水平。第五，提高农户组织化程度。目前，小农户农资购买、农业机械化实施以及农产品销售都是一家一户，因此，可以通过组建土地合作社或者农业托管组织，把分散的农业生产组织起来，实现农业产前、产中和产后的组织化，实现规模经济，降低农业生产成本。第六，完善公共服务设施建设。目前许多农户反映种地也是一种"娱乐活动"，主要原因是农村公共服务设施建设落后，特别是农村广场或者老年人活动中心等公共设施。因此，在每个村庄建立公园或广场等活动中心，丰富和满足人民群众的精神世界。

第三章

土地流转中的小农复制形成

土地流转是扩大经营规模、优化资源配置、提高农业竞争力和效益的有效举措（曾雅婷等，2018；袁鹏等，2023）。党的十八届三中全会以来，中央政府通过土地确权、"三权分置"、稳定土地承包关系等举措来推动土地流转和规模化经营。2022 年底，中国土地流转面积达到 5.5 亿亩，流转比例达到 28.69%；截至 2023 年 9 月底，新型农业经营主体数量达 620 万家，新型职业农民总数超过 1 500 万①。

然而，目前我国尚未达到"理想"的农业经营规模（匡远配和陆钰凤，2018）。根据全国第三次农业普查，我国小农户数量占农户总数的 98% 以上，从业人员占 90%，耕地面积占总面积 70%，经营规模在 10 亩以下的农户约有 2.1 亿。而且在未来一段时间内，"大国小农"是我国的基本国情农情，我国农业的基本面仍是小农户。进一步对比 1996 年和 2015 年全国农村固定观察点数据，10 亩以下的农户占比从 1996 年的 76% 增加到 2015 年的 85.74%，10 ~ 30 亩的农户占比从 1996 年的 20.2% 下降到 2015 年的 10.32%。而土地流转率从 1996 年的 2.6% 上升到 2015 年的 33.30%，但 2022 年底流转比例降低到 28.69%（匡远配和陆钰凤，2018；罗必良，2019）。可以看出，随着土地流转率开始下降，小农户占比越来越多。

为什么在土地流转率越来越高的现实情况下仍然存在大量的小农户，并且小农户的占比呈不断升高趋势。在实际调研中发现，小农复制是重要

---

① 1.3 万亿斤以上，连续 9 年的丰收答卷（人民日报 12 月 19 日第 2 版）[EB/OL]. 中华人民共和国农业农村部网站. http://www.moa.gov.cn/ztzl/ymksn/rmrbbd/202312/t20231219_6442987.htm.

的原因之一。一方面，大量转出户仅仅流转部分土地，不仅难以满足规模化经营主体的需求，而且加剧了土地的细碎化；另一方面，大量转入户只流转小规模土地，其并未实现规模化经营，导致土地流转更多的是"小农户"替代"小农户"。因此，虽然土地流转率在不断提高，但我国"耕地规模小、分散化经营"的土地格局并未改变（郑淋议等，2019；张永奇等，2023）。

从已有研究来看，许多学者已发现土地流转中的小农复制现象。如张沁岚等（2017）基于农户追踪调研数据发现，土地流转并没有带来规模种植户的增加，相反经营面积 5 亩以上农户比例减少。贾晋和申云（2018）的研究发现农地流转中 70% 是转给普通农户。匡远配和陆钰风（2018）对小农复制现象做进一步阐述，认为虽然 2008 年之后土地流转速度加快，但这种流转更多是耕种权利在小农户之间的转移，户均耕地规模仍然较小。有研究虽然没有明确指出小农复制概念，但其在分析中同样发现农户土地流转规模普遍较小（何欣等，2016；徐冠清和余劲，2023）。关于小农复制的形成原因，刘恺和罗明忠（2015）认为劳动力非农转移的不彻底导致土地流转呈现短期化、缺乏稳定性，出现土地流转中的小农复制。胡新艳等（2016）指出中国土地并非完全的要素市场，包含人情、亲缘关系，土地流转更多地局限于亲友邻近之间，从而抑制农户经营规模扩大，导致小农复制。罗必良（2017）进一步研究发现，如果农地经营权流转局限于农户之间不仅导致小农复制，而且隐含着效率风险。也有研究认为土地细碎化和信任机制不健全阻碍土地流转的规模，形成小农复制（王敬尧和王承禹，2018；冯华超等，2018；刘艳等，2022）。

虽然目前已有学者关注到小农复制是导致土地流转内卷化、阻碍规模化经营的重要原因。但现有研究多是提出小农复制的概念，或者从转出户视角对小农复制的形成原因进行简要分析，并未对小农复制的现状及其形成原因进行全面、深入探讨，而对这些问题的研究不仅关系到当前土地流转的质量，而且对推动适度规模化经营也具有重要意义。基于此，本章运用中国农业大学国家农业农村发展研究院的农户调研数据，分析当前我国土地流转中小农复制的现状及其形成原因，具体来说：第一，从转入户流转面积、转出户流转面积和转出户流转比例三方面分析小农复制的现状；第二，结合调研数据和访谈资料分别从转入户和转出户视角全面、深入探讨小农复制形成的原因；第三，根据上述分析得出相关的政策启示。

第一节　小农复制的现状分析

（一）数据来源

本章运用中国农业大学国家农业农村发展研究院 2018 年 1～2 月的调研数据。调研人员来自中国农业大学的本科生、硕士生和博士生，在调研之前，对调研人员进行统一的培训，着重讲解问卷中的关键问题和疑难问题，问卷包括农户问卷和村级问卷，每个村要求随机抽取 10～20 位农户，最终获得 2 553 份农户问卷和 159 份村级问卷。样本主要来自 12 个省（区）、143 个县（市、区）、172 个村（有的村庄没有村级问卷），其中，12 个省（区）包括内蒙古、吉林、四川、安徽、山东、江苏、江西、河北、河南、湖北、湖南和黑龙江，涵盖了中国东部、中部、西部和东北地区，具有较好的代表性。

（二）描述性统计分析

1. 转入户流转土地规模不大

从图 3-1 可以看出，转入面积 10 亩及以下的农户数为 303 户，约占总转入户数的 45.91%，说明有将近一半转入户仅流转少量土地；转入面积 20 亩及以下的农户数为 398 户，约占总转入户数的 60.3%；转入面积 100 亩及以上的农户数占总转入户数的 12.12%，说明流转较大规模土地的农户较少。总体上看，大量转入户并没有流转大规模土地。参照倪国华和蔡昉（2015）和张成玉（2015）关于适度规模经营标准的划分，当前的土地流转多是小农复制，并未实现"理想"的规模化。

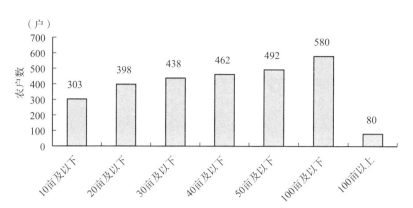

图 3 – 1 转入户流转面积分布

从转入户流转面积的不同地区比较来看，中国各地区流入面积数量差异明显，如表 3 – 1 所示。100 亩及以下的转入户数占总转入户数的比重西部地区最高，东部地区其次，中部地区最低；100 亩以上的转入户数占总转入户数的比重中部地区最高，东部地区其次，西部地区最低。可能原因是西部经济相对落后，农户缺乏资金实力，且地形以山地为主，未形成大规模流转面积，东部地区经济较为发达，农户更多从事非农就业，且地形以山地和丘陵为主，农户不愿转入更多土地。中部地区经济低于东部但高于西部，地形较为平坦，有利于大规模流转。从东中西与东北地区来看，东北地区 10 亩及以下转入户数占总转入户比重仅为 11.54%，20 亩及以下转入户数占比为 26.15%，30 亩及以下转入户数占比为 35.38%，40 亩及以下转入户数占比为 42.31%，50 亩及以下转入户数占比为 50.77%，远远低于东部、中部、西部。而 100 亩及以上转入户数占比为 21.54%，远高于东中西部，可能原因是东北地区属于国家"粮仓"，其在国家农业中具有重要战略定位，而且，东北地区人少地多，农业生产条件较好，地形平坦，利于规模化经营。

表 3 – 1　　　　　　　　　　转入户流转面积的地区分布

规模	东部		中部		西部		东北	
	样本量	样本占比（％）	样本量	样本占比（％）	样本量	样本占比（％）	样本量	样本占比（％）
10 亩及以下	91	55.83	129	51.81	68	57.63	15	11.54
10 ~ 20 亩（含）	108	66.26	163	65.46	93	78.81	34	26.15

续表

规模	东部		中部		西部		东北	
	样本量	样本占比（%）	样本量	样本占比（%）	样本量	样本占比（%）	样本量	样本占比（%）
20～30 亩（含）	118	72.39	176	70.68	98	83.05	46	35.38
30～40 亩（含）	122	74.85	184	73.9	101	85.59	55	42.31
40～50 亩（含）	129	79.14	191	76.71	106	89.83	66	50.77
50～100 亩（含）	148	90.8	217	87.15	113	95.76	102	78.46
100 亩以上	15	9.2	32	12.75	5	4.24	26	21.54

2. 转出户转出面积

从图 3-2 可以看出，转出面积 3 亩及以下的有 340 户，约占总转出户数的 55.83%，转出面积 5 亩及以下的有 453 户，约占总转出户数的 74.38%；转出面积 10 亩以上的约有 63 户，约占总转出户数的 10.34%，说明转出面积较多的农户较少。总体上看，转出户转出土地面积较少，主要原因是中国地少人多，人均耕地面积较少，而且，相当一部分农户只转出部分土地。

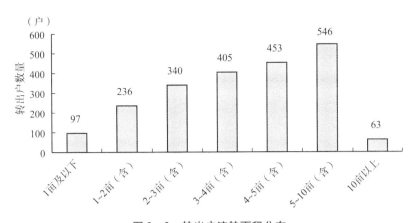

图 3-2　转出户流转面积分布

进一步将转出户流转面积按照区域划分，如表 3-2 所示。东部地区和西部地区转出面积 1 亩及以下转出户数占总转出户数比重分别为 22.95% 和 18.39%，远高于中部地区，而 10 亩及以下转出户数占比分别为 93.85% 和 94.25%，小于中部地区。可能原因是东部地区多山地丘陵，人均耕地面积较少，且耕地细碎化较为严重，许多地块由于无法连片经营而抛荒。而西部地区则经济落后，农户可能需要依靠土地降低生活成本，只转出部分土地。中部地区一方面属于劳动输出大省，土地转出较多；另一方面地形较为平坦，转入户更愿意扩大经营规模。从东中西与东北地区比较来看，东北地区转出面积 2 亩及以下转出户数为 0，5 亩及以下转出户数占总转出户数比重为 2.08%，10 亩及以下转出户数占比为 16.67%，远低于东、中、西部地区，而 10 亩以上转出户占比 83.33%，远高于东、中、西部地区。可能原因是东北地区人少地多，人均耕地面积较大，且机械化程度较高，规模化农场较多。

表 3 - 2　　　　　　　　　　转出户流转面积的地区分布

规模	东部		中部		西部		东北	
	样本量	样本占比（%）	样本量	样本占比（%）	样本量	样本占比（%）	样本量	样本占比（%）
1 亩及以下	56	22.95	25	10.87	16	18.39	0	0.00
1～2 亩（含）	116	47.54	81	35.22	39	44.83	0	0.00
2～3 亩（含）	161	65.98	117	50.87	61	70.11	1	2.08
3～4 亩（含）	181	74.18	159	69.13	64	73.56	1	2.08
4～5 亩（含）	201	82.38	182	79.13	69	79.31	1	2.08
5～10 亩（含）	229	93.85	227	98.70	82	94.25	8	16.67
10 亩以上	15	6.15	3	1.30	5	5.75	40	83.33

3. 转出户转出比例

对于已转出土地的农户，目前已经转出土地的样本户有 609 户，而转出户中仍然经营土地的样本户有 452 户，约占 74%，样本户依然继续耕种土地的主要原因有两个方面：第一，农户既转出土地也转入土地；第二，存在农户只转出部分土地。剔除既转出土地也转入土地农户，剩余 388 户，约占总转出户数的 64%，说明对于只转出土地而没有转入土地且目前仍然经营土地的农户占比 64%，即在不转入土地的情况下，虽然农户转出了土地，但是大部分仍然经营土地。对于只转出土地而没有转入土地且目前仍然经营土地的样本户有 388 户，其转出面积占二轮承包时承包土地面积的比例如表 3−3 所示。可以明显看出，转出面积占比小于等于 50% 的样本户有 184 户，约占 47.42%，说明有将近一半农户转出面积小于等于其承包面积；转出面积占比小于等于 90% 的样本户有 332 户，约占 85.57%；转出面积占比大于 90% 的样本户仅 56 户，占 14.43%。

表 3−3 　　　　　　　　　转出户流转面积的地区分布

转出面积/承包面积	样本数量	样本占比（%）
转出占比小于等于10%	15	3.87
10%~30%（含）	81	20.88
30%~50%（含）	184	47.42
50%~70%（含）	269	69.33
70%~90%（含）	332	85.57
转出占比大于90%	56	14.43

第二节　小农复制的形成原因

（一）农业生产分工

斯密第一次将分工置于经济学的首要地位，并以纽扣制造为例，说明分工可以提高劳动生产率，节省劳动时间，促进社会进步（亚当·斯密，2009）。在农业生产领域，因农业生产周期存在"农忙"和"农闲"两个时段，使得农业的迂回生产程度和中间品投入程度较低，降低了农业投入品的使用效率，其迂回经济效果不明显。再加上农产品本身的自然属性和市场属性制约了其农业分工。因此，斯密认为农业生产领域的分工深化有天然的内生性障碍，即著名的"斯密猜想"，从农户视角来讲就是家庭经营的农户经济很难融入分工经济。然而，"斯密猜想"忽略了小农的灵活性、动态性和开放性，以及当前中国农业社会化服务的发展。近几年，我国农业社会化服务供给从数量和质量上均呈现巨大发展。国家也出台多项政策来鼓励、支持农业社会化服务发展。对农业社会化服务的培育从简单的"公益性和经营性结合"到"培育各类专业化市场化服务组织"，农业社会化服务的内容不断扩展，呈现"土地入股""土地托管""代耕代种"和"联耕联种"等多种模式，且每种服务模式都是根据农户需求来安排。

　　根据对河南、山东和安徽等地的调研发现，许多农户会把部分或者全部生产环节外包给农业社会化服务组织或个人。具体来说，由于机械设备投资大且具有很强的资产专用性，其交易频率和交易程度都很低（如拖拉机、播种机等）。在非农就业比较普遍，农业收入占总收入比例较低，农业越来越"副业化"的背景下，许多小农户不愿意在农业机械上投资，所以，农户特别是小农户的耕种收等"劳动密集型"环节大量外包。以笔者长期跟踪和调研的河南省M村为例，农业生产分工经历了个别环节外包、多环节外包甚至全部环节外包的过程。在非农就业率低时，农村有充足的剩余劳动力，农业生产环节全部由自己完成或者仅收割环节外包，随着非农就业机会的增加，劳动力要素价格越来越高，耕种环节、运输环节、田间管理环节逐步外包，即农业生产环节外包经历了"收割→耕种→运输→田间管理"的历程。调研数据显示，当前M村农户收割环节100%外包。同时，为应对劳动力短缺，小农户种植机械化水平高、农业社会化服务市场发育成熟的大田作物。许多研究也表明，随着非农就业的转移，小农户为了节约农业投入时间，其种植结构转向"趋粮化"（韦伯，2008；诺思，1994）。小农户具有较强的动态适应能力，农业社会化服务发展使农户从农业繁重的体力劳动中解放出来，从而使农业生产成为一件"比较轻松"的活动，与农户的访谈时经常听到"现在种地很方便""现在种地多省事啊"等话语。因此，农业生产分工的发达使农户在家庭劳动力不足的情况下通过转出部分土地仍可以兼顾剩余土地，即在一定程度上使农户只转出部分土地。如在笔者调研中发现，一些家庭虽然缺乏年轻劳动力，但由于目前农业生产分工发达，仍然可以选择耕种部分土地，即只转出一部分土地来实现经济效益最大化。

（二）人文传统

1. 文化传统——形成路径依赖

韦伯（2008）认为要重视传统文化对人社会行动的重要作用，要置于传统文化的背景下去理解社会行为。中国人的社会行动是与中国特有的历史文化相关，也只有理解了中国的文化传统才能更好地解释其社会行动。中国作为一个农业大国，农业在历史上占据着非常重要的地位。在农业生产生活过程中也孕育了辉煌璀璨的农耕文明，如古代的《诗经》、二十四节气和西北地区的信天游等都是农民在农业生产生活过程中创造的。改革开放四十多年，农户已经越来越多地融入现代农业元素，但仍然具有"规模小、经营分散"的特点。即便市场因素已经渗透社会经济的各个方面，由于文化连续性和延绵性，农耕文明的基因早已经流淌在人们的血液中。根据路径依赖理论，一旦进入了某一路径便沿着这条路径演进发展，就会对这条路径产生依赖，且具有自我强化机制，如果打破路径依赖需要有强大的外力作用。由于中国历史上传统农耕文化的初始锁定，并具有连续性和润物细无声的特征，因此，很难被其他文化或者信仰所代替。诺思（1994）指出，在制度变迁中，文化传统和信仰体系等非正式制度都是基本的制约因素，必须考虑这些因素。所以，受传统农耕文化的影响，土地成为中国农民生活的重要组成部分。正如费孝通等（2012）在《乡土中国》中的描述：在乡下，"土"是他们的命根，在数量上占着最高地位的神，无疑是"土地"。可以看出中国农民对于"日出而作，日落而息"生活的适应，对于土地的依恋。因此，传统农耕文化在潜移默化地影响农民的思维和决策行为，即便是土地收益比较低也仍有很多人也不愿意放弃全部土地，即仅仅转出部分土地。

2. 禀赋效应——产生"价值幻觉"

土地作为一种人格化财产，是具有情感的物品，不仅代表经济财富，也具有精神价值。赋予土地一种情感和神秘的价值是全世界农民特有的态度（Redfield，1956；Yan et al.，2021），这种情感和神秘的价值使农民对土地产生一种"价值幻觉"。根据禀赋效应理论，人们在拥有一件东西之后，倾向性地认为自己拥有的比别人拥有得更具有价值，也可以说个体在出让该物品时所愿意获得的补偿（willing to accept，WTA）比得到该物品愿意支付（willing to pay，WTP）的价格高。随着我国土地确权的完成和家庭承包的赋权，土地产权强化提高了农户的禀赋效应，使土地成为一种更具有"黏性"、更有价值的物品。作为具有土地承包权的农户，凭借其天然的成员权身份获得集体土地的承包权，农户的禀赋效应在土地确权和家庭承包赋权的强化下，对具有人格化财产的土地更容易产生"价值幻觉"。其对土地的WTA远远高于转入户的WTP，即农民索要的土地流转价格远远高于转入户可以支付的流转价格。对转入户而言，农业存在自然和市场的双重风险，亩均收益存在很大的不确定性（特别是对于种植经济粮食作物的转入户），高昂的租金会使其经营难以持续。但如果转入户不愿意出"使农户满意"的租金，就无法抵消农户对人格化财产的禀赋效应。当前的土地流转呈现明显的价格效应。进一步基于交易费用理论分析，当交易成本为零或者很小，不论在开始时将财产权赋予谁，市场都是有效的，能够实现资源配置的帕累托最优。当市场交易费用不为零时，不同的权利配置界定会带来不同的资源配置。然而由于农户存在很强的禀赋效应，农户对土地的WTA远远高于转入户的WTP，即便交易成本为零或者很小，农户的禀赋效应也使土地价格呈现非理性状态，这样市场的交易量会很小，市场效率会大打折扣。当前，各级政府不断建立和完善土地交易中心，搭建土地交流平台。诚然，这些交易手段和交易工具能够显著降低交易成本，在一定程度上促进了土地流转，但农户土地流转不仅考虑交易成本，情感和禀赋效应等心理因素同样占据非常重要的作用。特别是当前我国土地流转市场尚不成熟，土地的价格评估、经营监督和风险防范机制尚不健全，其交易成本不为零（在调研的159个村庄中，仅20.75%的村庄有农地交易平台，79.25%的村庄没有农地交易平台，如表3-4所示）（匡远配和陆钰凤，2018；刘依杭，2024）。而且目前许多地方出现大户弃耕、退耕等现象，侵犯了农民利益，强化了农户"损失厌恶"心理，使农户对"避害"的考虑大于"趋利"的考虑，进一步加强了农户禀赋效应，促使其成为风险规避者。在禀赋效应作用下，风险规避农户往往会仅转出部分土地或者不转出土地。

表 3 - 4　　　　　　　　　　村庄农地交易平台

交易平台	样本数	样本占比（％）
有	33	20.75
无	126	79.25

（三）公共服务

　　土地不仅具有生产功能，而且具有社会保障功能。社会保障在农村的缺失，土地在一定程度上是对农村社会保障缺失的补偿或补充。随着国家社会保障制度的健全和完善，农村医疗和养老保险逐步在农村推广和普及，然而，我国农村社会保障仍面临许多现实困境，表现为社会保障水平低，不足以满足农民的生活需求，新农合在保险比例和保险范围上有限，对于在城市务工的 2.98 亿农民工来说，许多尚未享受到城镇社会保障。虽然新型农村合作医疗和新型农村社会养老保险的标准在不断提高，未来有望实现城乡一体化的社会保障体系，但是，农户只关注当前低水平的社会保障。阿罗认为有限理性就是人的行为"即使有意识的理性，但这种理性又是有限的"，囿于小农户知识和能力的限制，其理性可能是"短期理性"，从长远来看是非理性的。农户或多或少都是以当前利益最大化，其不会因为未来社会保障水平可能会提高而降低对当前风险的判断。当前农民生活呈现商品化、市场化，衣食住行需要支付一定的资金，这在一定程度上增加了农民的生活成本。另外，农民一般从事低层次的劳动密集型产业，面临较大的不确定风险，如因年龄、疾病等原因无法在城市务工或遭遇经济危机等，这些都是农民在当前生活中考虑的现实而重要的问题。根据前景理论，农户在面临未来不确定风险时是风险规避的，当这些现实的、可预期的风险无法得到基本可靠的保障时，农民不会轻易地完全放弃耕种土地。因而，当农村社会保障制度无法解除农民的后顾之忧，无法有效保障农民基本生活水平时。此时，农户只愿意转出部分土地从而既减少农业劳动时间也能保障基本生活开支。

　　此外，在许多农村地区，公共服务设施不健全，存在公共娱乐设施条件比较简陋，利用率较低等问题，甚至很多村庄没有任何公共娱乐设施。加上农民文化水平较低，缺乏文化娱乐活动。土地成为农民"娱乐"和锻炼身体的方式。如调研的许多农户反映，"不种地会得病的，干干活，活动着还能锻炼身体""农村人闲不住，不干活也没啥事干"。可以看出相当一部分农民把土地作为锻炼身体或娱乐的"工具"。

（四）乡土社会

村落是伴随着人类进入农耕文明后产生的聚集形态，是人们重要的居住方式，以血缘和地缘为独特标志，人们聚居耕作和繁衍生息。当前越来越多的农村人口转移城市，村落开始由静态变成动态，农村的"空心化""老龄化"却越来越严重。相应地，人们的传统观念和价值观也发生了变化。第一，村落对人们的凝聚力和归属感慢慢减弱，宗族组织在人们的观念中日渐淡薄。第二，乡村图景从熟悉到半熟悉。费孝通等（2012）认为中国社会是乡土性的，乡土社会是一个"熟悉"的社会，没有陌生人的社会。随着劳动力进城务工甚至城市化，加上市场化渗透，农民之间的交流越来越少，关系变得日益模糊。第三，村庄治权弱化。随着农业税的取消，村庄与村民之间缺乏必要的利益联结机制，许多村民因常年在外务工，一般不会去关心村庄的公共事务，除非涉及自家利益。

尽管村民价值观念发生了很大变化，村民之间的关系越来越利益化，村庄之间依然存在比较明显的分界线，但村落依然存在。在土地流转过程中，由于地缘关系，村庄内部或者相邻村庄之间的村民比较熟悉，会产生一种莫名、不假思索的信任感，因此，农民一般不愿意突破村庄界限，即把土地流转给相对比较陌生的外村人，而且，外村人也不会轻易走进一个相对比较陌生的地方承包土地，对突破村庄界限的土地流转多发生在相邻村之间。一般来说，一个村庄内很少会有很多大规模转入户，不能完全消化更多农户的土地转出需求，导致一些有转出土地需求的农户只能出租给其他小农户。表3-5结果显示，77.39%的转入户的土地流转来源为本村村民；57.00%的转出户将土地流转给本村村民。

表 3 – 5 土地流转来源分布

流转来源/对象	转入来源		转出对象	
	样本数	样本占比（%）	样本数	样本占比（%）
本村村民	510	77.39	346	57.00
本乡镇村民	84	12.75	77	12.69
外乡镇农户	19	2.88	56	9.23
村集体	34	5.16	21	3.46
其他	12	1.83	107	17.62

进一步从当前的土地流转对象选择上来看，根据费孝通的差序格局理论，人与人之间的关系往往以"己"为中心，离中心越近关系越亲密，越远关系越疏远。诚然，随着市场化推进和劳动力转移，村民之间的关系开始变得半熟悉甚至陌生化，但是关系变得半熟悉甚至陌生化的是核心波纹之外的人，即关系一般的人。目前乡村人际关系更加聚焦、专注，呈现出比较明显的"很熟悉"和"不熟悉"两种关系，强化了关系比较亲密者而弱化关系一般者，即社会关系以亲人（指三代以内）或个别比较亲密的朋友为中心，表现出特别亲密的关系，而对于其他人来说关系平平常常，呈现比较明显的断层。农户在有土地流转需求时，遵循当前断层的"差序格局"原则：会主要考虑关系亲密者，且考虑的往往不是租金，而是一种特别的信任感或人情关系，这也是为什么出现那么多"零地租"现象的原因之一。与关系疏远者进行土地流转交易时往往存在讨价还价。如陈奕山等（2017）根据江苏省 8 市农户调查数据发现，货币租与人情租的替代关系存在零散土地流转中，零地租现象更多地发生在亲属间。笔者对河南省、山东省的调研发现，大部分村民的土地流转发生在亲属或者关系比较亲密的邻居朋友之间，从而限制了土地流转范围。因此，半熟悉的乡土社会使人际关系出现断层，更容易形成土地流转且强化"流转范围"。表 3 – 6 结果显示，40.15% 的转入户签订流转合同，82.72% 的转入户通过乡村的熟人关系转入土地；53.71% 的转出户签订流转合同，59.97% 的转出户通过乡村的熟人关系转出土地。

熟人社会的乡村和差序格局的关系使土地更多地流转向本村村民或关系比较亲密者。因此，地缘、血缘关系依然存在较大影响，从而限制土地流转的规模和范围，进而使土地流转形成更多的小农复制。即许多流转发生在小农户之间，并未形成更多规模化的农户。

表 3-6 土地流转农户流转合同和流转媒介

项目		转入农户		转出农户	
		样本数	样本占比（%）	样本数	样本占比（%）
流转合同	是	261	40.15	326	53.71
	否	389	59.85	281	46.29
流转媒介	有	112	17.28	243	40.02
	无	536	82.72	364	59.97

（五）经营风险

规模化经营能够降低生产成本，实现规模经济，那么，为什么现实中许多土地转入户没有流转更多土地？农户作为理性经济人，基于"成本—收益"来决定是否规模化经营，经营风险是其考虑是否扩大规模的首要因素。目前小规模转入农户对农业规模化经营的风险感知体现在以下几个方面：第一，自然和市场风险。农业作为弱质性产业，面临自然和市场的双重风险，虽然农业保险在推广实施，但依然是"高补贴低覆盖"，如东部地区的农作物保险覆盖率约40%，内陆农村地区在10%以下，补贴项目和金额尚未达到农户预期，不能弥补农户因自然灾害而造成的损失（张若瑾，2018）。农产品市场价格波动较大（主要指经济作物），农户往往因为市场价格的波动而损失较重，如调研的农户诉说，"庄稼就是'撞'家，运气好了挣点钱"。第二，劳动力短缺风险。随着劳动力的转移和非农就业的增加，农村多剩下"613899部队"[1]。许多受访农户普遍反映目前存在用工难的问题，如调研的河南省烟叶种植大户（82亩），烟叶种植和生长等环节其雇工大部分是女性，年龄在50~60岁，男性则在60岁以上，雇工的"老龄化"和"女性化"严重影响了劳动效率和劳动质量。而且在其烟叶的成本—收益表中，

---

[1] "61"代指儿童，"38"代指妇女，"99"代指老人。

人工成本约占 40%，可见劳动用工费用成为规模化经营中比较大的成本支出。第三，资金风险。规模化经营主体特别是种植经济作物的农户，其资金投入比较大，如一亩烟叶大概投资 4 000 元，农户需要有一定的资金储备。而且由于农户缺乏相应的抵押物品，正规金融机构为了降低风险，在贷款的金额、条件、利息等方面进行严格限制，而非正规金融机构的资金量小、成本高。农户受到较强的信贷约束。作为理性农户其可感知的风险会影响其扩大经营规模。如笔者调研的一位农户（52 岁），目前经营规模 15 亩，其中，自家有 3.3 亩，转入土地 11.7 亩，转入土地均来自亲戚和朋友。

（笔者）问："您为什么不再多种点儿地"；（农户）回答："现在不好包地（租地），也懒得包，很辛苦，也没挣到钱，每亩地租金都六七百不划算，现在好多种地大户都把地退了，不种了""种得多的话还要觅人（雇人）种，不觅人忙不过来，（觅人）那都不挣钱了"

笔者在调研中发现，许多地方出现种植大户退耕、退租现象，主要原因是农产品价格太低导致亏损。进一步从农户视角来看，当前小规模转入土地是农户利益最大化的安排。根据前景理论，大多数人在面临获得时是风险规避的，且对损失比对获得更敏感。由于小农户规模小，资金少，文化和技术水平有限，抵御风险能力弱，一般认为农民是风险规避的（Rosenzweig and Binswanger，1992；肖剑和罗必良，2024）。同样，卡德纳斯和卡朋特（Cardenas and Carpenter，2004）的研究发现，发展中国家农民的风险规避程度高，从而导致其农业生产投资低。当前条件下农户面临较多的选择：耕种自己的土地、租入少量的土地、规模化经营和非农就业。由于非农就业机会较多，农户能够比较容易通过非农就业获得稳定的收益，且农户在面临稳定收入时，会变得小心翼翼，不愿冒其他风险，成为风险规避者。因此，农户一般不会选择风险较大的规模化经营。但为实现利润最大化选择租入少量的土地，农户通过种植机械化程度高、社会化服务发育成熟的农作物，其仍然可以在农闲时进城务工，所以，农户既可以在城市获得稳定的工资收入，也能在土地上获得收益。考虑到规模化经营可预期的风险，小规模转入土地农户不敢或者不愿意去进一步扩大规模①，从而出现了大量"小农复制"现象，

---

① 在问卷中询问农户"未来三年是否愿意扩大经营规模？"，只有 13.82% 的农户愿意扩大规模，86.18% 的农户不愿意扩大规模。

即转入户仅转入少量土地，其依然是小农户。

综上分析，农户作为理性人，其行为受所嵌入社会的经济、文化和社会规范影响。小农复制受多种因素影响，其中，农业分工、公共服务和人文传统（文化传统和禀赋效应）使农户转出部分土地。乡土社会和经营风险限制了土地流转范围，增加了农户风险感知使转入户流转小规模土地。这也是当前为什么虽然土地流转率在不断升高，但并没有实现"理想"的农业经营规模的原因。为更加清晰地探讨其原因，本部分勾勒小农复制形成的影响因素逻辑图，农业分工发达使生产更加方便、文化传统形成路径依赖、禀赋效应产生"价值幻觉"以及公共服务不健全使未来存在不确定性使转出户流转部分土地。乡土社会限制土地流转范围和经营风险增加风险感知导致转入户流转小规模土地，从而形成小农复制，具体如图3-3所示。

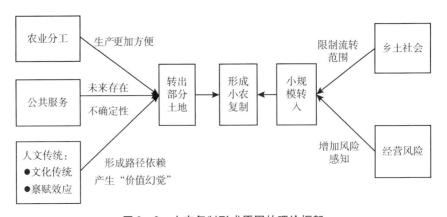

图3-3　小农复制形成原因的理论框架

第三节　结论与政策建议

（一）结论

土地流转是实现规模化经营的前提之一，然而土地流转中却出现大量小农复制，从而影响土地流转的质量和效果。本章运用12省（区、市）2 553

份农户问卷，详细分析土地流转中小农复制的现状及其形成原因。研究发现，第一，农户流转耕地面积不大，转入户流转面积 20 亩及以下的约占总转入户数的 60.3%，转出户流转面积 5 亩及以下的约占总转出户数的 74.38%，转出户中仍然经营土地的约占总转出户数的 74%。第二，农业分工发达使生产更加方便、文化传统形成路径依赖、禀赋效应产生"价值幻觉"以及公共服务不健全使未来存在不确定性导致转出户流转部分土地。乡土社会限制土地流转范围和经营风险增加风险感知导致转入户流转小规模土地，从而形成小农复制。

（二）政策建议

根据上述分析，本章提出以下政策建议：

第一，创新农业经营方式。基于"大国小农"的基本国情，在有序稳妥推进土地流转过程中要不断创新经营方式，以适应小农户的需求，提高农业竞争力。通过联耕联种、代耕代种、土地托管和农业共营制等农业经营方式的创新，可以有效降低农业经营成本，同时满足农民对土地依恋的心理需求。政府应鼓励和扶持新型农业经营方式，不断试点和总结，形成可复制、可推广的模式。同时，加大对农业社会化服务组织的扶持力度，整合分散化、弱小的服务组织，从而供给高质量、廉价的服务。鼓励多种形式、多元化市场主体参与的农业社会化服务，使农业社会化服务的内容更加贴近实际，服务主体更加接地气。

第二，提升农村公共服务水平。当前，农村社会保障水平偏低，尚不足以解决农户的后顾之忧，这也是许多农民不敢全部流转甚至退出土地的重要原因。应该提高农村养老保险水平，针对农民的需求设计合理的农村医疗保险制度，提高报销比例。当农民未来预期风险降低时，会主动地全部流转甚至退出土地。同时，当前许多农村地区缺乏基本的文化娱乐设施，如体育健身器材、文化交流中心等，这使农民的精神世界更加依赖于土地。虽然有地方已经有公共娱乐设施，但由于设施条件较差而无法真正满足人们的需求。因此，应该加大农村公共服务设施建设，提高公共服务设施的供给质量，实现从"少"到"多"、从"有"向"优"的转变。而且，对于服务设施的建设要广泛征求村民意见、满足农民的主体需求，提升公共服务供给的民主化、科学化水平。

第三，树立典型案例，发挥"羊群效应"。农户作为理性的经济人，土地是否流转、流转多少是农户充分考虑到"成本—收益"后的决策。目前，农业收入占农户总收入的比重越来越少，土地呈现"副业化"，但因历史文化和心理等因素，农民对土地仍然有依恋的情结。如何破解这种历史文化和心理因素的影响成为进一步促进土地流转的关键问题。从心理学看，人都有"从众"和"模仿"心理，即人的行为经常会受到其他人行为的影响。在调研中发现，当问到如果别人土地流转或者退出时，绝大部分农民会说"别人都流转退出了，自己也流转和退出"。可以看出，在土地市场中，农民面对土地交易同样具有很强的从众心理。因此，政府可以在每个地区选择一个典型新型经营主体案例，让农民看到实实在在的好处，并积极宣传和指导，发挥"羊群效应"。

第四，完善农村农地交易平台。从上述分析中可以看出，土地转入户的转入来源和转出户的转出对象绝大部分是本村村民，现实中许多土地流转发生于熟人之间，这也造成了许多零租金和小农复制现象，阻碍了土地流转市场的发育和规模化经营的实现。因此，应加强村级土地交易平台建设，一方面，村级交易平台根植于农村地区，对土地流转双方的供给和需求更加了解；另一方面，村级交易平台能够有效规范土地流转双方的行为，从而促进正规土地流转市场的发育。数据显示，在159个村庄中，仅有20.75%的村庄有农地交易平台。政府应该在较大村庄或乡镇设立交易平台，并给予资金扶持和政策指导。同时，在互联网时代，可以充分运用微信等互联网工具发布土地转入或转出信息，缓解土地流转市场中的信息不对称。

第五，完善农业保险政策。农业作为弱质性产业，面临多重风险，从而增加了潜在规模化经营者的风险感知，这也导致了当前大量转入户只流转少量土地，形成大量小农复制。虽然近几年农业保险快速发展，但是其保障水平和保障项目与农户需求仍有一定差距，不能有效降低农户预期生产风险。政府一方面应该提高农业保险的保障水平，真正实现其"保护伞"作用，降低农户的风险感知，提高其预期收益。另一方面，提供多样化保险项目。如针对不同农作物设计不同的农产品价格保险；把农业保险向金融服务领域扩展，扩大农户承保范围；推广农业大灾保险和"保险＋期货"试点；等等。

第四章

小农户扩大经营规模的意愿

《"十四五"推进农业农村现代化规划》明确提出,"引导小农户进入现代农业发展轨道"。对此,学者进行了许多有益的探索:一是健全面向小农户的社会化服务体系。通过构建多层次多元化的农业社会化服务为小农户提供产前、产中和产后的服务,而且鼓励新型经营主体提供社会化服务(苑鹏和丁忠兵,2018;孔祥智和穆娜娜,2018;曹光乔和吴萍,2023)。二是创新经营管理方式。通过关键环节托管、全托管等不同的经营方式,来满足不同地区小农户生产需求,比较典型的如四川崇州的农业共营制(冀名峰,2018;于海龙和张振,2018;穆娜娜和钟真,2023)。三是提升小农户组织化程度。以合作社或农业企业为载体,规范化小农户农业生产行为,并为小农户提供生产性服务、经营性服务或金融性服务(蒋永穆和戴中亮,2019;于海龙等,2022;梁海兵和姚仁福,2023;钟真等,2024)。然而,已有研究多是从外部视角来探讨如何服务或组织小农户,较少关注如何提升小农户内生发展能力。

其中,扩大小农户经营规模,促使一部分小农户转化为新型经营主体是提升小农户内生发展能力、实现小农户与现代农业有机衔接的重要途径。《关于促进小农户和现代农业发展有机衔接的意见》明确提出,提升小农户发展能力,启动"家庭农场培育计划","鼓励有长期稳定务农意愿的小农户稳步扩大规模,培育一批规模适度、生产集约、管理先进、效益明显的农户家庭农场"。现实中,家庭农场是小农户的升级版和发展方向,许多新型经营主体都是由小农户转化而来。在此背景下,有必要探讨小农户扩大经营规模意愿及其影响因素,这对促进小农户与现代农业有机衔接、推进规模化经营和提高农业竞争力具有重要的理论和现实意义。

基于此，本章运用中国农业大学国家农业农村发展研究院 14 省（区、市）2 074 份农户数据，详细探讨小农户扩大经营规模意愿及其影响因素。在以下三个方面对已有文献进行扩展：首先，从农户特征、家庭特征、村庄特征和地区特征四个维度探讨什么类型的小农户扩大经营规模意愿；其次，分析小农户扩大经营规模意愿的影响因素；最后，对于愿意扩大经营规模的小农户，探讨不同类型小农户的计划经营规模及其影响因素。

第一节　数据、变量与模型

（一）数据来源

本章数据来源于中国农业大学国家农业农村发展研究院 2019 年 1 至 2 月份寒假返乡调研。调研人员来源于中国农业大学各个专业的本科生、硕士生和博士生，在调研之前组织专门培训活动，讲解问卷中的难点和疑点。同时，按照地区和人数对调研人员分组，每组设立组长并负责收发放问卷以及解答调研过程中遇到的各种问题，对于回收的问卷有专人进行审查，并通过奖惩机制（对于问卷质量较高的调研人员进行奖励，而对于质量较差的问卷予以剔除并降低调研人员的劳务费）来提高问卷质量。问卷包括农户问卷和村级问卷，每个村庄要求随机抽取 15～20 户，最终获得 2 864 份农户问卷和 180 份村级问卷。

由于本章主要探讨小农户扩大经营规模意愿，借鉴孔凡斌等（2019）的做法，参考世界银行对小农户的定义，把 2 公顷（30 亩）以下农户归为小农户。因此，剔除 30 亩及以上农户。同时，由于本章主要研究小农户扩大经营规模的意愿，故剔除当前经营规模为零的农户。在数据处理过程中把村级问卷和农户问卷匹配，剔除匹配不一致以及缺失值和异常值样本，最终获得 2 074 份农户问卷，来自 14 个省（区）、144 个县（市、区）、170 个村庄。其中，14 个省（区）包括内蒙古、吉林、四川、安徽、山东、江苏、江西、河北、河南、湖北、湖南、甘肃、辽宁和黑龙江，涵盖了中国东、中、西部和东北地区，具有较好的代表性。

（二）变量选取

本章的因变量包括两个：小农户是否计划扩大规模和计划经营规模。小农户计划扩大经营规模为 1，不计划扩大经营规模为 0。对于计划扩大经营规模的小农户，进一步询问其计划经营规模。

借鉴李卫等（2017）和马等（Ma et al.，2017）的做法，本章选择农户、家庭、村庄三个层面选取小农户扩大经营规模以及计划扩大到多少的影响因素，具体包括年龄、教育程度、培训、网络发布销售信息、合作社、农业补贴、农业劳动力数、经营规模、经营范围、水源保障、高产示范区、贫困村和地形特征。变量的描述性统计如表 4-1 所示。

表 4-1　　　　　　　　　　描述性统计分析

变量	变量说明/单位	均值	标准差
是否计划扩大规模	是 =1；否 =0	0.115	0.319
计划经营规模	（亩），取对数	2.810	1.279
年龄	（岁）	53.464	11.484
教育程度	文盲 =1；小学 =2；初中（中职）=3；高中（中专）=4；大专（高职）=5；大专以上 =6	2.741	0.970
培训	"您或家人是否接受过农业生产培训"（是 =1；否 =0）	0.220	0.415
网络发布销售信息	是 =1；否 =0	0.045	0.208
合作社	是 =1；否 =0	0.085	0.279
补贴	农业生产补贴（元），取对数	5.071	2.550
农业劳动力数	家庭中 16~65 岁从事农业生产经营活动的劳动力，不包括年满 16 周岁的在校生（个）	2.121	1.070
经营规模	（亩），取对数	1.807	0.725

变量	变量说明/单位	均值	标准差
经营范围	纯种植=1（参照组）；种养结合=2；种养植兼休闲=3	1.158	0.435
水源保障	是=1；否=0	0.753	0.432
高产示范区	是=1；否=0	0.052	0.222
贫困村	是=1；否=0	0.241	0.428
地形特征	平原=1（参照组）；丘陵=2；山地或高原=3	1.720	0.786

注：计划经营规模变量的样本为239个，其他变量的样本均为2 074个。

（三）模型选择

1. Probit 模型和 Cloglog 模型

小农户是否计划扩大经营规模是一个二元选择行为，因此，本书运用二元 Probit 模型分析小农户是否计划扩大经营规模及其影响因素。模型设定如下：

$$P = F(Expand = 1 \mid X) = \frac{1}{1 + e^{-\gamma}} \qquad (4-1)$$

$$Expand_i = \beta_0 + \gamma' z_i + \delta region_i + \varepsilon_i \qquad (4-2)$$

其中，$Expand_i$ 表示小农户是否计划扩大经营规模，$Expand_i = 1$ 时，小农户选择计划扩大经营规模，$Expand_i = 0$ 时，小农户不选择计划扩大经营规模，p 为小农户计划扩大经营规模的概率，向量 z_i 为影响因素，包括年龄、教育程度、培训、网络发布销售信息、合作社、农业补贴、家庭农业劳动力数、经营规模、经营范围、水源保障、高产示范区、贫困村和地形特征，向量 γ' 为控制变量系数，$region_i$ 为地区虚拟变量，δ 为地区虚拟变量系数。

由于样本中计划扩大经营规模的样本较少（约有11.5%），直接运用 Probit 模型可能会导致"稀有事件偏差"（陈强，2014），借鉴普蓂喆和郑凤田（2016）的做法，运用"补对数模型"（Complementary Log - Log Model）来纠正潜在偏差，具体模型如下：

$$P = F(Expand_i = 1 \,|\, X) = F(X, \ \beta) = 1 - \exp\left\{-e^{x'\beta}\right\} \qquad (4-3)$$

式（4-3）中，P 为事件发生概率，$x'\beta = \ln\left[-\ln(1-p)\right]$，即对发生概率 P 的补数（complement，$1-p$）再次取对数。x' 包括影响因素以及地区虚拟变量，β 为相关系数。

2. 截断回归模型（truncated regression model）和 Tobit 模型

对于计划扩大经营规模的小农户，由于存在 0 值截断，运用截断回归模型详细分析农户计划经营规模的影响因素。其中，截断回归模型的影响因素与上述模型相同。为保证结果稳健性，进一步选择 Tobit 模型分析小农户计划经营规模的影响因素。

第二节　结果分析

（一）不同类型小农户扩大经营规模意愿的特征性事实

总体上看，在 2074 个样本中，仅有 11.5% 的小农户计划扩大经营规模，说明绝大部分小农户安于目前经营规模或者主要从事非农产业而不愿扩大经营规模。

从农户特征来看，50 岁以下小农户中 14.2% 愿意扩大经营规模，远远大于 50 岁及以上小农户（10%），可能原因是年轻劳动力接受和处理信息更多，更愿意扩大经营规模，也说明年轻劳动力是未来农业发展的主体。接受培训小农户中 16.4% 愿意扩大经营规模，高于未接受培训小农户（10.1%），可能原因是接受培训的小农户能够接受更多农业技术和政策信息，增强其农业生产的信心。从教育程度来看，随着小农户教育程度的提高，其扩大经营规模的意愿也在不断提升，但是大专以上小农户扩大经营规模意愿（13.6%）低于教育程度为大专的小农户（16.7%），可能原因是大专以上小农户更有能力，更愿意从事非农产业。使用网络发布销售信息的小农户其扩大经营规模意愿更强，可能原因是网络销售扩展其销售渠道，增加农业收入。

从家庭特征来看，家庭农业劳动力数量小于等于 2 个的小农户中 10.2%

愿意扩大经营规模，高于家庭农业劳动力数大于 2 的小农户（15.2%），这也与钱克明和彭廷军（2014）的结论类似。从经营规模看，由于中国小农户户均经营规模 7.8 亩，故以 7.8 亩为分界线①，同时，为进一步探讨不同经营规模小农户其规模化经营意愿，考虑到 20 亩以上农户经营规模较大，以 20 亩为分界线。随着经营规模的扩大，小农户扩大经营规模的意愿也逐渐增强。种养结合农户（16.6%）和种养兼休闲农户（17.2%）其扩大经营规模意愿高于普通农户（10.7%），而且种养兼休闲农户扩大经营规模意愿最强，可能原因是种养结合农户能够从农业生产中获得更多利润，而且，休闲农业需要更大规模土地。已转入土地的小农户中 23.6% 愿意扩大经营规模，远高于未转入土地小农户（9.7%）。以小农户获得的农业补贴平均值 1 216 元为分界线，获得补贴较多小农户有 14.5% 的愿意扩大经营规模，远高于获得补贴较少小农户（11.1%），主要原因是补贴可以缓解小农户资金约束，从而提高其扩大经营规模意愿，这也进一步验证了已有研究结论（蔡海龙和关佳晨，2018）。

从村庄特征来看，水源有保障村庄小农户扩大经营规模意愿更强，可能原因是水源条件好的地区农业绩效较高，小农户更愿意扩大经营规模。高产示范区有 24.1% 的小农户愿意扩大经营规模，远高于非高产示范区小农户（10.8%），可能高产示范区自然和水利等生产条件较好，激发小农户扩大经营规模意愿。贫困村有 16.4% 的小农户愿意扩大经营规模，高于非贫困村的 10%，可能原因是贫困村小农户主要依靠农业收入，为获得更多农业收入而扩大经营规模。平原和丘陵地区小农户扩大经营规模意愿显著高于山地或高原地区。

从地区特征来看，中部和西部地区分别有 13.3% 和 14.3% 的小农户愿意扩大经营规模，高于东部和东北地区，可能原因是中部和西部地区经济发展水平低于东部，小农户对农业收入仍有较大依赖，故愿意扩大经营规模。而西部地区小农户更多从事非农产业，东北地区农户本身经营规模较大，进一步扩大经营规模意愿较低。从省份来看，内蒙古小农户扩大经营规模意愿更大（约有 17.4% 的小农户愿意扩大规模），可能原因是内蒙古小农户更多

① 《关于促进小农户和现代农业发展有机衔接的意见》发布会［EB/OL］. 中华人民共和国农业农村部 . 2019 - 03 - 01. http：//www. moa. gov. cn/xw/bmdt/201906/t20190622_6318966. htm.

依靠农业收入，从而扩大经营规模意愿较强。江苏和安徽地区小农户扩大经营规模意愿最低，均为 6.5%，可能原因是江苏属于经济发达省份，更多从事非农产业。同样，在安徽的调研样本中，均来自长三角地区，如马鞍山、潜山和六安等，非农就业机会较多。

（二）小农户扩大经营规模意愿的影响因素

在回归之前首先进行多重共线性检验，方差膨胀因子（VIF）为 1.25，说明不存在多重共线性。本章采用逐步回归的方法，如表 4－2 所示，对于第一个方程不控制地区变量，第二个方程控制所有变量。考虑到小农户扩大经营规模意愿存在"稀有事件偏差"，进一步运用 Cloglog 模型进行回归。本章主要对 Cloglog 模型第二个方程的回归系数进行解释。

表 4－2 小农户扩大经营规模的影响因素

变量	Probit		Cloglog	
年龄	− 0.0134 *** (0.00364)	− 0.0133 *** (0.00364)	− 0.0219 *** (0.00630)	− 0.0217 *** (0.00628)
教育程度	− 0.0337 (0.0423)	− 0.0310 (0.0423)	− 0.0522 (0.0741)	− 0.0482 (0.0739)
培训	0.139 (0.0947)	0.127 (0.0960)	0.254 (0.168)	0.221 (0.172)
网络发布销售信息	0.599 *** (0.152)	0.588 *** (0.152)	0.819 *** (0.225)	0.806 *** (0.226)
合作社	0.177 (0.115)	0.171 (0.115)	0.415 ** (0.182)	0.422 ** (0.183)
农业补贴	0.00524 (0.0147)	0.00377 (0.0147)	− 0.000819 (0.0236)	− 0.00655 (0.0239)
农业劳动力数	0.0933 ** (0.0374)	0.0886 ** (0.0377)	0.185 *** (0.0665)	0.170 ** (0.0667)
经营规模	0.157 *** (0.0581)	0.175 *** (0.0604)	0.279 *** (0.107)	0.304 *** (0.111)

变量	Probit		Cloglog	
种养结合	0.290 ** (0.120)	0.214 * (0.127)	0.472 ** (0.200)	0.350 (0.215)
种植、养殖兼休闲	0.107 (0.206)	0.111 (0.203)	0.174 (0.339)	0.195 (0.338)
水源保障	0.0981 (0.0933)	0.139 (0.0981)	0.193 (0.167)	0.269 (0.179)
是否高产示范区	0.257 * (0.144)	0.231 (0.147)	0.404 * (0.208)	0.359 * (0.217)
是否贫困村	0.314 *** (0.0939)	0.274 *** (0.0938)	0.584 *** (0.163)	0.503 *** (0.161)
丘陵	− 0.102 (0.0906)	− 0.143 (0.0941)	− 0.172 (0.165)	− 0.231 (0.172)
山地或高原	− 0.299 ** (0.122)	− 0.328 *** (0.124)	− 0.572 ** (0.227)	− 0.611 *** (0.229)
地区		已控制		已控制
常数项	− 1.149 *** (0.324)	− 1.294 *** (0.325)	− 2.170 *** (0.570)	− 2.393 *** (0.573)
Pseudo R^2/Wald chi^2	0.0730	0.0773	127.41 ***	135.67 ***
N	2 074	2 074	2 074	2 074

注：（1）括号内为稳健标准误，*** 、** 、* 分别表示在 1%、5%、10% 的水平上显著；（2）Probit 模型为 R^2，Cloglog 模型为 Wald chi^2。

在表 4 − 2 中，年龄系数显著为负，说明年龄越大小农户越不愿扩大经营规模。是否网络发布销售信息系数显著为正，说明使用网络发布销售信息能够提高小农户扩大经营规模意愿。合作社系数显著为正，说明加入合作社小农户更愿意扩大经营规模。劳动力系数显著为正，说明小农户家庭劳动力数越多越愿意扩大经营规模，虽然目前农业生产大部分实现机械化，但个别生产环节仍然需要劳动参与，较多的农业劳动力能够增强小农户扩大经营规模的信心和底气。经营规模系数显著为正，说明经营规模越大，小农户越愿意扩大经营规模，可能原因是经营规模越大，小农户获得的补贴或抵押贷款越多，越能看到农业发展前景，从而愿意扩大经营规模。贫困村系数显著为正，说明贫困村小农户更愿意扩大经营规模。山地或高原的系数显著为负，说明相较于平原地区，山地或高原地区小农户扩大经营规模意愿较低。

（三）扩展性分析：愿意扩大规模小农户其计划经营规模

上述分析了小农户是否愿意扩大经营规模及其影响因素，那么，对于愿意扩大规模的小农户其计划经营规模是多少？总体上看，针对于愿意扩大经营规模的 239 个小农户，计划经营规模 10 亩及以下的占 40%，计划经营规模在 20 亩及以下的占 64.85%，计划经营规模在 30 亩及以下的占 74.90%，计划经营规模在 100 亩及以下的占 93.31%。说明即便对于愿意扩大经营规模的农户，大部分小农户计划经营规模仍然较小。

1. 不同类型小农户的计划经营规模

从农户特征来看，50 岁以下小农户计划经营规模为 45.830 亩，远高于50 岁及以上小农户计划经营规模（35.355 亩）。接受培训小农户计划经营规模 50.102 亩，高于未接受培训小农户（35.382 亩）。从教育程度来看，学历为大专小农户计划经营规模最大，为 142.800 亩，远高于大专以上小农户计划经营规模（17.333 亩）。可能原因是大专以上学历小农户更愿意从事非农产业，而大专学历小农户教育程度高于其他农户，接受和处理信息能力更强，因此，计划经营规模较大。网络发布销售信息小农户其计划经营规模54.168 亩，远高于未使用网络发布销售信息小农户（37.652 亩），可能原因是网络发布销售信息扩展其销售渠道，增加农业收入，从而提高农业经营信心。

从家庭特征来看，家庭农业劳动力数大于 2 的小农户其计划经营规模为50.773 亩，远高于家庭劳动力数小于等于 2 的小农户（50.773 亩）。经营规模小于等于 7.8 亩的小农户其计划经营规模为 28.820 亩，远低于经营规模为 7.8~20 亩和 20 亩及以上小农户，而且二者经营规模相差不大，可能原因是虽然二者超出平均经营规模但仍为小农户，在生产过程中并没有质的差别。从经营范围来看，种养兼休闲小农户计划经营规模最大，为 147.800亩，可能原因是休闲农业需要较大的经营面积。虽然种养结合小农户计划扩大经营规模意愿高于纯种植户，但纯种植户计划经营规模较大，可能原因是纯种植户的经营风险较小（纯养殖和种养结合种植户其计划经营规模分别为35.862亩和32.143亩）。转入土地小农户计划经营规模为62.335亩，远高于未转入土地小农户（31.658亩），可能原因是转入土地小农户从农业生产中获益，愿意经营更大规模土地。同样，加入合作社小农户其计划经营规模为71.152亩，远高于未加入合作社小农户（35.011亩）。可能原因是合作社为小农户提供生产或销售服务，提高了小农户市场竞争能力，从而提升其计划经营规模。补贴较多小农户其计划经营规模为79.264亩，远高于补贴较少小农户（33.038亩），可能原因是补贴能够缓解小农户信贷约束，激励其扩大经营规模面积。

从村庄特征来看，水源有保障村庄的小农户计划经营规模为40.880亩，高于水源没有保障小农户（36.991亩）。高产示范区小农户其计划经营规模为62.587亩，远高于非示范区小农户计划经营规模（37.244亩）。贫困村小农户计划经营规模为42.954亩，高于非贫困村小农户（38.459亩），可能原因是非贫困村小农户主要依靠非农产业，而贫困村小农户更多依靠农业，期望通过扩大经营规模来增加收入。丘陵地区小农户其计划经营规模最大，为50.221亩，山区或高原小农户其计划经营规模最小，为14.488亩。可能原因是丘陵地区小农户能够通过种植特色经济作物获得更多收入，小农户计划经营规模较大，而山区受地形条件限制而不能经营较大规模土地。

从地区特征来看，东部地区小农户计划经营规模最大，为55.893亩，其次为东北地区（47.556亩）。可能原因一方面是东部地区小农户更有资金实力，另一方面是河北和山东为农业大省，小农户计划经营规模较大，分别为61.500亩和68.303亩。而东北地区本身地广人稀，小农户比较容易租入土地，因此，小农户计划经营规模较大。分省份来看，黑龙江小农户计划经营规模最大，为87.000亩，江苏小农户计划经营规模最小，为4.850亩。主要原因是江苏经济较为发达，小农户更多从事非农产业。

2. 小农户计划经营规模的影响因素

本部分分别运用OLS估计、Tobit模型和Truncated模型进行回归，如表4-3所示。教育程度系数显著为正，说明总体上教育程度越高小农户计划经营规模越大。农业补贴系数显著为正，说明补贴能够显著缓解小农户信贷约束，提高小农户计划经营规模。经营规模系数显著为正，说明经营规模越大，小农户计划经营规模越大。相对于普通种植户，种养兼休闲小农户计划经营规模更大。水源保障系数显著为正，说明水源有保障村庄小农户计划经营规模较大。贫困村系数显著为正，说明贫困村小农户计划经营规模较大。相对于平原地区，山地或高原小农户其计划经营规模较小。

表 4－3　　　　　　　　　小农户计划经营规模的影响因素

变量	OLS	Truncated	Tobit
年龄	0.00290 (0.00856)	0.00290 (0.00823)	0.00245 (0.00858)
教育程度	0.284 *** (0.0941)	0.284 *** (0.0905)	0.286 *** (0.0919)
培训	−0.0877 (0.167)	−0.0877 (0.161)	−0.0862 (0.163)
网络发布销售信息	−0.153 (0.169)	−0.153 (0.162)	−0.147 (0.163)
合作社	0.0577 (0.218)	0.0577 (0.210)	0.0597 (0.210)
农业补贴	0.0652 * (0.0348)	0.0652 * (0.0335)	0.0680 ** (0.0342)
农业劳动力数	0.0952 (0.0687)	0.0952 (0.0660)	0.103 (0.0681)
经营规模	0.777 *** (0.0956)	0.777 *** (0.0919)	0.787 *** (0.0936)
种养结合	−0.162 (0.165)	−0.162 (0.158)	−0.169 (0.166)
种植、养殖兼休闲	0.722 * (0.403)	0.722 * (0.388)	0.718 * (0.390)
水源保障	0.325 * (0.176)	0.325 * (0.169)	0.330 * (0.173)
高产示范区	0.0366 (0.317)	0.0366 (0.304)	0.0608 (0.308)

变量	OLS	Truncated	Tobit
贫困村	0.421 ** (0.166)	0.421 *** (0.160)	0.440 *** (0.165)
丘陵	− 0.0741 (0.177)	− 0.0741 (0.170)	− 0.0908 (0.175)
山地或高原	− 0.455 *** (0.172)	− 0.455 *** (0.165)	− 0.446 *** (0.168)
地区	已控制	已控制	已控制
常数项	− 0.336 (0.748)	− 0.336 (0.719)	− 0.379 (0.754)
R^2/Pseudo R^2/Wald chi^2	0.393	266.81 ***	0.1492
N	239	239	239

注：（1） *** 、 ** 、 * 分别表示在1%、5%、10%的水平上显著；（2）OLS 估计为 R^2，截断回归模型为 Pseudo R^2，Tobit 模型为 Wald chi^2。

第三节 结论与政策建议

（一）结论

本章基于中国农业大学国家农业农村发展研究院 2 074 份小农户数据，运用 Probit 模型、Cloglog 模型、Truncated 模型和 Tobit 模型，详细分析了小农户扩大经营规模意愿及其影响因素以及小农户计划经营规模。主要结论如下：

调研样本中仅有 11.5% 的小农户愿意扩大经营规模，从农户特征来看，年轻劳动力、接受过培训、教育程度为大专、使用网络发布销售信息小农户其扩大经营规模意愿较强。从家庭特征来看，家庭劳动力数较多、经营规模较大、种植、养殖兼休闲类型、转入土地小农户、加入合作社小农户以及获得农业补贴较多小农户其扩大经营规模较强。从村庄特征来看，水源有保障村庄、高产示范区村庄、贫困村以及地形为丘陵的小农户其扩大经营规模意愿较强。从地区特征来看，西部地区小农户扩大经营规模意愿较强，进一步从省份来看，内蒙古小农户扩大经营规模意愿较强。发布网络销售信息、合作社、农业劳动力数、经营规模、高产示范区和贫困村对小农户扩大经营规模意愿具有显著正向影响，年龄则具有显著负向影响。扩展性分析显示，针对于愿意扩大规模小农户，计划经营规模在 30 亩以上的占 25.1%，不同区域、不同村庄、不同类型小农户其计划经营规模不同。教育程度、补贴、经营规模、水源保障和贫困村对小农户计划经营规模具有显著正向影响。

（二）政策建议

根据上述分析，本章提出以下政策建议：（1）加大对小农户农业生产培训。从上述分析可以看出，接受过培训、教育程度较高、使用网络发布销售信息小农户其扩大经营规模意愿较高且计划经营规模较大。因此，应加大对小农户农业生产培训，包括农业生产技能、互联网使用以及政策解读等方面，提高小农户农业经营管理能力。（2）强化对小农户的政策扶持。上述分析可以看出，获得补贴较多农户其扩大经营规模意愿较高且计划经营规模较大。因此，应该加大对小农户资金扶持，缓解其信贷约束，促使其向家庭农场转化。同时，鼓励和推动小农户加入合作社，提高其农业生产和销售能力。（3）政策制定和实施应考虑小农户的差异性。上述分析表明，不同地区、不同村庄和不同类型小农户其扩大经营规模意愿和计划扩大经营规模不同，因此，在制定和实施关于小农户政策时应该考虑不同地区、不同类型农户差异，提高政策实施的针对性和有效性。

第 五 章

规模化农户扩大经营规模的意愿

规模化经营是提高中国农业竞争力和实现农业强国的重要途径和必然要求。扩大经营规模可以实现规模经济，从而降低农业生产成本，提升农户技术采用意愿，提高土地生产效率，等等（张瑞娟和高鸣，2018；盖庆恩等，2023；韩朝华，2023；李琪，2023）。然而，目前规模化经营者"退耕毁约"等报道不断出现，并引发了谁来种地的讨论。那么，规模化经营户是否真的存在"退耕毁约"意愿或者说农户经营规模越大越愿扩大经营规模吗？

现有研究主要从农户特征和外部环境两个方面来分析农户扩大经营规模积极性的影响因素。从农户特征来看，陈秧分等（2009）基于东部沿海3省1市的323个农户数据，发现农地租赁行为和农业技术培训对农户规模化经营具有显著的正向影响。马婷婷等（2015）基于甘肃省武威市756份农户问卷，发现土地产权意识和土地包袱意识对农户规模化意愿具有显著正向影响。也有学者从务工收入、资金投入和家庭劳动力数等方面进行分析（Bartolini and Viaggi，2013；周敏等，2018；郑秋芬和刘家成，2024）。从外部环境来看，胡新艳等（2018）基于对广东省阳山县升平村的两次入户调查数据，运用准自然实验方法发现农地整合确权政策显著促进土地规模化和土地流转。施海波等（2019）基于4省份1 040份农户数据，发现支持政策对农户扩大农地规模具有负向影响，其原因是支持政策对小农户具有激励作用，从而对大农户产生挤出效应，等等。

已有文献多是全方面分析农户扩大农地规模积极性的影响因素，这容易造成"眉毛胡子一把抓"，从而忽略变量的内生性、稳健性以及结果的可信度。虽然已有学者开始关注到土地禀赋对农户扩大农地规模积极性的影响

（马婷婷等，2015；施海波等，2019），但是其并没有分析土地禀赋对农户行为影响的机理，而且未解决土地禀赋存在的内生性和"自选择"问题，从而导致估计的偏误。基于此，本章运用中国农业大学国家农业农村发展研究院在全国12个省（区、市）2 340份农户数据中，在以下三个方面对已有研究进行扩展：第一，运用工具变量法和PSM解决土地禀赋的内生性和"自选择"问题；第二，并运用中介效应模型来分析土地禀赋对农户扩大经营规模积极性的影响机制；第三，探讨土地禀赋对农户计划扩大的经营规模的影响。

第一节　理论分析

在借鉴和总结已有研究基础上，本章从农业收入、贷款金额和补贴金额三个方面构建土地禀赋对农户扩大经营规模积极性的影响机制。

农业收入是指农业经营收入，这与当前农业土地禀赋密切相关。一方面，随着土地禀赋的扩大，农户在农资购买、产品销售等方面具有较强的议价能力，而且，农户可以通过购买农业大型农业机械等使生产内部化，从而降低搜索、议价、监督等交易成本。已有研究也表明，随着规模的扩大农业生产成本在不断下降（Shuhao et al.，2008；许庆等，2011；徐志刚，2023）。另一方面，土地禀赋越大的农户其"理性经济人"特征越明显（王嫚嫚等，2017；魏梦升等，2023），从调研数据来看，对于646份转入农户，政策认知[1]高的农户平均转入面积为63.32亩，而政策认知低的农户其平均转入面积为23.09亩。"理性经济人"特征明显的农户更懂得如何科学、合理施用化肥、农药或农膜等，以及更善于农业生产管理，从而降低农业生产成本，提高农业生产绩效。因此，扩大农地规模可以提高农户农业经营收入，而农业收入的提高也会激发农户扩大经营规模的积极性（许庆等，2011；施海波等，2019；盖庆恩等，2023）。

贷款金额是农户向信用社、银行和亲友等获得的正规和非正规借贷。土地禀赋是农户金融需求和贷款获得的重要因素之一。一方面，农户土地禀赋

---

[1]　本章把您是否知道"二轮承包到期后再延长30年"的政策作为农户政策认知的衡量标准，如果知道则认为政策认知高，如果不知道则政策认知低。

越大，农户的农业生产投资越大，而且，为降低农业生产成本和交易成本，农户会更倾向于一体化生产，把服务外包内部化，而购买农业机械等需要大量的资金，因此其借贷需求和借贷规模也更大。已有研究也已证明，农地规模越大，农户资金需求越大，其农地经营权抵押融资需求意愿越强（于丽红等，2014；罗亚文，2022）。另一方面，农地土地禀赋越大，农户所具有的"合格抵押品"越多，越容易获得正规和非正规贷款。随着农地"三权分置"改革，农村承包地经营权的抵押贷款试点也正在试行①，2019 年中央一号文件《中共中央 国务院关于坚持农业农村优先发展做好"三农"工作的若干意见》明确提出，"允许承包土地的经营权担保融资"。同时，虽然土地不能完全作为抵押品，但土地禀赋在一定程度上反映了农户的经济能力，信用社、银行或亲友会根据农户土地禀赋来判断其偿还能力（杨阳等，2019）。而随着资金规模的增加农户也更有能力和动力去扩大农地规模。

补贴金额包括：三项补贴、农机补贴、种粮大户补贴、生产技术补贴、农业保险保费补贴、贷款贴息等。农业作为弱质性产业，补贴可以在一定程度上降低农业生产的风险和不确定性，增强农户农业经营的信心。可以说，政府补贴和扶持政策是农户规模化经营的基础和保障（Qian et al.，2015；高鸣和江帆，2023）。当前，为推进土地流转和规模化经营，政府补贴向规模化经营农户倾向，一方面，土地禀赋越大，农户越有能力去获得更多补贴；另一方面，许多农户为达到一定的补贴条件扩大农地规模。因此，土地禀赋越大能够获得的农业补贴越高，而补贴金额的增加也会激发农户扩大农地规模的积极性。

第二节　数据、变量与模型

（一）数据来源

本章数据来源于中国农业大学国家农业农村发展研究院 2018 年 1 至 2 月

---

① 2016 年中国人民银行、中国银监会、中国保监会、财政部、农业部出台《农村承包地的经营权抵押贷款试点暂行办法》。

寒假返乡调研。问卷包括农户问卷和村问卷，每个村要求随机抽取 10～20 户，最终获得 2 553 份农户问卷和 159 份村级问卷。本章在数据处理过程中把村级问卷和农户问卷匹配，别除匹配不一致以及删除缺失值较多的样本，同时，由于本章主要分析农户进一步扩大农地规模的意愿，故别除当前经营为零的农户，最终获得 2 340 份农户问卷，来自 12 个省（区）、137 个县（市、区）、159 个村庄。其中，12 个省（区）包括内蒙古、吉林、四川、安徽、山东、江苏、江西、河北、河南、湖北、湖南和黑龙江，涵盖了中国东、中、西部和东北地区，具有较好的代表性，具体如图 5 - 1 所示。

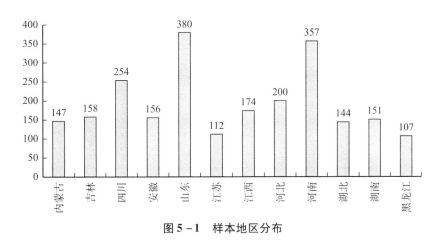

图 5 - 1 样本地区分布

（二）变量选取

1. 因变量——农户扩大规模积极性

在问卷中询问农户"未来三年是否计划扩大规模"，如果农户未来计划扩大规模则为 1，反之则为 0。为深入挖掘农户未来经营潜在需求，对于未来选择计划扩大农地规模的农户，则进一步询问"计划扩大到多少（亩）"。

2. 核心自变量——土地禀赋

参考施海波等（2019）的做法，以目前经营规模来表示土地禀赋。考虑到目前农户存在转入、转出甚至抛荒土地的现象，用二轮时家庭承包面积可能会与现实农户土地禀赋存在偏差，因此，在问卷中询问农户"目前家庭经营规模（亩）"。

3. 中介变量

本章从农业收入、贷款金额和补贴金额三个方面来验证当前土地禀赋对农户未来是否愿意扩大农地规模的影响机制。

4. 控制变量

为了更好地测算土地禀赋对农户扩大规模积极性的影响，本章控制农户特征、家庭特征和村庄特征三个方面，具体包括性别、年龄、文化程度、家庭劳动力数、经营类型、经营范围、是否是城郊、小康村、经济水平、地形特征、农地交易平台。具体因变量、核心自变量和控制变量的描述性统计分析如表 5-1 所示。

表 5-1 描述性统计分析

类型	变量	变量说明/单元	均值	标准差	最小值	最大值
因变量	农户扩大规模积极性	是 =1；否 =0	0.167	0.373	0	1
核心变量	土地禀赋	（亩），取对数	2.011	1.387	-1.609	7.09
控制变量	性别	男 =1；女 =0	0.788	0.409	0	1
	年龄	（岁）	52.514	10.683	20	88
	文化程度	文盲 =1；小学 =2；初中（中职）=3；高中（中专）=4；大专（高职）=5；大专以上 =6	2.789	0.94	1	6
	培训	是 =1；否 =0	0.221	0.415	0	1
	家庭劳动力数	（人）	2.203	1.084	0	7
	经营类型	1 = 普通农户；2 = 专业大户；3 = 家庭农场	1.123	0.375	1	3
	经营范围	1 = 纯种植；2 = 种养结合；3 = 种植、养殖兼休闲	1.174	0.441	1	3

类型	变量	变量说明/单元	均值	标准差	最小值	最大值
控制变量	是否是城郊	是 = 1；否 0	0.232	0.422	0	1
	小康村	是 = 1；否 0	0.119	0.324	0	1
	经济水平	上等 = 1；中上等 = 2；中等 = 3；中下等 = 4；下等 = 5	3.222	0.895	1	5
	地形特征	平原 = 1；丘陵 = 2；山地 = 3；其他 = 4	1.682	0.808	1	4
	农地交易平台	有 = 1；无 = 0	0.218	0.413	0	1
工具变量	邻里土地禀赋	除农户 i 之外，村庄内其他农户土地禀赋的平均值（亩），取对数	2.557	1.067	0.121	6.151
中介变量	农业收入	农业经营收入（元），取对数	8.616	2.746	0	14.994
	贷款金额	向信用社、银行和亲友等获得的借贷（元），取对数	0.66	2.545	0	14.712
	补贴金额	三项补贴、农机补贴、种粮大户补贴、生产技术补贴、农业保险保费补贴、贷款贴息等（元），取对数	6.051	2.222	0	13.446

（三）模型设定

1. Probit 模型和 Cloglog 模型

农户是否选择扩大农地规模的决策是一个二元的选择行为，每一个农户都会在综合衡量各种影响因素的基础上做出最佳选择，这是一个典型的二元决策问题。因此，本部分运用二元 Probit 模型分析农户扩大农地规模积极性及其影响因素。模型设定如下：

$$P = F(Expand = 1 \mid X) = \frac{1}{1 + e^{-y}} \qquad (5-1)$$

$$Expand_i = \beta_0 + \beta_1 scale_i + \gamma z_i + \delta region_i + \varepsilon_i \qquad (5-2)$$

其中，$Expand_i$ 表示农户是否选择扩大农地规模，$Expand_i = 1$ 时，农户选择扩大农地规模，$Expand_i = 0$ 时，农户不选择扩大农地规模，p 为农户选择扩大农地规模的概率，$scale_i$ 为目前土地禀赋，β_1 为目前土地禀赋系数，z_i 为控制变量，包括性别、年龄、文化程度、家庭劳动力数、经营类型、经营范围、是否是城郊、小康村、经济水平、地形特征、农地交易平台，γ 为控制变量系数，$region_i$ 为地区虚拟变量 $Expand_i$，δ 为地区虚拟变量系数。

由于样本中选择扩大农地规模的样本较少（约占总样本的 16.67%），运用 Probit 模型可能会导致"稀有事件偏差"（陈强，2014），借鉴普蕈喆和郑风田（2016）的做法，运用"补对数模型（complementary log-log model）"来纠正潜在偏差，具体模型如下：

$$P = F(Expand_i = 1 \mid X) = F(\boldsymbol{X}, \boldsymbol{\beta}) = 1 - \exp\{-e^{x'\beta}\} \qquad (5-3)$$

其中，P 为事件发生概率，$\boldsymbol{x}'\boldsymbol{\beta} = \ln[-\ln(1-p)]$，即对发生概率 p 的补数（complement，$1-p$）再次取对数。X 为包括核心自变量、控制变量以及地区虚拟变量，$\boldsymbol{\beta}$ 为相关系数。

2. 倾向得分匹配法（propensity score matching，PSM）

考虑到农户目前选择的土地禀赋并非都满足抽样的随机性，而是存在"自选择"，即农户选择大规模还是小规模之前初始条件（主要指农户的年龄、受教育程度和劳动力数等）存在系统差异，而直接回归可能会存在选择性偏误。因此，本章通过倾向匹配法（propensity score matching，PSM）通过构造反事实来解决上述问题。参考许庆等（2011）和郑志浩等（2024）的研究，根据调研的实际情况，把农户土地禀赋大于等于 20 亩的界定为大农户，小于 20 亩的界定为小农户，具体步骤如下：

第一，运用 Logit 模型来估计农户选择大规模还是小规模经营的概率，估计倾向得分值，如（5-4）式所示：

$$P(x) = F(Expand_i = 1 \mid X) = \frac{1}{1 + e^{-\gamma}} \qquad (5-4)$$

第二，运用邻近匹配、核匹配、局部线性匹配、半径匹配和马氏匹配方法获得处理组（treatment group）和控制组（control group），从而消除自选择问题。

第三，根据上述获得的匹配样本，比较处理组和控制组农户是否愿意扩大农地规模的平均差异，即平均处理效应（average treatment effection treated，ATT）。

$$ATT = E\big[\,(Y_1 - Y_0)\,|D = 1\big] = E\big\{E\big[\,(Y_1 - Y_0)\,|D = 1\big],\ P(X)\big\} \qquad (5-5)$$

如式（5-5）所示，D 为 0、1 的二分变量，即 $D = 1$ 表示处理组，$D = 0$ 为控制组，$P(x)$ 为倾向得分值，Y_1 和 Y_0 分别为大农户和小农户的估计结果。

3. 中介效应模型

由于农户土地禀赋并非直接影响农户扩大规模积极性，为探寻其影响机制，采用巴伦和肯尼（Baron and Kenny，1986）提出中介效应模型，并采用逐步回归法进行检验。由于农户农业土地禀赋直接影响其农业收入、贷款金额和补贴金额，因此，选取"农业收入""贷款金额"和"补贴金额"作为中介变量。如式（5-6）、式（5-7）和式（5-8），首先，农户是否计划扩大规模对农户土地禀赋进行回归，如式（5-6）所示；其次，中介变量对农户土地禀赋进行回归，如式（5-7）所示，如果系数 b 显著则进行下一步，如果不显著则停止检验；最后，农户是否计划扩大规模对农业土地禀赋和中介变量进行回归，如式（5-8）所示。借鉴温忠麟（2004）的检验程序，第一，检验系数 β_1，如果显著则进行下一步，如果不显著则停止分析。第二，检验系数 b 和 ω，如果都显著则进行一下步，如果至少有一个不显著，则转至第四步。第三，检验系数 β_1'，如果不显著说明是完全中介效应，即农户农业土地禀赋对农户是否计划扩大规模的影响通过中介变量实现，如果显著说明是部分中介效应，即农户农业土地禀赋对农户是否计划扩大规模的影响只有一部分通过中介变量来实现。第四，Sober 检验，如果检验结果显著则存在中介效应，如果不显著则检验结束。

$$Expand_i = \beta_0 + \beta_1 scale_i + \gamma z_i + \delta region_i + \varepsilon_i \qquad (5-6)$$

$$mediator_i = \beta_0 + b_1 scale_i + \gamma z_i + \delta region_i + \varepsilon_i \qquad (5-7)$$

$$Expand_i = \beta_0 + \beta_1' scale_i + \omega mediator_i + \gamma z_i + \delta region_i + \varepsilon_i \qquad (5-8)$$

其中，中介变量 $mediator_i$ 包括"农业收入""贷款金额"和"补贴金额"，控制变量和地区虚拟变量与上述一致。

第三节　实证结果与分析

本章核心目的是分析土地禀赋对农户未来扩大规模积极性的影响。首先，运用 Probit 模型和 Cloglog 模型做基准回归分析；其次，从农户政策认知、是否接受培训和教育程度差异视角来分析其异质性影响。再次，运用工具变量法和 PSM 方法来解决农户土地禀赋的内生性问题；再其次，通过变量调整、样本调整和模型调整来做稳健性检验；进一步运用中介效应模型来分析土地禀赋对农户未来扩大规模积极性的影响机理；最后，进行扩展性分析，即探讨土地禀赋对农户扩大规模积极性影响的非线性以及土地禀赋对农户计划扩大多少规模的影响。

（一）基准回归

在回归之前首先进行多重共线性检验，方差膨胀因子 VIF 检验结果为 1.88，说明不存在多重共线性。回归结果如表 5 - 2 所示，Probit 模型和 Cloglog 模型的第（1）列只控制核心自变量——土地禀赋，第（2）列增加控制变量，第（3）列进一步增加省份虚拟变量，通过比较分析发现，无论是 Probit 模型还是 Cloglog 模型，土地禀赋系数都显著为正，且在 1% 水平上显著，这说明土地禀赋越大，农户未来越愿意扩大农地规模。对比 Probit 模型和 Cloglog 模型的土地禀赋系数发现，Cloglog 模型的系数比 Probit 模型大，说明在纠正可能的"稀有事件偏差"后，土地禀赋对未来扩大规模积极性的影响更大。

表 5 - 2　　　　　　　　土地禀赋对农户扩大规模积极性的影响

变量	Probit			Cloglog		
	（1）	（2）	（3）	（1）	（2）	（3）
土地禀赋	0. 257 *** (0. 0221)	0. 141 *** (0. 0290)	0. 199 *** (0. 0365)	0. 399 *** (0. 0318)	0. 211 *** (0. 0448)	0. 260 *** (0. 0541)

续表

变量	Probit			Cloglog		
	(1)	(2)	(3)	(1)	(2)	(3)
性别		0.258 *** (0.0899)	0.225 ** (0.0922)		0.445 *** (0.157)	0.387 ** (0.158)
年龄		−0.0113 *** (0.00360)	−0.0117 *** (0.00375)		−0.0183 *** (0.00575)	−0.0178 *** (0.00585)
文化程度		0.0338 (0.0402)	0.0461 (0.0417)		0.0585 (0.0635)	0.0781 (0.0652)
培训		0.252 *** (0.0793)	0.238 *** (0.0825)		0.373 *** (0.119)	0.373 *** (0.125)
劳动力数		0.100 *** (0.0312)	0.0715 ** (0.0324)		0.174 *** (0.0487)	0.130 ** (0.0508)
普通农户 （参照组）						
专业大户		0.573 *** (0.117)	0.497 *** (0.127)		0.746 *** (0.163)	0.653 *** (0.180)
家庭农场		0.938 *** (0.224)	0.892 *** (0.238)		1.241 *** (0.249)	1.127 *** (0.279)
纯种植 （参照组）						
种养结合		−0.0355 (0.108)	−0.00541 (0.116)		−0.0978 (0.168)	−0.135 (0.181)
种植、养殖 兼休闲		0.150 (0.191)	0.241 (0.202)		0.182 (0.246)	0.322 (0.266)
是否是城郊		0.121 (0.0798)	0.103 (0.0852)		0.206 * (0.124)	0.236 * (0.132)
小康村		−0.507 *** (0.121)	−0.444 *** (0.132)		−0.816 *** (0.207)	−0.770 *** (0.223)
交易平台		−0.0510 (0.0846)	−0.0624 (0.0913)		−0.0763 (0.131)	−0.0787 (0.146)
经济水平		−0.0466 (0.0392)	−0.0695 * (0.0418)		−0.0509 (0.0615)	−0.0944 (0.0650)

续表

变量	Probit			Cloglog		
	（1）	（2）	（3）	（1）	（2）	（3）
平原 （参照组）						
丘陵		-0.0251 (0.0778)	0.0270 (0.0884)		-0.0402 (0.122)	0.0167 (0.133)
山地		0.00321 (0.104)	0.154 (0.115)		0.0489 (0.167)	0.314 * (0.184)
其他		0.485 ** (0.223)	0.873 *** (0.260)		0.777 ** (0.337)	1.444 *** (0.408)
控制变量		是	是		是	是
地区			是			是
Constant	-1.543 *** (0.0607)	-1.213 *** (0.312)	-1.493 *** (0.354)	-2.634 *** (0.102)	-2.233 *** (0.502)	-2.608 *** (0.573)
N	2 340	2 340	2 340	2 340	2 340	2 340
Pseudo R^2/LR	0.0667	0.1245	0.1518	142.44 ***	260.97 ***	313.94 ***

注：（1）Probit 模型为 Pseudo R^2，Cloglog 为 LR；（2）括号里的数字为标准误，***、**、* 分别表示在 1%、5%、10% 的水平上显著。

控制变量方面：相对于女性，男性更愿意扩大农地规模的意愿更强；随着年龄的变大，农户规模经营意愿降低；相对于没有接受培训农户，越接受培训其扩大农地规模的意愿越强；家庭劳动力数越多，农户越愿意扩大农地规模；相对于普通农户，专业大户和家庭农场主的扩大农地规模的意愿更强；是否是城郊在 10% 水平上显著，说明越是城郊区农户越愿意扩大农地规模，可能原因是城郊区靠近市场，农户产品跟容易销售；小康村系数在 1% 水平上显著，说明越是小康村农户越不愿扩大农地规模，可能原因是小康村经济水平较高，农户更多的从事非农就业。

（二）异质性分析

上述只是分析土地禀赋对农户扩大规模积极性的平均效应，而未考虑到农户群体的内部差异，因此，本章从农户政策认知、是否接受培训和教育程度差异视角来分析其异质性影响。由于农户文化程度被分为6个等级，考虑到农村地区农户的实际教育程度，把高中及以上学历农户归为高教育程度者，把初中及以下学历农户归为低教育程度者。具体结果如表5-3所示。

表5-3　　　　　　土地禀赋对农户扩大规模积极性影响的异质性

变量	被解释变量		被解释变量		被解释变量	
	政策认知高	政策认知低	培训	无培训	高教育程度	低教育程度
土地禀赋	0.242 *** (0.0437)	0.0531 (0.0809)	0.188 *** (0.0668)	0.178 *** (0.0461)	0.289 *** (0.0869)	0.152 *** (0.0420)
控制变量	是	是	是	是	是	是
地区	是	是	是	是	是	是
Constant	-2.067 *** (0.440)	-0.393 (0.702)	-1.965 * (1.026)	-1.421 *** (0.405)	-3.005 *** (1.137)	-1.599 *** (0.418)
N	1 701	601	517	1 823	418	1 906
R2/Pseudo R2	0.1872	0.1700	0.2721	0.1193	0.2588	0.1488

注：(1) *** 、 ** 、 * 分别表示在1%、5%、10%的水平上显著；(2) 括号里的数字为标准误。

对于政策认知高的农户，土地禀赋为正且在1%水平上显著，而对于政策认知低的农户，土地禀赋系数不显著，说明土地禀赋对农户未来扩大农地规模的影响在政策认知水平较高的农户中起作用。对于参加培训和不参加培训的农户，土地禀赋的系数都为正且在1%水平上显著，进一步从回归系数来看，培训农户的土地禀赋系数较大，说明对于培训农户，土地禀赋对农户未来扩大规模积极性影响更大。对于不同受教育程度农户，土地禀赋系数都为正且在1%水平上显著，进一步从回归系数来看，高教育程度农户其土地禀赋系数较大，说明对于高教育程度农户，土地禀赋对农户未来扩大规模积极性影响更大。

(三) 内生性问题

上述分析虽然表明土地禀赋对农户扩大规模积极性具有显著正影响，但是未考虑到土地禀赋内生性问题。逻辑上，一方面，农业越愿意扩大农地规模，可能当前土地禀赋越大，说明存在反向因果关系；另一方面，农户选择大规模还是小规模经营并非满足完全随机，而是存在"自选择"，直接回归可能会导致选择性偏误。为此，运用工具变量法和 PSM 来解决土地禀赋的内生性和"自选择"问题。

1. 工具变量法

土地禀赋是否真正存在内生性问题需要通过检验，从表 5 - 3 可知，外生性 Wald 检验在 5% 水平上显著，拒绝土地禀赋变量外生性的假设，说明土地禀赋变量存在内生性。既然土地禀赋存在内生性，需要寻找合适的工具变量，本章选择"邻里土地禀赋"作为工具变量，具体计算公式如下：

$$\ln peer\_scale^c_{-i} = \mathrm{Log}\left(\frac{\sum_{N^c} scale^c - scale^c_t}{N^c - 1}\right) \qquad (5-9)$$

式（5-9）中，$scale^c_t$ 为村庄 c 中家庭 i 的土地禀赋，$\sum_{N^c} scale^c$ 为村庄 c 中所有农户的土地禀赋总和，$\ln peer\_scale^c_{-i}$ 为同一个村庄内除农户 i 之外，村庄内其他农户土地禀赋的平均值（亩），即邻里土地禀赋，N^c 为村庄中农户总个数。

那么，工具变量"邻里土地禀赋"是否是合适的工具变量？从相关性来看，在熟人社会的农村，"羊群效应"和示范效应发挥着重要作用，农户土地禀赋与周边农户土地禀赋存在相关性。而"邻里土地禀赋"是否满足工具变量条件需要经过弱工具变量检验。表 5 - 4 可以看出，弱工具变量 AR 检验和 Wald 检验均在 1% 水平上显著，拒绝弱工具变量的假设。

表 5 - 4　　　　　　　　　　　工具变量法的回归结果

变量	IV - Probit	
	2SLS	MLE
土地禀赋	0. 480 *** (0. 119)	0. 463 *** (0. 103)
控制变量	是	是
地区	是	是

续表

变量	IV – Probit	
	2SLS	MLE
Constant	− 2. 061 *** （0. 426）	− 1. 989 *** （0. 385）
N	2 340	2 340
外生性 Wald 检验	6. 55 ***	6. 41 **
弱工具变量 AR 检验	16. 61 ***	
弱工具变量 Wald 检验	16. 30 ***	

注：（1）***、**、* 分别表示在 1%、5%、10% 的水平上显著；（2）括号里的数字为标准误。

在表 5 – 4 中，本章运用两阶段估计和最大似然估计进行工具变量回归，回归结果表明，不管是 2SLS 还是 MLE 估计，土地禀赋的系数为正，在 1% 水平上显著，且其系数值比较接近，说明土地禀赋对农户未来扩大规模积极性具有显著正影响，这也进一步验证了上述结论。

2. 倾向得分匹配法

工具变量法可以解决反向因果等内生性问题，但农户土地禀赋的选择存在"自选择"问题，进一步运用倾向得分匹配法来解决上述问题。如表 5 – 5 所示，运用邻近匹配、核匹配、局部线性匹配、半径匹配和马氏匹配方法获得大规模农户和小规模农户（处理组和控制组）的平均处理效应（ATT），ATT 的系数都在 10% 水平上显著，说明相对于小规模农户，大规模农户选择扩大农地规模的意愿更强。

表 5 – 5　　　　　　　　　PSM 回归结果

匹配方法	处理组	控制组	ATT	标准误	t 值
一对一匹配	0. 302	0. 177	0. 125 *	0. 0684	1. 82
2 邻近匹配	0. 302	0. 191	0. 111 *	0. 0610	1. 81
4 邻近匹配	0. 302	0. 166	0. 136 **	0. 0534	2. 54
核匹配	0. 302	0. 148	0. 153 ***	0. 0467	3. 28

续表

匹配方法	处理组	控制组	ATT	标准误	t 值
局部线性匹配	0.302	0.119	0.183 ***	0.0684	2.68
半径匹配	0.302	0.144	0.157 ***	0.0464	3.39
马氏匹配	0.333	0.120	0.213 ***	0.0293	7.25

注：（1）核匹配宽带选择默认值；（2）***、**、*分别表示在1%、5%、10%的水平上显著。

（四）稳健性检验

为保证结果的稳健性，本章进一步通过变量调整、样本调整和模型调整来做一系列稳健性检验，具体如表5-6至表5-8所示。

调整核心自变量。如表5-6所示，由于目前土地禀赋与当前农户转入面积息息相关，因此，用转入面积来替换当前土地禀赋，回归结果显示，转入面积系数为正且在1%水平上显著；一般来说，规模化种植户都需要通过土地流转来扩大规模，因此，进一步用是否转入土地来替换农户转入面积，农户是否转入土地的系数在1%水平上显著为正。调整因变量。由于农户未来是否扩大农地规模与当前是否转入和转出面积相关，如果愿意扩大农地规模，可能目前会转入土地，而非转出土地，因此，用是否转入土地和是否转出土地来替换是否扩大农地规模，可以看出，在式（5-3）中，土地禀赋系数为正，说明土地禀赋越大农户越转入土地，在式（5-4）中，土地禀赋系数为负，说明土地禀赋越大农户越不转出土地。同时调整核心自变量和因变量。如式（5-5）和式（5-6）所示，式（5-5）中转入面积系数为正且在1%水平上显著，式（5-6）系数为负且在1%水平上显著，这进一步验证了上述结论。

样本调整。如表5-7所示，截取年龄小于等于60岁的样本，发现土地禀赋系数为正且在1%水平上显著，截取家庭收入大于1万的样本，土地禀赋系数为正且在1%水平上显著，进一步截取家庭劳动力数大于等于2的样本，土地禀赋系数依然保持稳健。

模型调整。如表5-8所示，运用Logit模型进行回归，在逐步控制相关控制变量和地区虚拟变量的基础上，土地禀赋系数都为正且在1%水平上显著，说明土地禀赋越大，农户扩大规模积极性越高。

表 5-6　　　　　　　　替换因变量和核心变量的稳健性检验

变量	被解释变量					
	是否扩大规模	是否扩大规模	是否转入土地	是否转出土地	是否转入土地	是否转出土地
	(1)	(2)	(3)	(4)	(5)	(6)
转入面积	0.189*** (0.0281)				3.370*** (0.212)	-0.219*** (0.0277)
是否转入土地		0.513*** (0.0820)				
土地禀赋			0.885*** (0.0483)	-0.268*** (0.0311)		
控制变量	是		是	是	是	是
地区	是		是	是	是	是
Constant	-1.220*** (0.345)	-1.206*** (0.345)	-2.726*** (0.374)	1.168*** (0.293)	-3.385*** (0.930)	0.785*** (0.287)
N	2 340	2 340	2 340	2 340	2 340	2 340
Pseudo R^2	0.1590	0.1556	0.3849	0.1161	0.7989	0.1125

注：(1) ***、**、* 分别表示在1%、5%、10%的水平上显著；(2) 括号里的数字为标准误。

表 5-7　　　　　　　　调整样本的稳健性检验

变量	扩大规模积极性		
	年龄≤60 的样本	家庭收入>1 万元的样本	家庭劳动力数≥2 人的样本
土地禀赋	0.201*** (0.0394)	0.203*** (0.0378)	0.205*** (0.0404)
控制变量	是	是	是
地区	是	是	是
Constant	-1.849*** (0.407)	-1.492*** (0.364)	-1.564*** (0.396)

续表

变量	扩大规模积极性		
	年龄≤60 的样本	家庭收入 >1 万元的样本	家庭劳动力数≥2 人的样本
N	1 816	2 211	1 878
Pseudo R^2	0.1541	0.1523	0.1505

注：*** 、 ** 、 * 分别表示在 1%、5%、10% 的水平上显著。

表 5 - 8   替换模型的稳健性检验

变量	Logit 模型		
	（1）	（2）	（3）
土地禀赋	0.459 *** （0.0390）	0.260 *** （0.0523）	0.363 *** （0.0671）
控制变量		是	是
地区			是
Constant	- 2.661 *** （0.115）	- 2.120 *** （0.575）	- 2.646 *** （0.658）
N	2 340	2 340	2 340
Pseudo R^2	0.0675	0.1252	0.1522

注：（1） *** 、 ** 、 * 分别表示在 1%、5%、10% 的水平上显著；（2） 括号里的数字为标准误。

（五）影响机制分析

上述基准回归、工具变量法、PSM 和一系列稳健性检验验证了土地禀赋对农户未来是否扩大经营具有显著正影响，但其影响机理是什么？ 也就是说为什么土地禀赋会影响农户未来是否扩大农地规模的意愿。本部分主要运用中介效应模型进行探讨，如表 5 - 9 所示。

对于中介变量为农业收入的中介效应模型。根据上述式（5 - 6），土地禀赋对农户未来是否扩大农地规模意愿具有显著正影响，根据式（5 - 7），土地禀赋对农户农业收入具有显著正影响，根据式（5 - 8），土地禀赋系数为正，但是农业收入系数虽为正但是不显著，根据上述中介效应模型步骤，进一步做 Sober 检验，Sober 检验 p 值为 0.185，说明不存在中介效应。一般来说，土地禀赋越大，农户农业收入越高，越能促使农户进一步扩大农地规模，通过数据检验发现虽然土地禀赋对农业收入具有显著正影响，但是，农业收入并没有作为中介变量来促使农户扩大规模。进一步分析农户农业收入发现，农业收入小于等于 2 万元的农户占总样本的 73.42%，而小于等于 3 万元的农户占总样本的 80.21%。在 646 户转入农户中，流转面积 10 亩及以下的占 46.28%，20 亩及以下的占 60.53%，可以看出，大部分农户仅转入少量土地，并为通过流转转化为规模化农户，说明当前农地流转过程中出现了大量的小农复制。在非农就业比较普遍的情况下，农户可以通过非农就业获得比较可观的收入，当农户农业收入没有达到预期收入时，农户不愿意进一步扩大农地规模，因此，农业收入并没有促使农户进一步扩大农地规模。

表 5-9　　　　土地禀赋对农户扩大规模积极性的影响机制

变量	被解释变量		被解释变量		被解释变量	
	农业收入	是否扩大规模	贷款金额	是否扩大规模	补贴金额	是否扩大规模
土地禀赋	1.182 *** (0.0508)	0.182 *** (0.0402)	0.459 *** (0.0518)	0.177 *** (0.0373)	0.557 *** (0.0406)	0.187 *** (0.0379)
农业收入		0.0156 (0.0157)				
贷款金额				0.0361 *** (0.0125)		
补贴金额						0.0220 (0.0189)
控制变量	是	是	是	是	是	是
地区	是	是	是	是	是	是
Constant	7.988 *** (0.488)	-1.620 *** (0.376)	1.135 ** (0.498)	-1.530 *** (0.355)	4.933 *** (0.391)	-1.595 *** (0.365)
N	2 340	2 340	2 340	2 340	2 340	2 340
R^2/Pseudo R^2	0.345	0.1523	0.208	0.1558	0.360	0.1525

注：（1）线性回归为 R^2，Probit 模型为 Pseudo R^2；（2）***、**、*分别表示在 1%、5%、10% 的水平上显著。

对于中介变量为贷款金额的中介效应模型。根据上述式（5-6），土地禀赋对农户未来是否扩大农地规模积极性具有显著正影响，根据式（5-7），土地禀赋对农户农业贷款金额具有显著正影响，根据式（5-8），土地禀赋和贷款金额的系数都为正，且都在1%水平上显著，说明存在部分中介效应，即土地禀赋对农户未来扩大规模积极性的影响只有一部分通过贷款金额来实现。主要原因是土地禀赋越大，农户抵押品价值越高，更容易获得正规和非正规信贷，而且，信贷的获得也会促进农户进一步扩大经营投资。这也与江激宇等（2016）的研究结论相同，即正规和非正规借贷经验对农户扩大规模化意愿具有显著正影响。

对于中介变量为补贴金额的中介效应模型。根据上述式（5-6），土地禀赋对农户未来是否扩大农地规模具有显著正影响，根据式（5-7），土地禀赋对农户补贴金额具有显著正影响，根据式（5-8），土地禀赋的系数都为正，且在1%水平上显著，但是补贴金额的系数虽为正但是不显著，进一步做Sober检验，Sober检验p值为0.820，说明不存在中介效应。理论上，农户土地禀赋越大，获得的农业补贴越多，从而更有动力和能力去扩大农地规模。而从农业补贴金额上来看，获得0.5万元补贴及以下的农户占总样本的89.10%，获得1万元及以下的农户占总样本的93.72%，说明绝大部分农户获得的补贴较少，因此，虽然土地禀赋对补贴金额产生正向影响，但由于大部分农户获得补贴金额较少，并没有对农户扩大农地规模积极性产生激励作用。

（六）扩展性分析

1. 土地禀赋对农户扩大规模积极性的非线性影响

上述分析土地禀赋对农户扩大规模积极性的线性影响，但可能存在土地禀赋对农户是否愿意扩大规模的非线性影响。如表5-10所示，在回归中添加变量——土地禀赋的平方，可以看出，在式（5-1）、式（5-2）和式（5-3）中，土地禀赋系数为正且在5%水平上显著。而对于土地禀赋平方变量，当不控制其他变量时，其系数为正且在10%水平上显著，但是，当添加控制变量时，系数为负且不显著，当添加控制变量和地区虚拟变量时，系数为正且不显著。说明土地禀赋对农户是否扩大规模积极性不存在非线性影响。

表5-10 土地禀赋对农户扩大规模积极性影响的非线性

变量	扩大规模积极性		
	（1）	（2）	（3）
土地禀赋	0.151 ** (0.0676)	0.162 ** (0.0707)	0.187 ** (0.0758)
土地禀赋平方	0.0191 * (0.0116)	− 0.00421 (0.0125)	0.00243 (0.0137)
控制变量		是	是
地区			是
Constant	− 1.438 *** (0.0858)	− 1.223 *** (0.314)	− 1.486 *** (0.356)
N	2 340	2 340	2 340
Pseudo R^2	0.0679	0.1246	0.1519

注：（1）*** 、 ** 、 * 分别表示在1%、5%、10%的水平上显著；（2）括号里的数字为标准误。

2. 土地禀赋对农户扩大到多大规模的影响

上述仅分析了土地禀赋对农户扩大农地规模积极性的影响，并不能准确把握农户未来农业经营行为，为此，对于未来三年计划扩大规模的农户，进一步询问其计划扩大到多大规模。农户计划扩大农地规模从1~1 200亩（回归中对计划扩大农地规模取对数），具体回归结果如表5-11所示。

表5-11 土地禀赋对农户扩大规模积极性的影响

变量	扩大多少规模：OLS估计			扩大多少规模：截断回归		
	（1）	（2）	（3）	（1）	（2）	（3）
土地禀赋	2.428 *** (0.103)	2.049 *** (0.142)	1.656 *** (0.153)	2.428 *** (0.103)	2.049 *** (0.139)	1.656 *** (0.147)
控制变量		是	是		是	是

续表

变量	扩大多少规模：OLS 估计			扩大多少规模：截断回归		
	（1）	（2）	（3）	（1）	（2）	（3）
地区			是			是
Constant	2.540 *** (0.0687)	2.961 *** (0.476)	2.634 *** (0.503)	2.540 *** (0.0686)	2.961 *** (0.465)	2.634 *** (0.484)
N	390	390	390	390	390	390
R^2/Wald	0.589	0.631	0.694	559.28 ***	667.49 ***	882.70 ***

注：（1）OLS 估计为 R^2，截断回归模型为 Wald 检验；（2）***、**、* 分别表示在 1%、5%、10% 的水平上显著。

本章首先运用 OLS 进行估计，并逐步添加控制变量和地区虚拟变量，可以看出土地禀赋系数显著为正且在 1% 水平上显著，说明土地禀赋越大，农户计划扩大经营规模越大。考虑到许多农户并没有考虑扩大农地规模，即因变量本身存在大量 0 值截断，因此，采用截断回归做进一步稳健性检验，发现土地禀赋系数为正在 1% 水平上显著，且与 OLS 估计系数差异较小，进一步说明结果的稳健性。

第四节　结论与政策建议

（一）结论

本章运用中国农业大学国家农业农村发展研究院 12 省（区）2 340 份农户数据，基于 Probit 模型、Cloglog 模型、倾向得分匹配法、中介效应模型和条件效应模型分析土地禀赋对农户扩大规模积极性的影响及作用机理。研究发现：土地禀赋对农户扩大规模积极性具有显著正影响。异质性分析显示，政策认知高的农户，土地禀赋显著为正，接受培训和受教育程度高的农户，土地禀赋对其扩大规模积极性影响更大。中介效应模型表明，土地禀赋通过农户借贷来影响其未来扩大规模积极性，而农户收入和农业补贴作为中介变量不显著。进一步扩展性分析发现，土地禀赋对农户扩大规模积极性不存在非线性影响，且对农户计划扩大的经营规模具有显著正影响。

（二）政策启示

根据上述分析，本章得出以下四点政策启示：第一，推进规模化经营要考虑当前经营大户。已有研究表明，目前土地禀赋越大，其越愿意扩大农地规模，因此，在推进规模化经营过程中要着重关注经营大户，特别是家庭农场和合作社等，提高其生产积极性对中国规模化经营具有重要意义。第二，加大对农户特别是规模化种植户的补贴力度。从当前研究来看，农户获得的补贴力较少，并没有激发其进一步扩大农地规模的动力和热情，因此，政府应该加大补贴力度，给你农户实实在在的好处，从而提高农户扩大农地规模的意愿。第三，加强对农户的金融扶持。研究表明，农户获得信贷补贴会提高其进一步扩大规模的意愿，因此，政府应该通过农地抵押、无息贷款等方式使农户更容易获得金融扶持。第四，加大农户培训。已有研究表明，政策认知高、接受培训和文化程度较高的农户，土地禀赋对农户进一步扩大规模积极性的影响越大，因此，政府不仅是加强农户专业技能培训，而且要提高农户的政策认知，让政策为农户服务。

第六章

农户想要多大的经营规模

改革开放四十多年来，随着工业化和城镇化的推进，大量农村劳动力向城市转移，土地的增收和保障功能逐渐减弱。与此同时，政府制定各项制度和政策来推动规模化经营，如颁布《中华人民共和国农村土地承包法》，实行土地确权、农地"三权分置"，等等。根据农业农村部统计，2022 年底，中国土地流转面积达到 5.5 亿亩，流转比例达到 28.69%。然而，各级政府在中国"锦标赛"治理体系下存在盲目推进规模化经营行为（程秋萍，2017；徐志刚，2023），许多规模化经营者"毁约弃耕""退耕退租"的现象也时有发生。因此，在规模化经营过程中必须坚持适度规模化经营。

那么对于农户来说，多大规模经营才是适度规模化经营？从目前学术研究来看，不同学者基于不同标准，运用不同地区数据得出差异较大的结论（陈秧分等，2015；盖庆恩等，2023；韩朝华，2023）。以产出作为标准，倪国华和蔡昉（2015）利用国家统计局 2004 年、2005 年、2007 年、2009 年、2012 年农村住户调查面板数据，发现家庭综合农场的最优土地经营规模区间为 131 ~ 135 亩，"种粮大户"的最优粮食播种面积区间为 234 ~ 236 亩。以收入作为标准，何秀荣（2016）指出，收入作为衡量适度经营规模的最重要因素，在适度经营规模中应该使农业经营者的收入与外出务工收入相当。李琴等（2019）进一步运用 CHARLS 10 257 个家庭数据，发现东、中、西和东北地区最合适经营规模分别为 3.13 公顷、1.53 公顷、0.8 公顷和 2.0 公顷。兼顾产量和收入时，李文明等（2015）基于 1 552 个水稻种植户的研究发现，最适宜的经营规模为 80 ~ 120 亩。宋戈等（2016）基于黑龙江 1 000 份农户数据，发现玉米、水稻和大豆的最合适经营规模分别为 60 ~

115 亩、15～30 亩和 30～60 亩。罗丹等（2017）基于全国 3063 个种粮户问卷发现，农户粮食生产合适的规模区间为 100～200 亩。

可以看出，现有研究多是在农户已有经营规模上，来测算多大经营面积才能达到产量或收入最大化，而非农户自身真实的适度规模化经营需求。即已有研究多是分析农户"需要"多大的经营规模，但这可能并非农户"想要"的最合适经营规模。从区别上看，农户"需要"多大经营规模是政府或学者以外部观察者的身份，以产量或者收入作为参考标准，来判断农户经营多大规模才能获得最大产出或者收入；而农户"想要"多大规模是指农户综合考虑自身家庭条件或者地区资源禀赋等因素，来判断自己"想要"多大的经营规模。农户"需要"多大经营规模是把农户作为客体来测算其最优经营规模，而农户"想要"多大经营规模是把农户作为主体来估计其最优生产规模。进一步从政府和农户行为逻辑来看，政府更多是从降低治理的交易成本出发，而农户则是根据自身家庭经济条件、市场因素、政策因素以及非农就业机会来选择合适的经营规模（程秋萍，2017；徐志刚，2023）。现实中，农户作为农业的直接生产者和参与者，会充分根据自身家庭条件或者地区资源禀赋对最合适经营规模做出判断，因此，需要尊重农户意愿，从农户视角来探讨其究竟想要多大的农业经营规模，进而为政府政策制定提供参考依据。

基于此，本章在以下三个方面对已有研究进行扩展：第一，从农户需求视角分析农户究竟想要多大的规模化经营及其影响因素；第二，从农户特征、村庄特征和地区特征三个维度来分析农户想要的最合适经营规模；第三，进一步分析农户未来是否扩大经营规模与计划扩大到多少及其影响因素。

第一节　数据来源、描述性统计和模型设定

（一）数据来源

本章数据来自中国农业大学国家农业农村发展研究院 2018 年 1～2 月寒假返乡调研数据。问卷包括农户问卷和村问卷，每个村要求随机抽取 10～

20 户，最终获得 2 553 份农户问卷和 159 份村级问卷。在数据处理过程中把村级问卷和农户问卷匹配，对于匹配不一致的样本进行剔除，而且删除缺失值较多的样本，同时，由于本章主要分析农户想要的最合适经营规模，故剔除当前经营面积为零的农户，最终获得 2 340 份农户问卷，涵盖 12 个省（区）、137 个县（市、区）、159 个村庄。其中，12 个省（区）包括东部（山东、江苏、河北）、中部（安徽、江西、河南、湖北）、西部（内蒙古、四川）和东北地区（黑龙江和吉林），全部为中国粮食主产区，具有较好的代表性。

（二）描述性统计

对于农户究竟想要多大的农业规模化经营，问卷设计中直接询问农户"您认为最合适的经营规模是多大（亩）？"让农户根据自身家庭条件和地区资源禀赋做出自己的判断。

基于农户特征划分的最合适经营规模。从表 6－1 可以看出，随着文化程度的提高，农户所认为的最合适的经营规模不断扩大，但是，对于大专以上学历的农户，其认为的最合适经营规模小于大专学历农户，主要原因是对于高学历者，其更多从事非农产业而从事农业的可能性不大，而大专学历者更有可能从事农业生产，从而对经营规模有更高预期。从家庭劳动力数来看，家庭劳动力越多，其认为最合适的经营规模越大，这也与钱克明和彭廷军（2014）的结论类似，即最合适经营规模与家庭劳动力数量呈正相关（韩朝华，2023）。

表 6－1 　　　　基于农户特征划分的最合适经营规模的平均值

农户特征	划分标准	样本数	平均值	标准误	置信区间	
文化程度	文盲	163	9.380	2.536	4.407	14.353
	小学	709	43.047	4.792	33.650	52.444
	初中	1 034	40.655	4.003	32.806	48.504
	高中	351	44.120	6.101	32.156	56.085
	大专	58	59.896	18.425	23.766	96.026
	大专以上	25	48.792	18.613	12.293	85.291

续表

农户特征	划分标准	样本数	平均值	标准误	置信区间	
劳动力数	小于2	462	29.325	4.867	19.780	38.870
	大于等于2	1 878	42.981	2.907	37.281	48.682
培训	是	517	80.306	7.440	65.717	94.895
	否	1 823	28.935	2.396	24.235	33.634
农户类型	普通农户	2 092	23.113	1.757	19.667	26.559
	专业大户	209	174.705	16.741	141.876	207.535
	家庭农场	39	241.051	46.790	149.297	332.806
经营范围	纯种植	1 992	38.348	2.682	33.089	43.607
	种养结合	289	31.184	6.888	17.675	44.692
	种养兼休闲	59	150.271	22.179	106.778	193.764
土地流转	是	646	104.214	8.157	88.217	120.210
	否	1 694	15.906	1.109	13.730	18.081
经营规模	1分位	476	4.673	0.670	3.359	5.988
	2分位	477	7.299	0.751	5.825	8.772
	3分位	488	9.122	0.525	8.092	10.152
	4分位	448	19.547	1.388	16.826	22.268
	5分位	451	167.078	11.139	145.234	188.922

注：（1）劳动力小于2个为0，大于等于2个为1；（2）基于五分位法把经营规模分为五等份。对于转入土地农户为1，未转入土地农户为0。

对于接受过培训的农户，其认为的最合适经营规模远高于未接受培训者。对于农户类型，专业大户和家庭农场认为的最合适经营规模远大于普通农户，而家庭农场高于专业大户，说明生产越专业化，其预期最合适经营规模越大。对于经营范围，纯种植农户略高于种养结合农户，可能原因是对于养殖来说过大的经营规模不利于管理，而种养兼休闲农户的预期高达150.271亩，主要原因是兼营休闲农业会需要较大的经营面积。对于土地流转，已经转入土地农户其认为的最合适经营规模为104.214亩，远高于未转入土地的农户，说明转入土地农户具有更高的土地规模化经营需求。对于经营规模，随着规模的扩大，其预期最合适的经营规模也在扩大。

基于村庄特征划分的最合适经营规模，如表 6 - 2 所示。当村庄经济水平为上等时，农户认为的最合适经营规模最小，而经济水平为中下等时，最合适的经营规模最大，主要原因是当经济水平较高时，更多的农户从事非农产业，其对农业需求较低，而当经济水平为中下等时，农户非农就业机会较少，对土地需求较高。对于地形特征，平原地区农户预期最合适经营规模为47.023 亩，山区则为 19.276 亩，说明地势越平坦的地区，农户预期的最合适经营规模越大。对于有农地交易平台的村庄，农户预期最合适经营规模为84.746 亩，远高于村庄没有交易平台的农户。对于城郊村，农户预期最合适经营规模小于非城郊村。对于小康村，农户预期最合适经营规模小于非小康村。

表 6 - 2　　　　　基于村庄特征划分的最合适经营规模的平均值

村庄特征	划分标准	样本数	平均值	标准误	置信区间	
经济水平	上等	95	29.418	11.251	7.356	51.481
	中上等	274	38.913	7.419	24.365	53.462
	中等	1 163	36.748	3.256	30.363	43.133
	中下等	633	51.538	5.890	39.988	63.088
	下等	175	31.131	6.606	18.178	44.085
地形特征	平原	1 196	47.023	3.782	39.606	54.440
	丘陵	748	39.962	4.921	30.311	49.612
	山区	339	19.276	2.158	15.045	23.507
	其他	57	28.091	7.474	13.436	42.747
农地交易平台	有交易平台	511	84.746	9.162	66.779	102.713
	没有交易平台	1 829	27.863	1.873	24.189	31.537
是否是城郊	是	542	21.656	2.519	16.716	26.595
	否	1798	45.901	3.186	39.653	52.148
是否是小康村	是	278	36.688	6.550	23.845	49.532
	否	2062	40.770	2.727	35.423	46.117

注：地形特征中的其他选项主要是高原或者湖泊。

基于区域特征划分的最合适经营规模，如表 6 - 3 所示。从经济区域划分来看，东北地区农户预期最合适的经营规模达到 157. 234 亩，远远高于东、中、西部地区，主要原因是东北地区是我国粮食主产区，人少地多，而且地形条件和气候条件较为适合规模化经营。进一步从东、中、西部来看，中部地区最高，西部地区最低，主要原因是中部地区相对来说地形比较平坦，经济发展水平低于东部而高于西部，而调研的西部省份囿于地形限制，不能开展大规模经营。值得注意的是，东部地区农户预期的最合适经营规模略大于西部，主要原因是调研区域为山东、江苏和河北，特别是山东和河北，地形较为平坦。这也与范乔希等（2018）的研究类似，即地形特征会影响最合适生产规模的确定。分省份来看，黑龙江最高，高达 272. 270 亩，其次为吉林，为 79. 330 亩，最后的为湖北，9. 391 亩，主要原因是湖北的调研地区主要集中于西部山区，如宜都、恩施、丹江口等地，所以农户预期最合适经营规模较小。

表 6 - 3　　　　基于区域特征划分的最合适经营规模的平均值

区域特征	划分标准	样本数	平均值	标准误	置信区间	
经济区域	西部	401	20. 001	2. 987	14. 142	25. 859
	中部	982	28. 959	3. 098	22. 884	35. 033
	东部	692	23. 326	3. 255	16. 943	29. 709
	东北	265	157. 234	14. 666	128. 475	185. 994
省份	内蒙古	147	24. 563	1. 722	21. 186	27. 940
	吉林	158	79. 330	8. 583	62. 499	96. 162
	四川	254	17. 360	4. 606	8. 329	26. 392
	安徽	156	41. 046	7. 362	26. 609	55. 483
	山东	380	13. 120	2. 055	9. 090	17. 150
	江苏	112	43. 292	12. 587	18. 609	67. 976
	江西	174	39. 056	10. 753	17. 971	60. 142
	河北	200	31. 536	7. 750	16. 338	46. 734
	河南	357	29. 818	5. 059	19. 898	39. 739
	湖北	144	9. 391	1. 293	6. 856	11. 926

区域特征	划分标准	样本数	平均值	标准误	置信区间	
省份	湖南	151	21.464	6.845	8.041	34.887
	黑龙江	107	272.270	30.922	211.633	332.908

（三）模型设定

1. OLS 估计和 Tobit 模型

由于农户认为的最合适经营规模为连续变量，故运用基准模型—OLS 进行回归估计。同时，由于最合适经营规模中存在 0 值，OLS 估计可能存在偏误，进一步运用 Tobit 模型进行稳健性检验。具体模型设定如下：

$$y_i = \beta_0 + \beta_1 x_{1i} + \beta_2 x_{2i} + \cdots + \beta_n x_{ni} + \delta region_i + \varepsilon_i \qquad (6-1)$$

其中，y_i 表示农户认为的最合适经营规模，$\beta_i (i = 1, 2, \cdots, n)$ 为回归系数，$x_{1i} - x_{ni} (i$ 为样本数，n 为变量数）为影响因素，涵盖农户特征、家庭特征和村级特征三个层面，具体包括性别、年龄、文化程度、培训、劳动力数、经营规模、经营类型、经营范围、是否城郊、是否小康村、交易平台、经济水平和地形特征，$region_i$ 为地区虚拟变量，δ 为地区虚拟变量系数。其中，劳动力数为"家庭中 16~65 岁从事农业生产经营活动的劳动力，不包括年满 16 周岁的在校生"。培训为"您或家人是否接受过农业生产培训"，是 =1，否 =0；农地交易平台变量为"本村是否有农地交易平台"，有 =1（如村集体或合作社等流转中介），没有 =0。具体如表 6-4 所示。

表 6-4　　　　　　　　　　描述性统计分析

变量	变量描述/单位	样本数	均值	标准差	最小值	最大值
最合适经营规模	（亩）	2 340	40.285	122.157	0	1 500
是否扩大规模	是 =1；否 =0	2 340	0.167	0.373	0	1
计划扩大到多少	（亩）	390	114.292	198.679	1	1 200
性别	男 =1；女 =0	2 340	0.788	0.409	0	1
年龄	（岁）	2 340	52.514	10.683	20	88

续表

变量	变量描述/单位	样本数	均值	标准差	最小值	最大值
文化程度	文盲=1；小学=2；初中（中职）=3；高中（中专）=4；大专（高职）=5；大专以上=6	2 340	2.789	0.94	1	6
培训	是=1；否=0	2 340	0.221	0.415	0	1
劳动力数	（人）	2 340	2.203	1.084	0	7
经营规模	根据5分位法把农户规模5等分，分位数越高规模越大	2 340	2.966	1.407	1	5
经营类型	普通农户=1（参照组）；专业大户=2；家庭农场=3					
经营范围	纯种植=1（参照组）；种养结合=2；种养植兼休闲=3	2 340	1.174	0.441	1	3
是否城郊	是=1；否=0	2 340	0.232	0.422	0	1
是否小康村	是=1；否=0	2 340	0.119	0.324	0	1
农地交易平台	有=1；无=0	2 340	0.218	0.413	0	1
经济水平	上等=1；中上等=2；中等=3；中下等=4；下等=5	2 340	3.222	0.895	1	5
地形特征	平原=1（参照组）；丘陵=2；山地=3；其他=4	2 340	1.682	0.808	1	4

注：样本中已剔除当前经营规模为0的农户。

2. Double – Hurdle 模型

在扩展性分析中，本章进一步研究农户未来三年是否扩大经营规模，如果是，计划扩大到多少，两个决策行为具有相关性，正好契合克拉格（Cragg，1971）提出的双栏模型（Double – Hurdle Model）。双栏模型分为两步：第一步，运用二元 Logit 模型或 Probit 模型分析农户未来三年是否扩大经营规模；第二步，在农户计划扩大经营规模的情况下，用截断回归模型（truncated regression model）分析农户计划扩大到多少及其影响因素。

第一步，农户是否计划扩大规模的 Probit 模型：

$$p(c_i = 1) = \phi(\gamma' z_i) \qquad (6-2)$$
$$p(c_i = 0) = \phi(-\gamma' z_i) \qquad (6-3)$$

式（6-2）和式（6-3）中，$c_i = 1$ 表示农户计划扩大规模，$c_i = 0$ 表示农户不计划扩大规模，$\phi(.)$ 是标准正态累计分布函数（cdf），z_i 是影响第 i 农户是否计划扩大规模的影响因素和地区虚拟变量，如表 6-5 所示。

第二步，如果 $c_i = 1$，农户计划扩大到多少的截断回归模型：

$$f(a_i \mid a_i > 0) = \frac{f(a_i)}{a_i > 0} = \frac{\dfrac{1}{\sigma}\phi\left(\dfrac{\alpha_i - \beta'x_i}{\sigma}\right)}{\phi\left(\dfrac{\beta'x_i}{\sigma}\right)} \qquad (6-4)$$

式（6-4）中，a_i 表示农户计划扩大到多少，$\phi(.)$ 是标准正态累计分布函数（cdf），同样，x_i 为农户计划扩大到多少的影响因素和地区虚拟变量。

第二节　实证结果与分析

首先，运用 OLS 估计和 Tobit 模型分析农户认为最合适经营规模的影响因素；其次，分析农户认为最合适经营规模影响因素的异质性；最后，进一步考察农户未来三年是否计划扩大规模以及计划扩大多少，并分析其影响因素。

（一）基准回归

在回归之前首先进行多重共线性检验，方差膨胀因子（VIF）为 1.66，说明不存在多重共线性。表 6-5 分别为 OLS 模型和 Tobit 模型估计结果，对于每个模型采用递归回归法，即模型一只控制农户特征变量，模型二控制农户特征和村庄特征变量，模型三控制农户特征、村庄特征和地区特征变量，本部分主要对模型三进行解释。

表 6-5　　　　　农户想要的最合适经营规模的影响因素分析

变量	OLS			Tobit		
	模型一	模型二	模型三	模型一	模型二	模型三
性别	11.52 ** (5.491)	10.18 * (5.411)	11.11. ** (5.016)	11.87 ** (5.756)	10.69 * (5.658)	11.03 ** (5.232)

续表

变量	OLS			Tobit		
	模型一	模型二	模型三	模型一	模型二	模型三
年龄	-0.818*** (0.230)	-0.849*** (0.229)	-0.419* (0.217)	-0.739*** (0.241)	-0.834*** (0.240)	-0.397* (0.226)
文化程度	-6.434** (2.625)	-4.461* (2.618)	-3.174 (2.456)	-5.691** (2.752)	-3.986 (2.735)	-2.425 (2.559)
培训	23.42*** (5.596)	25.18*** (5.531)	12.16** (5.237)	23.17*** (5.854)	24.85*** (5.770)	10.82** (5.452)
劳动力数	-1.897 (2.051)	-1.016 (2.042)	3.861** (1.929)	-2.078 (2.151)	-1.119 (2.138)	3.719* (2.016)
经营规模	20.98*** (1.773)	20.69*** (1.826)	10.61*** (1.909)	23.01*** (1.858)	22.75*** (1.909)	12.34*** (1.992)
专业大户	98.21*** (8.621)	93.17*** (8.588)	110.0*** (8.153)	98.00*** (8.963)	92.68*** (8.901)	110.9*** (8.432)
家庭农场	159.1*** (17.82)	153.5*** (17.54)	186.2*** (16.38)	157.5*** (18.54)	151.6*** (18.21)	187.1*** (16.95)
种养结合	-9.840 (6.741)	-3.850 (7.123)	1.233 (6.950)	-10.87 (7.065)	-3.683 (7.445)	-0.507 (7.231)
种植、养殖兼休闲	52.67*** (14.42)	37.33*** (14.30)	-13.03 (13.44)	54.96*** (14.98)	39.20*** (14.82)	-10.64 (13.92)
是否城郊		-13.81*** (5.324)	-25.65*** (5.056)		-19.88*** (5.590)	-32.95*** (5.303)
是否小康村		-13.10* (7.064)	-21.37*** (7.042)		-11.87 (7.339)	-19.65*** (7.306)
农地交易平台		42.01*** (5.545)	36.56*** (5.455)		42.49*** (5.778)	36.47*** (5.676)
经济水平		2.392 (2.570)	5.378** (2.490)		1.662 (2.680)	4.865* (2.585)
山地		3.910 (5.112)	12.57** (5.288)		8.280 (5.316)	15.15*** (5.489)

续表

变量	OLS			Tobit		
	模型一	模型二	模型三	模型一	模型二	模型三
丘陵		−20.78 *** (6.859)	−2.009 (6.752)		−26.22 *** (7.234)	−7.163 (7.110)
其他		−2.056 (15.58)	24.54 (15.82)		0.278 (16.20)	32.61 ** (16.45)
省份		否	是		否	是
Constant	17.35 (18.23)	2.932 (20.77)	−29.57 (21.53)	0.0536 (19.12)	−7.941 (21.68)	−39.02 * (22.38)
Observations	2 340	2 340	2 340	2 340	2 340	2 340
R^2/Pseudo R^2	0.243	0.271	0.385	0.023	0.027	0.040

注：（1）括号内为稳健标准误；（2）***、**、* 分别表示在1%、5%、10%的水平上显著；（3）OLS 估计为 R^2，Tobit 估计为 Pseudo R^2。

　　从农户特征来看，性别系数为正，且在5%水平上显著，说明男性认为的最合适经营规模大于女性；年龄系数为负，且在10%水平上显著，说明随着年龄的增大，其认为的最合适经营规模变小；培训系数为正，且在5%水平上显著，接受培训农户，其认为的最合适经营规模更大，主要原因是培训能够提高农户的生产技能和管理水平，进而提高其规模化经营需求。劳动力数系数为正且在5%水平上显著，说明家庭劳动力越多，其想要的最合适经营规模越大；经营规模系数为正且在1%水平上显著，说明现有经营规模越大，其对经营规模的需求越大。专业大户和家庭农场系数为正且在1%水平上显著，说明相对于普通农户，其想要的最合适经营规模更大。

　　从村庄特征来看，是否城郊的系数为负，且在1%水平上显著，说明城郊村农户想要的最合适经营规模小于非城郊村，原因是城郊村的农户能够更容易获得非农就业机会，对土地的需求较低；是否小康村的系数为负，且在1%水平上显著，说明小康村农户想要的最合适经营规模小于非小康村。农地交易平台系数为正且在1%水平上显著，说明具有农地交易平台的村庄，农户更容易流转土地，其想要的最合适经营规模更大。经济水平系数为正且在1%水平上显著，这与上述描述性统计分析不太相符，在表5-2中，经济水平为上等的村庄，农户想要的最合适经营规模最小，中下等的规模最大，可能原因是经济水平对农户想要的最合适经营规模呈现非线性特征，而这里仅仅刻画了其线性特征，而且经济水平为上等的样本较少（95个）。由于农户认为的最合适经营规模存在0值，进一步运用Tobit模型，结果呈现较强稳健性。

（二）异质性分析

如表6-6所示，从是否城郊村来看，相对于城郊村，非城郊村男性想要的最合适经营规模更大。无论是城郊村还是非城郊村，培训和经营规模都具有显著的正向作用。非城郊村的劳动力效应更加明显，主要原因是相对于城郊村，非城郊村非农就业机会有限，家庭劳动力越多对土地需求越大。对于非城郊村，种养植兼休闲系数为负且在1%水平上显著，主要原因是非城郊村远离市场，休闲农业的市场需求较小，因此其规模相对较小。对于城郊村，农地交易平台系数显著为负，可能原因是城郊村相对来说具有更多土地交易平台，但是，农户却缺乏规模化的意愿。从是否有交易平台来看，对于没有交易平台的村庄，培训和经营规模对农户具有显著的正影响。对于有交易平台的村庄，城郊村农户想要的最合适经营规模较小，这也验证了上述分析结果。对于没有交易平台的村庄，小康村农户想要的最合适经营规模较大。进一步运用Tobit模型进行回归分析，结果呈现较强稳健性。

由于是否城郊村、是否有交易平台都是可观察的异质性，而对于不可观测因素的异质性，如地区文化和农户喜好等需要进一步考察。有限混合模型（finite mixture models，FMM）可以灵活有效地解决不可观测因素的异质性问题（Kasahara和Shimotsu，2009），具体运行结果如表6-6。在两个聚类模型中，年龄、是否小康村呈现显著负相关，经营规模呈现显著正相关。在第一个聚类中，文化程度呈现显著正相关，在第二个聚类中，交易平台和经济水平呈现显著正相关。整体上看，有限混合模型运行结果与上述结果类似，进一步验证了结果的稳健性。

表6-6 农户想要的最合适经营规模影响因素的异质性分析

变量	OLS		Tobit		OLS		Tobit		FMM	
	城郊	非城郊	城郊	非城郊	有交易平台	无交易平台	有交易平台	无交易平台	聚类1	聚类2
	模型一	模型二	模型一	模型二	模型一	模型二	模型一	模型二	模型一	模型二
性别	5.286 (5.391)	11.26* (5.889)	3.764 (5.830)	11.77* (6.063)	-5.826 (16.03)	5.072 (3.832)	-7.120 (16.32)	5.556 (4.001)	0.238 (0.235)	5.014 (25.19)
年龄	-0.229 (0.229)	-0.315 (0.255)	-0.189 (0.247)	-0.319 (0.262)	-0.904 (0.701)	-0.234 (0.164)	-0.746 (0.715)	-0.221 (0.171)	-0.0298*** (0.0105)	-1.816** (0.923)
文化程度	0.520 (2.512)	-0.576 (2.922)	2.863 (2.710)	-0.597 (3.005)	-0.607 (7.625)	0.574 (1.901)	3.742 (7.811)	0.720 (1.979)	0.263** (0.123)	-8.980 (9.288)
培训	24.85*** (6.026)	18.57*** (6.170)	24.93*** (6.482)	18.39*** (6.334)	-26.23 (16.17)	26.22*** (4.052)	-26.01 (16.44)	25.58*** (4.217)	-0.396 (0.274)	12.90 (18.01)
劳动力数	0.0638 (2.192)	4.068* (2.259)	-0.670 (2.371)	4.009* (2.328)	0.987 (6.426)	1.231 (1.463)	-1.985 (6.629)	1.301 (1.529)	0.0358 (0.0975)	14.80* (7.968)
经营规模	10.51*** (2.193)	10.26* (2.226)	12.35*** (2.357)	11.69*** (2.294)	6.895 (5.893)	9.932*** (1.480)	8.331 (6.019)	11.24*** (1.546)	3.369*** (0.108)	22.21** (8.944)
专业大户	68.02*** (8.997)	115.7*** (9.443)	66.74*** (9.572)	117.1*** (9.650)	127.6*** (21.92)	108.3*** (6.554)	125.9*** (22.27)	108.7*** (6.775)	4.405*** (0.890)	97.31*** (20.52)
家庭农场	43.24** (16.93)	235.5*** (19.29)	41.50** (18.17)	236.3*** (19.72)	305.6*** (40.60)	126.4*** (13.90)	309.0*** (41.11)	125.8*** (14.41)	1.607 (1.989)	192.1*** (36.71)
种养结合	-0.00613 (7.171)	-1.442 (8.472)	-3.179 (7.772)	-0.200 (8.686)	9.906 (21.56)	-1.233 (5.586)	12.37 (21.92)	-3.618 (5.815)	0.664** (0.337)	9.424 (28.18)
种植、养殖兼休闲	26.65 (17.03)	-62.46*** (15.39)	25.90 (18.32)	-56.58*** (15.73)	-127.1*** (27.37)	-7.952 (13.58)	-123.5*** (27.69)	-7.711 (14.13)	2.108** (0.932)	-91.04*** (34.30)

续表

变量	OLS 城郊 模型一	OLS 非城郊 模型二	Tobit 城郊 模型一	Tobit 非城郊 模型二	OLS 有交易平台 模型一	OLS 无交易平台 模型二	Tobit 有交易平台 模型一	Tobit 无交易平台 模型二	FMM 聚类1 模型一	FMM 聚类2 模型二
是否是城郊	—	—	—	—	-39.08** (18.70)	-5.401 (4.038)	-58.34*** (19.50)	-10.22** (4.230)	-0.748** (0.328)	-91.97*** (20.93)
小康村	40.70*** (10.29)	3.261 (8.750)	34.64*** (11.16)	7.212 (8.965)	-33.80 (26.71)	11.37** (5.732)	-43.90 (27.29)	12.98** (5.963)	0.606 (0.379)	-56.70** (24.49)
农地交易平台	-15.85** (6.693)	31.93*** (6.998)	-12.53* (7.369)	32.28*** (7.180)	—	—	—	—	-0.413 (0.382)	66.25*** (20.75)
经济水平	17.42*** (4.268)	2.105 (2.936)	18.02*** (4.545)	1.010 (3.012)	5.607 (10.02)	-3.071 (1.923)	2.388 (10.23)	-3.757* (1.999)	0.0117 (0.128)	17.39* (9.474)
山地	-10.12 (6.530)	15.59** (6.295)	-2.971 (7.144)	17.96*** (6.461)	52.18*** (16.83)	-4.772 (4.315)	55.91*** (17.19)	-2.243 (4.487)	-0.235 (0.281)	26.72 (20.29)
丘陵	-21.93** (9.423)	-0.0781 (7.667)	-19.01* (10.20)	-6.966 (8.001)	1.164 (37.03)	-11.20** (5.027)	-2.904 (37.60)	-14.53*** (5.316)	0.100 (0.337)	-2.859 (29.19)
其他	-65.35*** (18.74)	13.47 (21.99)	-62.71*** (19.97)	35.18 (22.67)		0.577 (11.29)		8.629 (11.77)	0.523 (0.768)	96.94 (67.47)
省份	是	是	是	是	是	是	是	是	是	是
Constant	-85.11*** (24.19)	-33.78 (24.66)	-98.48*** (25.93)	-35.40 (25.32)	65.13 (66.77)	-4.350 (16.00)	71.25 (68.28)	-10.01 (16.65)	3.549*** (1.126)	-65.12 (88.489)
Observations	542	1 798	542	1 798	511	1 829	511	1 829	2 340	2 340
R²/Pseudo R²	0.414	0.468	0.05	0.05	0.618	0.338	0.0368	0.0722		

注：（1）*、**、*** 分别表示在10%、5%、1%的水平上显著；（2）括号里的数字为标准误。

（三）扩展性分析

上述分析了农户认为最合适的经营规模，但是并非所有农户都愿意扩大规模，为进一步探析农户规模化行为，在问卷设计中进一步询问农户"未来三年是否计划扩大规模"，"如果是，计划多大到多少"，如表 6 - 7 所示。

表 6 - 7　　　　基于农户特征划分的计划扩大经营规模的平均值

农户特征	划分标准	样本数	平均值	标准误	置信区间	
文化程度	文盲	7	27.429	12.945	1.978	52.879
	小学	108	103.239	14.785	74.171	132.307
	初中	189	113.953	16.494	81.525	146.381
	高中	69	122.793	20.976	81.552	164.033
	大专	13	166.315	69.407	29.856	302.774
	大专以上	4	265.000	109.049	50.601	479.399
劳动力数	小于 2	54	119.500	31.507	57.556	181.444
	大于等于 2	336	113.455	10.543	92.725	134.184
培训	是	140	157.723	18.282	121.779	193.667
	否	250	89.970	11.643	67.078	112.862
农户类型	普通农户	270	66.338	8.898	48.844	83.831
	专业大户	96	205.557	23.192	159.960	251.155
	家庭农场	24	288.708	67.955	155.103	422.314
经营范围	纯种植	321	115.542	11.572	92.791	138.293
	种养结合	48	93.400	23.857	46.496	140.304
	种养兼休闲	21	142.929	25.730	92.342	193.515
土地流转	是	200	187.934	17.521	153.487	222.381
	否	190	36.774	5.037	26.870	46.678
经营规模	1 分位	40	12.080	2.037	8.075	16.085
	2 分位	67	19.776	3.909	12.091	27.461
	3 分位	57	18.984	2.644	13.786	24.183

续表

农户特征	划分标准	样本数	平均值	标准误	置信区间	
经营规模	4 分位	67	43.219	6.670	30.105	56.334
	5 分位	159	243.948	20.460	203.722	284.174

1. 描述性统计

从农户特征来看，如表 6 - 7 所示，随着文化程度的提高，农户计划经营面积不断增加，与总样本不同，这里大专以上学历农户计划经营更大面积，主要原因是对于愿意从事农业生产的高学历者，其更有经营管理能力和前瞻眼光，愿意经营更大规模土地。与总样本相反，劳动力数越少其计划经营面积越大，可能原因是对于愿意从事农业生产的农户，家庭劳动力并非限制因素。接受培训的农户，其计划经营规模越大。相对于普通农户，专业大户和家庭农场计划经营规模更大。已转入土地和经营规模越大的农户其计划经营面积更大。

从村庄特征来看，如表 6 - 8 所示，中下等村庄农户计划经营面积最大，而下等村庄农户最小。与总样本不同，地形为丘陵的农户计划经营面积最大，主要原因是对于愿意从事农业生产的农户，丘陵或平原地形对其没有明显限制，而且相对于平原，丘陵地形可以种植特色经济作物以获得更大收益。村庄有农地交易平台、非城郊村以及小康村农户其计划经营面积更大。

表 6 - 8　　　　　基于村庄特征划分的计划扩大经营规模的平均值

村庄特征	划分标准	样本数	平均值	标准误	置信区间	
经济水平	上等	11	114.818	88.679	- 59.533	289.169
	中上等	67	62.563	11.722	39.516	85.609
	中等	159	116.352	15.042	86.779	145.926
	中下等	127	150.032	21.844	107.084	192.979
	下等	26	60.192	14.905	30.888	89.497

续表

村庄特征	划分标准	样本数	平均值	标准误	置信区间	
地形特征	平原	208	119.139	13.823	91.963	146.316
	丘陵	117	137.036	21.778	94.219	179.853
	山区	53	54.651	10.771	33.475	75.827
	其他	12	71.917	27.082	18.671	125.163
农地交易平台	有交易平台	93	203.724	29.780	145.175	262.273
	没有交易平台	297	86.288	8.789	69.008	103.567
是否是城郊	是	97	57.603	12.066	33.881	81.326
	否	293	133.059	12.601	108.285	157.833
是否是小康村	是	29	159.897	55.448	50.881	268.912
	否	361	110.628	9.922	91.121	130.135

从地形特征来看，如表6-9所示，东北地区农户计划经营规模最大，其次为东部地区，虽然东部地区经济较为发达，更多从事非农产业，但在调研样本中东部地区包括江苏、山东和河北，其地形较为平坦，有利于规模化经营。从分省份来看，黑龙江农户计划经营规模最大，最小的为湖北。

表6-9 基于区域特征划分的计划扩大经营规模的平均值

区域特征	划分标准	样本数	平均值	标准误	置信区间	
经济区域	西部	49	63.796	18.626	27.176	100.416
	中部	177	83.310	10.829	62.020	104.601
	东部	97	105.780	20.985	64.523	147.038
	东北	67	325.896	38.769	249.673	402.118
省份	内蒙古	22	36.273	6.389	23.711	48.834
	吉林	44	158.227	21.697	115.568	200.886
	四川	27	83.667	38.254	8.456	158.878
	安徽	18	164.778	24.767	116.083	213.472
	山东	41	49.402	16.652	16.664	82.141
	江苏	34	101.382	37.256	28.135	174.630

续表

区域特征	划分标准	样本数	平均值	标准误	置信区间	
	江西	40	73.325	14.061	45.679	100.971
	河北	22	188.614	60.508	69.649	307.578
省份	河南	75	74.433	16.607	41.783	107.084
	湖北	18	19.639	10.839	-1.672	40.950
	湖南	26	31.450	6.704	18.270	44.630
	黑龙江	23	533.913	69.682	396.912	670.914

2. 影响因素分析

从农户是否计划扩大经营规模的决策方程来看，性别系数显著为正，说明男性更愿意扩大经营规模；年龄系数显著为负，说明年龄越大，计划扩大经营规模的概率越低；培训和劳动力数系数显著为正，说明接受过培训、家庭劳动力数越多的农户更愿意扩大经营规模；相比于普通农户，专业大户和家庭农场扩大经营规模的概率更高；是否小康村的系数为负，说明小康村农户其扩大经营规模的意愿较低。

从农户计划扩大到多少的截断回归模型来看，培训和经营规模系数为正，说明接受过培训和经营规模越大的农户，其计划经营规模越大；相比于普通农户，专业大户和家庭农场计划经营规模更大；相对于纯种植户，种养兼休闲农户计划经营面积越小，可能原因是相对于目前的经营规模（平均为142.929亩），考虑到风险等因素不愿意扩大更大的经营规模。是否是城郊村的系数显著为负，原因是城郊区农户更容易获得非农就业机会，不愿意扩大更大的经营规模；是否是小康村系数显著为正，即小康村农户计划经营规模更大，主要原因是对于愿意从事农业生产的农户，小康村农户更有经济基础来扩大经营规模，具体如表6-10所示。

表6-10　农户是否计划扩大规模以及扩大到多少的影响因素分析

变量	Probit	Truncated	Cloglog	Tobit
性别	0.239 *** (0.0919)	23.38 (21.86)	0.392 ** (0.159)	59.50 *** (21.28)

续表

变量	Probit	Truncated	Cloglog	Tobit
年龄	− 0. 0118 *** (0. 00373)	− 1. 012 (0. 879)	− 0. 0182 *** (0. 00581)	− 2. 749 *** (0. 855)
文化程度	0. 0451 (0. 0415)	6. 640 (9. 307)	0. 0783 (0. 0648)	10. 93 (9. 322)
培训	0. 258 *** (0. 0819)	30. 75 * (16. 90)	0. 416 *** (0. 123)	54. 41 *** (18. 25)
劳动力数	0. 0766 ** (0. 0323)	− 2. 919 (6. 872)	0. 130 ** (0. 0508)	17. 07 ** (7. 313)
经营规模	0. 138 *** (0. 0324)	26. 23 *** (7. 202)	0. 222 *** (0. 0534)	36. 18 *** (7. 425)
专业大户	0. 670 *** (0. 116)	96. 04 *** (22. 39)	0. 836 *** (0. 161)	172. 8 *** (25. 07)
家庭农场	1. 063 *** (0. 232)	156. 5 *** (34. 01)	1. 301 *** (0. 267)	302. 1 *** (44. 64)
种养结合	0. 00960 (0. 116)	− 11. 92 (24. 24)	− 0. 104 (0. 180)	0. 870 (25. 96)
种植、养殖兼休闲	0. 292 (0. 201)	− 114. 0 *** (34. 53)	0. 410 (0. 265)	− 25. 82 (42. 05)
是否是城郊	0. 0713 (0. 0847)	− 43. 23 ** (18. 80)	0. 218 * (0. 131)	− 11. 34 (19. 30)
是否是小康村	− 0. 454 *** (0. 131)	104. 4 *** (31. 44)	− 0. 809 *** (0. 224)	− 92. 75 *** (28. 92)
农地交易平台	− 0. 0344 (0. 0903)	− 25. 76 (20. 62)	− 0. 0455 (0. 144)	18. 52 (19. 90)
经济水平	− 0. 0680 (0. 0417)	4. 960 (9. 021)	− 0. 105 (0. 0649)	− 5. 454 (9. 358)
山地	0. 0298 (0. 0882)	25. 00 (20. 88)	0. 00187 (0. 133)	29. 23 (19. 94)

续表

变量	Probit	Truncated	Cloglog	Tobit
丘陵	0.152 (0.115)	−9.559 (26.17)	0.287 (0.184)	34.80 (26.25)
其他	0.893 *** (0.259)	−35.82 (56.89)	1.468 *** (0.406)	195.6 *** (58.51)
省份	Yes	Yes	Yes	Yes
Constant	−1.525 *** (0.360)	−77.05 (78.95)	−2.730 *** (0.585)	−438.4 *** (83.41)
Observations	2 340	390	2 340	2 340
Pseudo R^2/LR	0.15	−2 473.273	−900.165	0.06

注：（1）补对数模型和截断模型为 LR；（2）***、**、* 分别表示在 1%、5% 和 10% 的水平上显著；（3）括号里的数字为标准误。

在二元 Probit 模型中，由于 0 值较多而 1 值较少（愿意扩大规模农户的发生比率仅为 16%），直接运用 Probit 模型可能会导致"稀有事件偏差"（陈强，2014），为使结果更加稳健，借鉴什巴亚马（Shibayama et al.，2018）的做法，进一步运用补对数模型（Complementary log-log probit，Cloglog）进行回归，同时，运用 Tobit 对全样本进行回归，其结果呈现较强的稳健性。

第三节　结论与政策建议

（一）结论

本章从农户视角出发，基于 12 个省（区、市）、137 个县（市、区）、159 个村庄 2 340 份农户问卷尝试回答"农户究竟想要多大的农业规模化经营？"这一重要命题。研究结果显示：从农户特征来看，文化程度为大专、家庭劳动力数较多、接受过培训、家庭农场主、种植、养殖兼休闲类型、经营规模较大以及已转入土地的农户其想要的经营规模较高；从村庄特征来看，经济水平为中下等、地形特征为平原、有农地交易平台、非城郊区、非小康村的农户其想要的经营规模较高；从区域特征来看，东北地区农户想要的经营规模最高。从影响因素来看，培训、经营规模、农地交易平台对农户想要的最合适经营规模具有显著正向影响。进一步的扩展性分析同样表明，对于不同区域、不同村庄、不同类型农户其计划经营规模不同，不论是决策方程还是截断回归模型，培训、劳动力数、经营规模都能显著提高农户扩大经营规模的意愿和计划经营规模。

（二）政策启示

根据上述分析，本章得出以下政策启示。第一，各地区应加快制定适合本区域的适度规模化经营指导意见。由于各地区资源禀赋不同，农户的风险承担能力和生产能力也有差异，各地方政府应在对当地农户充分调研和评估的基础上，针对自身情况制定适合本地区的规模化经营指导意见，而且，最合适经营规模要具有一定的弹性。第二，加强农户农业生产、管理和政策培训。上述分析表明，接受过培训的农户其规模化经营意愿更强，因此，应加快对农户生产技能和管理能力的培训，使其成为新型职业农民。同时，培训中要着重增加对当前农业政策和农业发展形势的解读，提高农户对乡村振兴战略的认知和理解，从而增强对农业发展的信心。第三，构建多层次农地交易平台。农地交易平台可以规范和约束土地流转双方行为，减少信息不对称，降低土地流转成本，为农户扩大经营规模创造有利条件。数据显示，对于有农地交易平台的村庄，农户想要的最合适经营规模为 84.746 亩，远高于村庄没有交易平台的农户。因此，要建立涵盖村、乡（镇）、县（市、区）、市和省多级农地交易平台，充分满足农户土地流转需求，实现适度规模化经营。第四，加大对转入土地农户的关注度和扶持力度。上述分析表明，转入土地农户扩大经营规模意愿更强，说明更容易转化为新型经营主体。因此，要着重关注当前转入土地农户，有针对性地解决其生产经营过程中面临的问题，如土地流转、资金等问题，使其转化为新型经营主体。

第七章

提升农户规模化意愿路径

规模化经营是提高中国农业竞争力的重要途径之一，是实现农业现代化的必然要求。通过规模化经营可以解决我国土地分散化、细碎化的困境，能够改善不同市场主体的帕累托最优。从农户视角，能够降低农业生产成本，实现规模经济，促进三产融合，提高农产品"信任溢价"，增加收入；从消费者视角看，能够保障农产品质量，供给安全可靠的农产品；从政府视角看，有利于农业环境保护，保障食品安全，实现资源的优化配置，最终提高中国农业竞争力（陈杰和苏群，2017；韩朝华，2023）。党的十八大以来国家出台多项措施来促进土地流转和规模化经营，如鼓励家庭农场、实现"三权分置"、土地确权等。根据农业农村部统计，2022 年底，中国土地流转面积达到 5.5 亿亩，流转比例达到 28.69%。截至 2023 年 9 月底，新型农业经营主体数量达 620 万家，新型职业农民总数超过 1 500 万人。然而，根据第三次农业普查，我国小农户数量占总农户数量的 98% 以上，从业人员占 90%，耕地面积占总面积 70%，经营规模在 10 亩以下的农户约有 2.1 亿。[1] 据初步推算，到了 2030 年，仍然有 1.7 亿小农户，其耕地面积约占总耕地面积的 70%。[2] 因此，如何提升中国农业规模化经营水平，培育更多新型农业经营主体成为中国农业发展面临的重要的问题。本章主要从农业生产

---

[1]　全国 98% 以上农业经营主体仍是小农户，现代农业路上不能让小农户掉队 [EB/OL]. 中华人民共和国人民政府网，2019 - 03 - 02. https：//www. gov. cn/xinwen/2019 - 03/02/content_5369853. htm

[2]　以信息化加快推进小农现代化 [EB/OL]. 新华网，2017 - 06 - 05. http：//www. xinhuanet. com//politics/2017 - 06/05/c_1121085279. htm

培训和互联网使用两个方面来探讨其对农户规模化意愿的影响。

第一节　农业生产培训如何提升农户规模化意愿

当前，承包户"土地抛荒"、转入户"毁约弃耕"现象不断出现，不仅造成严重的土地资源浪费，给社会带来一定的不稳定因素，也引发了谁来种地、农户是否愿意种地的讨论。因此，如何减少农户"土地抛荒"和"毁约弃耕"行为，提升其扩大农地规模意愿成为当前中国农业规模化经营中面临的现实问题。为此，许多学者从土地产权意识、务工收入、家庭劳动力数、农地确权等方面来探讨其原因（Bartolini and Viaggi，2013；马婷婷等，2015；周敏等，2018；胡新艳等，2018；吴偎立等，2022）。其中，农业生产培训（以下简称"培训"）作为有效且重要的途径，对农户扩大农地规模意愿具有重要影响。一方面，可以使农户获取重要的生产、销售等信息；另一方面，能够提高农村人口素质，增强农户内生发展动力。早在2004年国家就开始实施农村劳动力"阳光工程"培训计划，2017年农业部出台《"十三五"全国新型职业农民培育发展规划》，提出到2020年全国新型职业农民总量超过2 000万人，2018年国务院印发的《乡村振兴战略规划（2018—2022年）》明确提出，实施现代青年农场经营者、农村实用人才和信息职业农民培育工程。2022年中央一号文件：《中共中央 国务院关于做好2022年全面推进乡村振兴重点工作的意见》提出，实施高素质农民培育计划、乡村产业振兴带头人培育"头雁"项目、乡村振兴青春建功行动、乡村振兴巾帼行动。2024年中央一号文件《中共中央 国务院关于学习运用"千村示范、万村整治"工程经验有力有效推进乡村全面振兴的意见》提出，实施乡村振兴人才支持计划，发挥普通高校、职业院校、农业广播电视学校等作用，提高农民教育培训实效。

在大量人力、物力投入的情况下，农业培训计划取得了一定的成效。李昊等（2017）基于1 223份农户问卷，发现农药施用技术培训能够显著减低农药使用量；熊雪等（2017）基于贫困区1 259份农户数据，运用PSM方法，发现培训使农户家庭收入平均增加21.75%，这一结论也得到国外学者的验证（Tekle，2015）。随着研究的推进，有学者开始关注培训对农户规模化经营的影响。陈秧分等（2009）基于东部沿海3省1市323份农户数据，发现农业技术培训对农户规模化经营意愿具有显著正向影响；同样，童洪志（2020）基于演化博弈和仿真模拟，发现补贴与贷款失信惩戒或者培训的组合有助于农户扩大生产规模。

已有研究多把培训作为控制变量，忽略了其内生性和"自选择"问题，这可能会导致估计偏误；同时，培训对农户扩大农地规模意愿的影响机理如何，现有研究尚未回答。基于此，本章运用中国农业大学国家农业农村发展研究院对2018年全国12个省（区）2 340份农户数据，尝试回答培训对农户扩大农地规模意愿的影响：首先，从理论上阐明培训对农户扩大农地规模意愿的影响机理，其次，基于农户异质性视角，分析培训对农户扩大农地规模意愿的影响，并运用工具变量法和PSM解决培训的内生性和"自选择"问题。

（一）理论分析

舒尔茨在《改造传统农业》中提出，要加大对人力资本投资，认为改造传统农业的关键在于教育和培训农户。作为一项惠民工程，培训能够使农户获得更多农业生产信息、提高其生产经营能力，进而影响农户扩大农地规模意愿。从短期来看，培训能够使农户获得更多生产信息、提升其技术水平；从长期来看，培训能提高农户素质，使其由传统农民转化为现代职业农民（温涛和向栩，2024）。因此，本章主要从信息获取、技能提升和素质提高三个维度探讨培训对农户扩大农地规模意愿的影响机理。

从信息获取来看，在农业信息不畅的情况下，培训成为农户获取信息的重要途径。培训可使农户获得更多农业生产信息，如农资市场价格、农产品市场价格等。农户通过对农资以及农产品市场价格的了解能够比较准确地判断市场走势，据此调整种植结构和经营规模，从而减少经营风险和不确定性。调研数据显示[①]，接受培训农户对未来3~5年粮食价格预期高于未接受培训农户，说明接受培训农户能够更准确的把握市场，从而增强其农业经营信心。同时，培训能够使农户及时准确的了解当前农业农村发展形势和农

---

① 数据来源于中国农业大学国家农业农村发展研究院组织的2019年寒假返乡调研，询问农户对未来3~5年粮食价格走势有何判断，走低＝1；说不准＝2；走高＝3，在1 861个样本中（剔除缺失值），培训农户的平均值为1.03，未培训农户平均值为0.98。由于2018年数据中没有此变量，故用2019年数据进行说明。

业政策，并根据最新农业政策来发掘农业机遇，从而提高农户对农业生产的信心和希望。本章以农户是否知道"二轮承包到期后再延长 30 年"的政策来衡量其政策认知，被调研农户选择"知道＝1"或"不知道＝0"。从表 7-1 中可以看出，相对于未培训农户，培训农户的政策认知较高，进一步从农户转入面积来看，培训农户转入面积远远高于未培训农户。

表 7-1   培训与未培训农户政策认知和转入面积的差异

变量	政策认知	转入面积/亩
	均值	均值
未培训农户	0.704 (0.011)	10.580 (1.312)
培训农户	0.809 (0.017)	29.908 (3.896)

注：括号里的数字为标准误。

从技能提升来看，一般来说，接受过培训的农户掌握更多农业生产技能，如科学施用化肥和农药、预防和防治病虫害以及高效管理农业等。以小麦和玉米种植户为例，从图 7-1 和图 7-2 可以看出，相对于未接受培训的农户，接受培训农户的种苗费、化肥费、农药费和水电及灌溉费都明显较少。已有研究也证明，培训能够显著降低农业生产成本、增加农户收入（李昊等，2017；熊雪等，2017；翟世贤和彭超，2024）。可以说，农户农业生产技能的提升不仅能够有效提高农业效益，也会使农户对未来农业发展充满信心和憧憬，进而激发其扩大农地规模意愿。

从素质提高来看，培训不仅仅能提高农户技术水平，更重要的是把传统农民改造为现代职业农民，即具有较强经营管理能力和创新精神。通过培训农户可接触更多、更先进的企业管理理念，从而运用到农业经营管理中，特别是对于雇工较多的合作社和现代农业企业尤为重要。运用现代科学管理理念可以有效降低农业生产成本、提高农业生产效率，进而提升农业经营者扩大农地规模的信心。同时，培训能够显著提高农户环境认知水平和新技术采

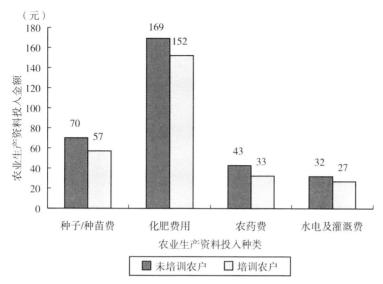

图 7 - 1　小麦种植户中培训农户与未培训农户农业生产资料投入

注：小麦种植户样本为 997 户，由于不同环节小麦投入费用存在缺失值，平均每个环节样本为 960 户左右。

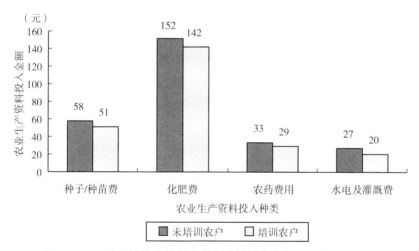

图 7 - 2　玉米种植户中培训农户与未培训农户农业生产资料投入

注：玉米种植户样本为 1 255 户，由于不同环节玉米投入费用存在缺失值，平均每个环节样本为 1 200 户左右。

纳概率（邢芸，2023；刘宇荧等，2022）。调研数据显示[①]，接受培训农户作物新品种采纳、秸秆还田技术采纳、绿色防控技术采纳、节水灌溉技术采纳以及农机具更新频率的平均值都高于未培训农户，说明接受培训农户更具有创新和冒险精神，而这会进一步增强农户扩大农地规模的信心。

总之，相对于未接受培训农户，接受培训农户可以获得更多的信息、技术和管理理念，而且，接受培训农户能够更加准确判断当前农业发展形势，从而提升其扩大经营规模的信心。

（二）数据、变量与模型

1. 数据来源

本章数据来自于中国农业大学国家农业农村发展研究院 2018 年 1 至 2 月寒假返乡调研。问卷包括农户问卷和村级问卷，要求每个村庄随机抽取 10 ~ 20 户，最终获得 2 553 份农户问卷和 159 份村级问卷。在数据处理过程中把村级问卷和农户问卷匹配，剔除匹配不一致以及缺失值较多的样本。由于本研究主要分析农户扩大农地规模的意愿，故剔除当前经营规模为零的农户，最终获得 2 340 份农户问卷，来自 12 个省（区）、137 个县（市、区）、159 个村庄。

2. 变量选取与描述性统计分析

（1）因变量——农户扩大农地规模意愿。为探讨当前农户扩大农地规模意愿，在问卷中询问农户"未来三年是否计划扩大规模？"，如果农户未来计划扩大规模则为 1，反之则为 0。为进一步挖掘农户规模化经营潜在需求，对于选择扩大农地规模的农户，进一步询问"计划扩大到多少（亩）"。

---

① 对于不同的技术：技术采纳 =1；不采纳 =0。农机更新频率：一直用到不能用 =1；用旧了就买新的 =2；出现更先进、更新的设备马上购入 =3。对于作物新品种，培训农户平均值为 0.7，未培训农户为 0.6。对于秸秆还田技术，培训农户为 0.679，未培训农户为 0.588。对于绿色防控技术，培训农户为 0.2，未培训农户为 0.068。对于节水灌溉技术，培训农户为 0.394，未培训农户为 0.287。对于农机具更新频率，培训农户为 1.451，未培训农户为 1.377。由于 2018 年数据中没有此变量，故用 2019 年数据进行说明。

（2）核心自变量——农业生产培训。由于中国社会普遍以家庭为单位，因此直接询问被调研者是否参加培训可能存在偏误，在调研中询问"家人是否受过农业生产经营培训?"，被调研者选择"是"或"否"。这里的家人主要是指家庭中共享收入的成员。

（3）控制变量。为更好测度培训对农户扩大农地规模意愿的影响，本章从农户特征、家庭特征和村庄特征三个层面来控制相关变量，包括性别、年龄、教育程度、家庭劳动力数、非农就业、经营类型、经营范围、是否是城郊、小康村、经济水平、地形特征和农地交易平台。相关变量的描述性统计如表 7 – 2 所示。

3. 模型设定

（1）Probit 模型和 Cloglog 模型。考虑到农户扩大农地规模意愿为二值变量，故选择二元 Probit 模型来分析农户选择扩大农地规模的影响因素。模型设定如下:

$$P = F(Expand_i = 1 \mid X) = \frac{1}{1 + e^{-y}} \tag{7-1}$$

$$Expand_i = \beta_0 + \beta_1 \, train_i + \gamma z_i + \delta region_i + \varepsilon_i \tag{7-2}$$

式（7 – 1）和式（7 – 2）中，$Expand_i$ 为农户是否愿意选择扩大农地规模，$Expand_i = 1$ 时，农户选择扩大农地规模，$Expand_i = 0$ 时，农户不选择扩大农地规模，p 为农户选择扩大农地规模的概率，$train_i$ 为农户是否参加培训，β_1 为培训的系数，z_i 为控制变量，包括性别、年龄、教育程度、家庭劳动力数、非农就业、经营类型、经营范围、是否城郊、小康村、经济水平、地形特征和农地交易平台，γ 为控制变量系数，$region_i$ 为地区虚拟变量，δ 为地区虚拟变量系数。

由于愿意扩大农地规模的农户较少（约占总样本的 16.67%），直接运用 Probit 模型可能会导致"稀有事件偏差"（陈强，2014），借鉴普蓂喆和郑风田（2016）的做法，运用"补对数模型（Complementary log-log model）"来纠正潜在偏差，具体模型如下:

$$P = F(Expand_i = 1 \mid X) = F(X, \boldsymbol{\beta}) = 1 - \exp\{-e^{x'\beta}\} \tag{7-3}$$

其中，P 为事件发生概率，$x'\beta = \ln[-\ln(1-p)]$，即对发生概率 p 的补数（complement，$1-p$）取两次对数。X 包括核心自变量、控制变量以及

表7-2　变量描述性统计分析

	变量	变量说明	全样本（2 340）		培训农户（517）		未培训农户（1 823）	
			均值	标准差	均值	标准差	均值	标准差
因变量	农户扩大规模意愿	愿意=1；不愿意=0	0.167	0.373	0.271	0.445	0.137	0.344
核心自变量	农业生产培训	是=1；否=0	0.221	0.415	—	0.356	—	0.421
控制变量	性别	男=1；女=0	0.788	0.409	0.851	0.356	0.770	0.421
	年龄	实际年龄/周岁	52.514	10.683	51.128	10.086	52.907	10.816
	教育程度	文盲=1；小学=2；初中（中职）=3；高中（中专）=4；大专（高职）=5；大专以上=6	2.789	0.940	3.143	0.946	2.689	0.914
	家庭劳动力数	家庭实际劳动力人数	2.203	1.084	2.162	1.006	2.214	1.105
	非农就业	非农收入/家庭总收入%	0.620	0.347	0.562	0.366	0.636	0.341
	经营类型	普通农户（参照组）=1；专业大户=2；家庭农场=3	1.123	0.375	1.275	0.545	1.080	0.298
	经营范围	纯种植（参照组）=1；种养结合=2；种养植兼休闲=3	1.174	0.441	1.273	0.585	1.146	0.386
	是否是城郊	是=1；否=0	0.232	0.422	0.255	0.436	0.225	0.418
	小康村	是=1；否=0	0.119	0.324	0.135	0.342	0.114	0.318
	经济水平	上等=1（参照组）；中上等=2；中等=3；中下等=4；下等=5	3.222	0.895	3.116	0.951	3.252	0.876
	地形特征	平原=1；丘陵=2；山地=3；其他=4	1.682	0.808	1.673	0.762	1.685	0.821
	农地交易平台	有=1；无=0	0.218	0.413	0.226	0.419	0.216	0.412
工具变量	邻里培训水平	在一个村庄内，除农户i之外，村庄内其他农户培训的平均水平	0.221	0.281	0.547	0.326	0.129	0.181

地区虚拟变量，$\boldsymbol{\beta}$ 为变量系数。

（2）IV – Probit 模型。由于核心自变量可能存在内生性问题，本部分选择 IV – Probit 模型，具体模型设定如下：

$$Expand_i^* = \beta_1 train_i + \gamma z_i + \delta region_i + \mu_i \qquad (7-4)$$

$$train_i = \omega_1 peer\_train_i + \theta z_i + \delta region_i + \upsilon_i \qquad (7-5)$$

$$Expand_i = 1(Expand_i^* > 0) \qquad (7-6)$$

式（7–4）~ 式（7–6）中，$Expand_i^*$ 为农户是否愿意扩大农地规模的潜变量，$Expand_i$ 为农户是否愿意扩大农地规模的虚拟变量，$train_i$ 为内生变量，z_i 为外生变量，$peer\_train_i$ 为工具变量，式（7–4）为"结构方程"，式（7–5）为"简化式方程"。

假设扰动项 μ_i 和 υ_i 的期望为0，服从二维正态分布，具体形式如下：

$$\begin{pmatrix} \mu_i \\ \upsilon_i \end{pmatrix} \sim N\left[\begin{pmatrix} 0 \\ 0 \end{pmatrix}, \begin{pmatrix} 1 & \rho\sigma_\upsilon \\ \rho\sigma_\upsilon & \sigma_\varepsilon^2 \end{pmatrix} \right] \qquad (7-7)$$

式（7–7）中，ρ 为 μ_i 和 υ_i 的相关系数，如果 $\rho = 0$ 则不存在内生性，$\rho \neq 0$ 则存在内生性。

（3）倾向得分匹配法（propensity score matching，PSM）。现实中，农户是否培训并非满足抽样的随机性，而是存在"自选择"，即农户是否选择培训之前的初始条件（如农户的年龄、教育程度和家庭劳动力数等）存在系统差异，如果直接回归可能会存在选择性偏误。而 PSM 可以通过构造反事实来解决上述问题，因此，本章选择倾向得分匹配法。具体步骤如下：

第一，运用 Logit 模型来估计农户参与培训的概率，估计倾向得分值，如式（7–8）所示。

$$P(x) = F(Train_i = 1 | X) = \frac{1}{1 + e^{-y}} \qquad (7-8)$$

第二，运用邻近匹配、核匹配、局部线性匹配、半径匹配和马氏匹配方法获得处理组和控制组，从而消除自选择问题。

第三，根据上述获得的匹配样本，比较处理组和控制组农户扩大农地规模意愿的平均差异，即平均处理效应（average treatment effect on the treated，ATT）。

$$ATT = E[(Y_1 - Y_0) | D = 1] = E\{E[(Y_1 - Y_0) | D = 1], P(X)\} \qquad (7-9)$$

如式（7–9）所示，D 为 0–1 的二分变量，即 $D = 1$ 表示处理组，$D =$

0 为控制组，$P(x)$ 为倾向得分值，Y_1 和 Y_0 分别为接受培训农户和未接受培训农户的估计结果。

（三）实证结果与分析

本章的核心目的是分析培训对农户扩大农地规模意愿的影响。首先，运用 Probit 模型和 Cloglog 模型做基准回归；其次，考虑到农户异质性，基于经营规模、家庭收入和教育程度以及地区特征来分析培训对农户扩大农地规模意愿的影响；再次，考虑到培训的内生性问题，以"邻里培训水平"作为工具变量进行解决，并运用 PSM 解决农户培训的"自选择"问题；进一步地，通过样本调整和模型调整对上述结果做稳健性检验；最后，对于计划扩大农地规模的农户，分析培训对其计划经营规模的影响。

1. 培训对农户扩大农地规模意愿的影响

在回归之前首先做多重共线性检验，方差膨胀因子（VIF）检验结果为 1.79，说明不存在多重共线性。回归结果如表 7-3 所示，Probit 模型和 Cloglog 模型的第（1）列只控制核心自变量——培训，第（2）列进一步控制农户、家庭和村庄变量，第（3）列控制农户、家庭、村庄以及地区虚拟变量。总体来看，无论是 Probit 模型还是 Cloglog 模型，培训系数都为正且在 1% 水平上显著，说明培训能够显著提升农户扩大农地规模意愿。进一步对比回归系数发现，Cloglog 模型中培训的系数高于 Probit 模型，说明控制潜在"稀有事件偏差"后，培训对农户扩大农地规模意愿影响更大。

表 7-3　　　　　培训对农户扩大农地规模意愿的影响

变量	Probit 模型			Cloglog 模型		
	（1）	（2）	（3）	（1）	（2）	（3）
培训	0.483 *** (0.070)	0.277 *** (0.078)	0.266 *** (0.082)	0.761 *** (0.106)	0.421 *** (0.117)	0.428 *** (0.123)
性别		0.284 *** (0.090)	0.257 *** (0.092)		0.493 *** (0.156)	0.442 *** (0.158)

续表

变量	Probit 模型			Cloglog 模型		
	(1)	(2)	(3)	(1)	(2)	(3)
年龄		-0.013 *** (0.004)	-0.012 *** (0.004)		-0.020 *** (0.006)	-0.018 *** (0.006)
教育程度		0.036 (0.040)	0.053 (0.046)		0.061 (0.063)	0.087 (0.065)
家庭劳动力数		0.113 *** (0.031)	0.095 *** (0.032)		0.183 *** (0.049)	0.151 *** (0.050)
非农就业		-0.310 *** (0.100)	-0.383 *** (0.115)		-0.491 *** (0.158)	-0.550 *** (0.177)
专业大户		0.778 *** (0.104)	0.800 *** (0.107)		1.054 *** (0.140)	1.065 *** (0.144)
家庭农场		1.104 *** (0.219)	1.146 *** (0.230)		1.493 *** (0.239)	1.475 *** (0.259)
种养结合		-0.021 (0.107)	0.035 (0.115)		-0.069 (0.169)	-0.055 (0.180)
种养兼休闲		0.209 (0.191)	0.256 (0.201)		0.292 (0.246)	0.380 (0.267)
是否是城郊		0.055 (0.078)	0.015 (0.083)		0.106 (0.121)	0.132 (0.129)
小康村		-0.483 *** (0.120)	-0.430 *** (0.131)		-0.770 *** (0.205)	-0.745 *** (0.223)
农地交易平台		-0.033 (0.039)	-0.055 (0.041)		-0.040 (0.061)	-0.095 (0.064)
经济水平		-0.059 (0.077)	0.015 (0.088)		-0.084 (0.121)	0.018 (0.135)
丘陵		-0.012 (0.103)	0.158 (0.115)		0.018 (0.166)	0.309 * (0.185)
山地		0.549 ** (0.222)	0.905 *** (0.260)		0.866 *** (0.333)	1.471 *** (0.407)

变量	Probit 模型			Cloglog 模型		
	(1)	(2)	(3)	(1)	(2)	(3)
其他		0.0001 (0.083)	−0.009 (0.090)		0.007 (0.129)	−0.003 (0.144)
省份			是			是
Constant	−1.093*** (0.037)	−0.782** (0.308)	−0.883** (0.348)	−1.914*** (0.063)	−1.528*** (0.489)	−1.681*** (0.552)
Pseudo R²/LR	0.02	0.11	0.14	47.30***	248.33***	300.20***

注：(1) Probit 模型为 Pseudo R^2，Cloglog 为 LR；(2) 括号里的数字为标准误；(3) ***、**、* 分别表示在 1%、5%、10% 的水平上显著。

从控制变量来看，性别系数显著为正，说明男性扩大农地规模意愿更强；年龄系数显著为负，说明年龄越大其扩大经营规模意愿越低；家庭劳动力系数显著为正，说明家庭劳动力越多，农户扩大经营规模意愿越强，可能原因是虽然机器在不断替代劳动，但是人依然是现代农业生产中最主要的生产力；非农就业系数显著为负，说明非农收入越高，农户越不愿意扩大经营规模，这也与现实情况相符，即农户非农收入越高，越不重视农业收入，从而不愿扩大经营规模；相比于普通农户，专业大户和家庭农场主扩大经营规模意愿更强；小康村的系数显著为负，说明小康村农户扩大经营规模意愿较低，可能原因是小康村自身或者周边地区经济较为发达，农户有更多非农就业机会。

2. 异质性分析

上述回归仅仅分析了培训对农户扩大农地规模意愿影响的平均效应，而未考虑到农户群体的内部差异，因此，从农户经营规模、家庭收入、教育程度以及地区差异视角来进行异质性分析。

从经营规模来看，参考学者以前的研究（许庆等，2011；高鸣，2017；韩朝华，2023），根据调研的样本情况（调研样本绝大部分为小农户，经营面积在 30 亩及以下的农户占总样本农户的 85.43%），把经营规模大于等于 30 亩的界定为大规模农户，小于 30 亩的界定为小规模农户。可以看出，对于不同经营规模，培训的系数都为正且在 10% 水平上显著，对比系数来看，对于大规模农户其系数更大，可能原因是大规模农户更重视农业生产，接受培训的大规模农户能够有效利用其培训获取的农业信息来提高农业效益，进而提升其扩大农地规模意愿。

从家庭收入情况来看，根据国家统计局数据，2018 年农村人均可支配收入达到 14 617 元，考虑到目前家庭人口 3～4 人，以 5 万元作为划分标准，5 万元及以上为高收入农户，5 万元以下为低收入农户。表 7-4 可以看出，对于高收入农户培训系数为正且在 1% 水平上显著，而对于低收入农户系数不显著，说明培训对高收入农户扩大农地规模意愿具有显著影响，可能原因是高收入农户本身资金较为充裕，通过培训能够获得更多农业信息，进而激发其扩大农地规模意愿。

表 7-4　　　　　　培训对农户是否扩大农地规模影响的异质性

变量	经营规模		家庭收入		教育程度	
	经营规模 ≥30 亩	经营规模 <30 亩	家庭收入 ≥5 万元	家庭收入 <5 万元	高中及以上	初中及以下
培训	0.314 * (0.171)	0.215 ** (0.098)	0.325 *** (0.113)	-0.033 (0.134)	0.336 * (0.178)	0.247 *** (0.095)
控制变量	是	是	是	是	是	是
省份	是	是	是	是	是	是
Constant	-2.288 *** (0.857)	-0.199 (0.408)	-1.346 ** (0.569)	-0.428 (0.493)	-2.145 ** (1.094)	-1.092 *** (0.412)
N	384	1 956	1 097	1 243	418	1 906
Pseudo R^2	0.23	0.10	0.22	0.12	0.23	0.14

注：（1）*** 、** 、* 分别表示在 1%、5%、10% 的水平上显著；（2）括号里的数字为标准误。

从农户受教育程度来看，考虑到农村地区农户的总体受教育水平较低，本章把高中及以上归为高教育程度农户，把初中及以下归为低教育程度农户。可以看出，对于不同受教育程度农户，培训系数均为正且在 10% 水平上显著。对比系数发现，高教育程度农户培训系数更大，可能原因是高教育程度农户信息处理能力更强，通过培训可以接触更多农业信息，能准确判断和分析当前农业形势，更具有扩大农地规模的意愿。

从地区差异来看，本章把区域划分为东部、中部、西部和东北地区，分别考察不同地区培训的效应，如表7-5所示。在中部地区和东北地区，培训系数显著为正，而在东部地区和西部地区，培训系数不显著。可能原因是中部地区和东北地区都为农业生产大省，资源禀赋条件较好，农户扩大农地规模的意愿较强。

表7-5 培训对农户是否扩大农地规模影响的地区差异

变量	东部	中部	西部	东北
培训	0.236 (0.261)	0.426*** (0.119)	-0.066 (0.187)	0.564* (0.299)
控制变量	是	是	是	是
省份	是	是	是	是
Constant	-1.907** (0.934)	-0.761 (0.514)	-1.610** (0.726)	-1.616 (1.194)
N	401	982	692	204
Pseudo R^2	0.16	0.13	0.24	0.24

注：（1）***、**、*分别表示在1%、5%、10%的水平上显著；（2）括号里的数字为标准误。

3. 内生性和"自选择"问题

上述分析虽然表明培训对农户扩大农地规模意愿具有显著正向影响，但并未考虑培训的内生性和"自选择"问题。一方面，农户扩大农地规模意愿越强，越倾向于参加培训，从而导致反向因果内生性问题；另一方面，农户是否选择培训并非满足完全随机，而是存在"自选择"问题，因此，直接回归可能会导致估计偏误。基于此，采用工具变量法和PSM解决内生性和"自选择"问题。

（1）工具变量法。理论上，培训存在内生性问题，但具体是否存在需要统计检验。由表7-6可以看出，外生性Wald检验在10%水平上显著，即拒绝培训变量外生性的假设，说明培训变量存在内生性。既然存在内生性，则需要寻找合适的工具变量，本章选择"邻里培训水平"作为工具变量，具体计算公式如下：

$$peer\_train_{-i}^c = \frac{\sum_{N^c} train^c - train_i^c}{N^c - 1} \qquad (7-10)$$

表 7-6　　　　　　　　　工具变量法的回归结果　　　　　　　　$N = 2\ 340$

变量	IV – Probit	
	2SLS	MLE
培训	0.485 ***	0.483 ***
	(0.145)	(0.142)
控制变量	是	是
省份	是	是
Constant	- 0.830 **	- 0.830 **
	(0.350)	(0.350)
外生性 Wald 检验	3.33 *	3.34 *
弱工具变量 AR 检验	11.19 ***	
弱工具变量 Wald 检验	11.14 ***	

注：（1）***、**、*分别表示在1%、5%、10%的水平上显著；（2）括号里的数字为标准误。

式（7-10）中，$train_i^c$ 为村庄 c 中农户 i 的培训水平，$\sum_{Nc} train^c$ 为村庄 c 中所有农户的培训水平总和，$peer\_train_{-i}^c$ 为同一个村庄内除农户 i 之外，村庄内其他农户培训水平的平均值，即邻里培训水平，N^c 为村庄中农户总个数。

"邻里培训水平"是否是合适的工具变量？从相关性来看，在农村的熟人社会，"羊群效应"和"示范效应"发挥着重要作用，农户是否选择培训与周边农户是否选择培训具有很强的相关性。从外生性来看，其他农户是否选择培训很难对当前农户扩大农地规模意愿产生影响。因此，理论上"邻里培训水平"满足外生性和相关性条件，具体是否为合适的工具变量需要进一步统计检验。表 7-7 显示，弱工具变量 AR 检验和 Wald 检验在 1% 水平上显著，即拒绝弱工具变量的假设，因此，"邻里培训水平"可以作为培训的工具变量。

本章运用两阶段估计（2SLS）和最大似然估计（MLE）进行工具变量回归（见表 7-7），无论是 2SLS 还是 MLE 估计，培训的系数均为正且在

1%水平上显著，且两种估计方法的系数变化不大，进一步验证了基准回归结论。

（2）倾向得分匹配法。工具变量法只是解决了反向因果关系的内生性问题，但仍然存在"自选择"问题，本章进一步运用倾向得分匹配法来估计。如表7-7所示，除一对一匹配结果不显著外，2邻近匹配、4邻近匹配、核匹配、局部线性匹配、半径匹配和马氏匹配结果均显示接受培训农户和未接受培训农户（处理组和控制组）的平均处理效应（ATT）值在5%水平上显著，说明相对于未接受培训的农户，接受培训农户扩大农地规模意愿更强，这也验证了基准回归结论。

表 7-7　　　　　　　　　　　PSM 回归结果

匹配方法	处理组	控制组	ATT	标准误	t 值
一对一匹配	0.261	0.212	0.049	0.031	1.56
2邻近匹配	0.261	0.203	0.058	0.028	2.07**
4邻近匹配	0.261	0.192	0.069	0.026	2.64***
核匹配	0.261	0.193	0.068	0.024	2.88***
局部线性匹配	0.261	0.195	0.067	0.031	2.12**
半径匹配	0.261	0.192	0.070	0.024	2.93***
马氏匹配	0.271	0.177	0.094	0.024	3.90***

注：（1）核匹配宽带选择默认值；（2）***、**分别表示在1%、5%的水平上显著。

4. 稳健性检验

为保证结果的稳健性，本章进一步通过样本调整和模型调整来做稳健性检验，具体如表7-8和表7-9所示。

样本调整。由于中国农业发展需要更多年轻劳动力参与，而考虑到调研样本中农户年龄普遍较大，故剔除50岁及以上样本来检视培训对50岁以下农户扩大农地规模意愿的影响。如表7-8所示，在控制不同变量的基础上，培训的系数依然为正且在1%水平上显著。

表 7-8	样本调整后的稳健性检验		N = 911
变量	50 岁以下农户样本		
	（1）	（2）	（3）
培训	0.553***	0.364***	0.307**
	(0.101)	(0.121)	(0.129)
控制变量		是	是
省份			是
Constant	-0.954***	-0.882	-1.219*
	(0.057)	(0.583)	(0.647)
Pseudo R²	0.03	0.18	0.22

注：（1）***、**、*分别表示在1%、5%、10%的水平上显著；（2）括号里的数字为标准误。

模型调整。进一步运用 Logit 模型进行回归，如表 7-9 所示，在控制不同变量的基础上，培训变量的系数为正且在1%水平上显著，说明接受培训农户更愿意扩大农地规模。

表 7-9	基于 Logit 模型的稳健性检验		
变量	Logit 模型		
	（1）	（2）	（3）
培训	0.849***	0.511***	0.511***
	(0.120)	(0.138)	(0.144)
控制变量		是	是
省份			是
Constant	-1.839***	-1.277**	-1.431**
	(0.068)	(0.562)	(0.635)
Pseudo R²	0.02	0.12	0.14

注：（1）***、**分别表示在1%、5%的水平上显著；（2）括号里的数字为标准误。

5. 扩展性分析

上述分析已经阐述了培训对农户扩大农地规模意愿的影响，为了更加准确描述农户规模化经营行为，对于愿意扩大农地规模的农户，进一步询问其计划经营规模的大小，农户计划经营规模从 1 亩到 1 200 亩不等（回归中取对数）。具体回归结果如表 7 – 10 所示。

表 7 – 10　　　　　　　　培训对农户计划经营规模的影响　　　　　　　　　 $N = 390$

变量	OLS 估计			截断回归		
	（1）	（2）	（3）	（1）	（2）	（3）
培训	0.798 *** (0.161)	0.330 ** (0.135)	0.265 ** (0.125)	0.798 *** (0.161)	0.330 ** (0.132)	0.265 ** (0.120)
控制变量		是	是		是	是
省份			是			是
Constant	3.336 *** (0.097)	3.981 *** (0.559)	3.173 *** (0.569)	3.336 *** (0.096)	3.981 *** (0.546)	3.173 *** (0.547)
R^2/Wald	0.06	0.50	0.61	24.58 ***	388.24 ***	617.24 ***

注：（1）OLS 估计为 R^2，截断回归为 Wald 检验；（2）*** 、** 分别表示在 1%、5% 的水平上显著；（3）括号里的数字为标准误。

运用 OLS 估计，在逐步控制不同变量的条件下，培训变量的系数为正且在 5% 水平上显著，说明培训能够显著提高农户计划经营规模。由于因变量本身存在大量的 0 值截断，进一步采用截断回归模型，发现培训变量系数依然显著为正，而且，截断回归模型中培训变量系数与 OLS 估计中的系数十分接近，说明结果呈现稳健性和可靠性。

第二节　互联网使用如何提升农户规模化意愿

目前规模化经营者"退耕毁约"等现象不断出现，引发了谁来种地的讨论。如何提升农户规模化经营信心成为农业规模化经营中面临的现实而重要的问题。那么现实中农户是否愿意扩大经营规模，影响因素是什么？现有研究主要从农户特征和外部环境两个方面来分析农户扩大经营规模积极性的影响因素（马婷婷等，2015；施海波等，2019；胡新艳等，2018；钟钰和巴雪真，2023；郭力等，2024）。

随着网络的兴起，互联网对农产品市场、农业要素市场、农业市场主体以及农业市场环境产生重要影响，深刻冲击着人们的思维观念和行为习惯（张兴旺等，2019；Zhao et al.，2021；杨佳琪等，2023）。一方面，农户通过互联网使用能够获得更多农业生产信息；另一方面，互联网使用能够丰富农户社会网络，提升农户政策认知、管理能力和环境素养（Khan et al.，2022；崔冉和王家隆，2023）。《国家乡村振兴战略规划（2018－2022年）》明确提出，要夯实乡村信息化基础，"深化电信普遍服务，加快农村地区宽带网络和第四代移动通信网络覆盖步伐"。2019年中央一号文件《中共中央 国务院关于坚持农业农村优先发展做好"三农"工作的若干意见》明确提出，实施数字乡村战略。深入推进"互联网＋农业"，实施"互联网＋"农产品出村进城工程。2024年中央一号文件《中共中央 国务院关于学习运用"千村示范、万村整治"工程经验 有力有效推进乡村全面振兴的意见》提出，持续实施数字乡村发展行动，发展智慧农业，缩小城乡"数字鸿沟"。然而，目前关于互联网的研究多关注其对市场绩效、技术采纳、农户福利以及经济发展的影响，较少关注其对农户规模化行为的影响（沈琼和李皓浩，2023；童婷等，2023；孙生阳和邹一南，2024）。

基于此，本章运用中国农业大学国家农业农村发展研究院全国14省（区、市）2 196份农户数据，着重探讨互联网使用对农户扩大农地规模积极性的影响，并在以下几个方面对已有文献进行扩展：第一，分析互联网使用对农户扩大规模积极性的影响机理；第二，实证检验互联网使用对农户扩大规模积极性的影响及其异质性；第三，运用工具变量法、PSM和处理效应模型解决互联网使用的内生性和"自选择"问题。

（一）理论分析

当前，农户面临的"数字鸿沟"不仅仅是"信息鸿沟"，也是"思想鸿沟"。在借鉴和总结已有研究基础上，本章通过信息获取和素养提升两个中间传导机制，构建互联网使用对农户扩大经营规模积极性的影响机理。

根据凯恩斯经济学理论，需求决定供给，因此，如何扩大农产品市场销售决定农业生产者扩大经营规模的积极性，而信息获取对产品销售决策具有重要的影响。交易费用理论认为交易费用包括寻找合适买家、订立合同、洽谈和执行交易以及监督交易等，交易成本的高低取决于资产专用性、交易频率和交易的不确定性。农户在销售产品时首先要搜寻合适的价格、合适的买家以及要求的农产品标准，与收购商或者经纪人相比，一家一户的小农户往往面临信息不对称，农户需要不断比较不同买家的收购价格，而农产品价格可能在不同时段、不同区域不尽相同，因此，农户市场搜寻会产生较高的交易费用。互联网能够显著降低交易费用（Aker and Mbiti，2010；崔冉和王家隆，2023），农户可以运用互联网获得产品在哪卖、卖给谁以及什么时候卖的信息，因此，互联网能够帮助农户减少营销成本、获得更高产品价格，进而提升其扩大经营规模的信心（Tadesse and Bahiigwa，2015；杨佳琪等，2023）。同时，互联网减少了农业品牌建设的高昂传播费用，使农业品牌迅速崛起，给农业发展带来希望，如褚橙品牌通过互联网传播成为爆款。此外，互联网是农户获取农业生产信息的重要渠道。农户在生产过程中首先考虑如何科学进行农业生产，如化肥、农药投入多少最合适，现实中农户往往依据自身经验来决定化肥农药投入量，而互联网能够帮助农户精准施用化肥、农药以获得最大利润。研究表明，互联网更有利于农户采纳现代生产要素，提高农业产量，进而提高全要素生产率（Lio and Liu，2010；Mittal et al.，2010；金雪和孙学涛，2023）。

如何提升农户素质对规模化经营以及农业持续健康发展至关重要。《数字乡村发展战略纲要》提出大力培育新型职业农民，实施"互联网+小农户"计划，切实提升农户内生发展能力。具体来说，互联网使用能够提升农户政策认知、经营能力和环境素养，进而激发其扩大农地规模积极性。从政策认知来看，在乡村振兴战略背景下，国家出台各项优惠政策来扶持农业发展，农户通过互联网使用能够获得更多政策信息，进而从政策中发掘农业机遇。调研数据显示，使用互联网获取农业生产信息的农户其政策认知平均值为 0.813，而未使用互联网获取农业信息的农户则为 0.702[①]。从经营能力来看，农户通过互联网可以接触更多的先进管理理念和管理方法，使农户成为"善经营"的新型职业农民，特别是对于农民合作社或者农业企业等新型经营主体更为重要。从环境素养看，经常使用互联网的农户在看到网络

---

① 您是否知道"二轮承包到期再延长30年"的政策，知道=1；不知道=0。

上关于环境污染的大量案例时会激发其环境危机感，从而树立正确的环境保护态度。目前网络上关于环境保护理念、环境保护知识以及环境保护法的宣传会对农户环境保护态度产生积极和深远的影响，随着农户环境素养的提升，其更倾向于采纳环境友好型生产技术（金雪和孙学涛，2023）。

总之，互联网通过赋能农户，弥补农户的"信息鸿沟"和"思想鸿沟"，进而影响其扩大农地规模的积极性。

（二）数据、变量与模型

1. 数据来源

本章数据来自于中国农业大学国家农业农村发展研究院 2019 年 1～2 月寒假返乡调研。问卷包括农户问卷和村级问卷，每个村庄要求随机抽取 15～20 户，最终获得 2 864 份农户问卷和 180 份村级问卷。本章在数据处理过程中把村级问卷和农户问卷匹配，剔除匹配不一致以及删除缺失值较多的样本。由于本章主要分析农户进一步扩大经营规模的意愿，故剔除当前经营为零的农户，最终获得 2 196 份农户问卷，来自 14 个省（区）、141 个县（区）、166 个村庄。其中，14 个省（区）包括内蒙古、吉林、四川、安徽、山东、江苏、江西、河北、河南、湖北、湖南、甘肃、辽宁和黑龙江，涵盖了中国东、中、西部和东北地区，具有较好的代表性。

2. 变量选取

（1）因变量——是否扩大规模。在问卷中询问农户"未来三年是否计划扩大规模？"，如果农户未来计划扩大规模则为 1，反之则为 0。

（2）核心自变量——互联网使用。考虑到农户即便有智能手机或者掌握互联网技能也不一定会通过互联网获取农业信息，因此，本章直接询问农户是否使用互联网获取农业生产信息。

（3）控制变量。为了更好地测算互联网使用对农户未来扩大规模意愿的影响，本章控制农户特征、家庭特征和村庄特征三个方面，具体包括：年龄、教育程度、健康状况、是否培训、劳动力数、风险偏好、经营面积、地块数、家庭收入、农业补贴、非农收入占比、贫困村、经济水平和水源保障。具体如表7-11所示。

表7-11 变量的描述性统计分析

变量		变量定义	样本量	均值	标准差
被解释变量	是否扩大经营规模	是=1；否=0	2 196	0.133	0.34
核心变量	互联网使用	是否使用互联网获取农业生产信息，是=1；否=0	2 196	0.19	0.393
控制变量	年龄	单位：岁	2 196	52.988	11.312
	教育程度	文盲=1；小学=2；初中（中职）=3；高中（中专）=4；大专（高职）=5；大专以上=6	2 196	2.735	0.937
	健康状况	好=1；一般=2；差=3；无劳动能力=4	2 196	1.406	0.618
	是否培训	是=1；否=0	2 196	0.243	0.429
	劳动力数	家庭劳动力数量	2 196	2.15	1.046
	风险偏好	风险保守型=1；风险中立型=2；风险偏好型=3	2 196	1.448	0.658
	经营规模	目前家庭经营规模（亩）	2 196	2.185	1.14
	地块数	经营地块数量（块）	2 196	5.758	15.692
	家庭收入	家庭各项收入来源，包括农业经营收入、非农收入、财产性收入、灾害救济收入以及其他收入（元），取对数	2 196	10.647	1.093
	农业补贴	三项补贴、农机补贴、种粮大户补贴、生产技术补贴、农业保险保费补贴、贷款贴息等（元），取对数	2 196	5.483	2.672
	非农收入占比	家庭非农收入占家庭总收入比重	2 196	0.625	0.348
	贫困村	是=1；否=0	2 196	0.25	0.433
	经济水平	上等=1；中上等=2；中等=3；中下等=4；下等=5	2 196	3.217	0.926
	水源保障	是=1；否=0	2 196	0.782	0.413

续表

变量	变量定义	样本量	均值	标准差
工具变量	2013 年 村 级 快递服务点 （个）	2 111	0.245	0.586

3. 模 型 选 择

（1）Probit 模型和 Cloglog 模型。

农户是否选择扩大经营规模是一个二元选择行为，每一个农户都是在综合衡量各种影响因素的基础上作出最佳选择，这是一个典型的二元决策问题。因此，本部分运用二元 Probit 模型分析农户是否选择扩大经营规模及其影响因素。模型设定如下：

$$P = F(Expand = 1 \mid X) = \frac{1}{1 + e^{-y}} \tag{7-11}$$

$$Expand_i = \beta_0 + \beta_1 internet_i + \gamma z_i + \delta region_i + \varepsilon_i \tag{7-12}$$

其中，$Expand_i$ 表示农户是否选择扩大经营规模，$Expand_i = 1$ 时，农户选择扩大经营规模，$Expand_i = 0$ 时，农户不选择扩大经营规模，p 为农户选择扩大经营规模的概率，$internet_i$ 为互联网使用，β_1 为系数，z_i 为控制变量，包括年龄、教育程度、健康状况、是否培训、劳动力数、风险偏好、经营面积、地块数、政策认知、家庭收入、补贴、非农收入占比、贫困村、经济水平和水源保障，γ 为控制变量系数，$region_i$ 为地区虚拟变量 $Expand_i$，δ 为地区虚拟变量系数。

由于样本中选择扩大经营规模的样本较少，运用 Probit 模型可能会导致"稀有事件偏差"（陈强，2014），借鉴普冀喆和郑凤田（2016）的做法，运用"补对数模型（complementary log-log model）"来纠正潜在偏差，具体模型如下：

$$P = F(Expand_i = 1 \mid X) = F(\boldsymbol{X}, \boldsymbol{\beta}) = 1 - \exp\{-e^{x'\beta}\} \tag{7-13}$$

P 为事件发生概率，$\boldsymbol{x}'\boldsymbol{\beta} = \ln[-\ln(1-p)]$，即对发生概率 p 的补数（complement，$1-p$）再次取对数。$\boldsymbol{X}$ 为包括核心自变量、控制变量以及地区虚拟变量，$\boldsymbol{\beta}$ 为相关系数。

（2）倾向得分匹配法（propensity score matching，PSM）。

考虑到农户互联网使用并非都满足抽样的随机性，而是存在"自选择"，即农户选择互联网使用之前初始条件（主要指农户的年龄、受教育程度和劳动力数等）存在系统差异，而直接回归可能会存在选择性偏误。因此，本章通过倾向匹配法（propensity score matching，PSM）通过构造反事实来解决上述问题：

第一，运用 Logit 模型来估计农户互联网使用的概率，估计倾向得分值，如式（7-14）所示：

$$P(x) = F(Expand_i = 1 \mid X) = \frac{1}{1 + e^{-y}} \tag{7-14}$$

第二，运用邻近匹配、核匹配、局部线性匹配、半径匹配和马氏匹配方法获得处理组（treatment group）和控制组（control group），从而消除自选择问题。

第三，根据上述获得的匹配样本，比较处理组和控制组农户是否扩大经营规模的平均差异，即平均处理效应（average treatment effection treated，ATT）。

$$ATT = E\big[(Y_1 - Y_0) \mid D = 1\big] = E\big\{E\big[(Y_1 - Y_0) \mid D = 1\big], P(X)\big\} \tag{7-15}$$

如式（7-15）所示，D 为 0、1 的二分变量，即 $D=1$ 表示处理组，$D=0$ 为控制组，$P(x)$ 为倾向得分值，Y_1 和 Y_0 分别为大农户和小农户的估计结果。

（3）处理效应模型。

由于互联网使用并非满足抽样的随机性，故可能存在样本"自选择"的问题。为此，运用马德拉（Maddala，1986）提出的处理效应模型，基于不可观测变量来进行样本匹配。具体公式如下：

$$Expand_i^* = \beta_0 + \beta_1 internet_i + \gamma z_i + \delta region_i + \varepsilon_i \tag{7-16}$$

$$Expand_i^* = \alpha_0 + \alpha_1 s_i + \mu_i \tag{7-17}$$

其中，式（7-17）为处理方程，$Expand_i^*$ 为潜变量，当 $Irrigation_i^*$ 大于 0 时，$Straw_i$ 为 1，反之则为 0，s_i 中至少有一个变量不在 z_i 中，在 s_i 中加入新变量"村庄离最近公路干线（省道或高速公路入口）的距离（千米），取对数"两个变量。

假设扰动项 ε_i、μ_i 的协方差为 0，其服从二维正态分布，具体形式如下：

$$\begin{pmatrix} \varepsilon_i \\ \mu_i \end{pmatrix} \sim N\left[\begin{pmatrix} 0 \\ 0 \end{pmatrix}, \begin{pmatrix} \sigma_\varepsilon^2 & \rho\sigma_\varepsilon \\ \rho\sigma_\varepsilon & 1 \end{pmatrix}\right] \tag{7-18}$$

其中，ρ 为（ε_i，μ_i）的相关系数，μ_i 的方差标准化为 1，如果 $\rho \neq 0$ 说明模型存在内生性，$\rho = 0$ 则不存在内生性。

（4）IV – Probit 模型。

由于核心自变量可能存在内生性问题，本部分选择 IV – Probit 模型，具体模型设定如下：

$$Expand_i^* = \beta_1 internet_i + \gamma z_i + \delta region_i + \mu_i \tag{7-19}$$

$$internet_i = \omega_1 computer2013_i + \theta z_i + \delta region_i + \upsilon_i \tag{7-20}$$

$$Expand_i = 1(Expand_{1i}^* > 0) \tag{7-21}$$

其中，$Expand_i^*$ 为农户是否扩大经营规模的潜变量，$Straw_i$ 为农户是否扩大经营规模的虚拟变量，$internet_i$ 为内生变量，z_i 为外生变量，$computer2013_i$ 为工具变量，式（7-4）为"结构方程"，式（7-5）为"简化式方程"。

假设扰动项 μ_i 和 υ_i 的期望为 0，服从二维正态分布，具体形式如下：

$$\begin{pmatrix} \mu_i \\ \upsilon_i \end{pmatrix} \sim N\left[\begin{pmatrix} 0 \\ 0 \end{pmatrix}, \begin{pmatrix} 1 & \rho\sigma_\upsilon \\ \rho\sigma_\upsilon & \sigma_\varepsilon^2 \end{pmatrix}\right] \tag{7-22}$$

其中，ρ 为 μ_i 和 υ_i 的相关系数，如果 $\rho = 0$ 则不存在内生性，$\rho \neq 0$ 则存在内生性。

（三）实证结果与分析

本章主要目的是探讨互联网使用对农户扩大经营规模积极性的影响。首先，运用 Probit 模型和 Cloglog 模型做基准回归；其次，探讨互联网使用对农户扩大经营规模积极性影响的异质性；再次，考虑到内生性和"自选择"问题，运用工具变量法、PSM 和处理效应模型进行解决；最后，通过变量调整、样本调整和模型调整来做稳健性检验。

1. 基准回归

在回归之前首先进行多重共线性检验，方差膨胀因子（VIF）为 1.36，说明不存在多重共线性问题。回归结果如表 7-12 所示，Probit 模型和 Cloglog 模型的第（1）列只控制核心自变量——互联网使用，第（2）列增加控制变量，第（3）列进一步增加地区虚拟变量，通过比较分析发现，无论是 Probit 模型还是 Cloglog 模型，互联网使用的系数都显著为正，说明互联网使用能够显著提升农户扩大经营规模积极性。对比两个模型中互联网使用的系数发现，Cloglog 模型系数比 Probit 模型大，说明在纠正可能的"稀有事件偏差"后，互联网使用对农户扩大经营规模积极性的影响更大。

表 7 – 12　　　　　互联网使用对农户扩大经营规模积极性的影响

变量	Probit 模型			Cloglog 模型		
	（1）	（2）	（3）	（1）	（2）	（3）
互联网使用	0. 449 *** (0. 0801)	0. 175 ** (0. 0874)	0. 176 ** (0. 0874)	0. 751 *** (0. 126)	0. 298 ** (0. 137)	0. 302 ** (0. 137)
年龄		− 0. 0184 *** (0. 00372)	− 0. 0184 *** (0. 00375)		− 0. 0304 *** (0. 00616)	− 0. 0306 *** (0. 00617)
教育程度		− 9. 35e − 05 (0. 0434)	0. 00396 (0. 0440)		0. 00407 (0. 0725)	0. 00647 (0. 0733)
健康状况		− 0. 198 *** (0. 0746)	− 0. 190 ** (0. 0747)		− 0. 375 *** (0. 137)	− 0. 357 *** (0. 138)
培训		0. 212 ** (0. 0834)	0. 212 ** (0. 0847)		0. 386 *** (0. 133)	0. 381 *** (0. 138)
劳动力数		0. 0784 ** (0. 0392)	0. 0792 ** (0. 0392)		0. 150 ** (0. 0668)	0. 149 ** (0. 0672)
风险偏好		0. 0685 (0. 0524)	0. 0624 (0. 0529)		0. 111 (0. 0829)	0. 108 (0. 0831)
经营规模		0. 189 *** (0. 0458)	0. 187 *** (0. 0504)		0. 318 *** (0. 0799)	0. 321 *** (0. 0893)
地块数		− 0. 000737 (0. 00220)	− 0. 000790 (0. 00217)		− 0. 00229 (0. 00182)	− 0. 00228 (0. 00186)
家庭收入		0. 0354 (0. 0391)	0. 0406 (0. 0400)		0. 0235 (0. 0696)	0. 0288 (0. 0728)

续表

变量	Probit 模型			Cloglog 模型		
	(1)	(2)	(3)	(1)	(2)	(3)
农业补贴		0.0192 (0.0148)	0.0176 (0.0150)		0.0233 (0.0239)	0.0207 (0.0247)
非农收入占比		−0.182 (0.126)	−0.175 (0.129)		−0.298 (0.221)	−0.278 (0.228)
贫困村		0.230*** (0.0883)	0.239*** (0.0896)		0.342** (0.144)	0.364** (0.147)
经济水平		−0.0881** (0.0409)	−0.0936** (0.0412)		−0.138** (0.0681)	−0.148** (0.0691)
水源保障		0.141 (0.0942)	0.152 (0.0946)		0.181 (0.165)	0.191 (0.165)
地区变量			是			是
Constant	−1.328*** (0.0659)	−1.014** (0.493)	−1.099** (0.504)	−2.131*** (0.0709)	−1.416* (0.811)	−1.490* (0.837)
Pseudo R²/LR	0.0283	0.1216	0.1225	−844.7775	−755.4864	−754.9916
N	2 196	2 196	2 196	2 196	2 196	2 196

注：（1）括号内为稳健标准误；（2）***、**、*分别表示在1%、5%、10%的水平上显著；（3）Probit 模型为 Pseudo R^2，Cloglog 模型为 LR 检验。

从控制变量上来看，随着年龄的增加，农户扩大经营规模积极性降低。健康状况越差，农户越不愿意扩大经营规模。是否培训过系数显著为正，说明培训农户更愿意扩大经营规模。家庭劳动力数越多农户越愿意扩大经营规模。经营规模系数显著为正，说明规模越大越愿意扩大规模。贫困村农户更愿意扩大经营规模。经济发展水平越低村庄，农户扩大经营规模积极性越低。

2. 异质性分析

上述仅分析了互联网使用对农户扩大经营规模积极性影响的平均效应，而未考虑农户和地区的内部差异，本章从教育程度、风险偏好、是否贫困村以及地区差异四个方面探讨互联网使用对农户扩大经营规模积极性的异质性影响（见表7-13）。

表7-13 基于农户和村庄特征的异质性分析

变量	教育程度		风险偏好		是否贫困村	
	低教育程度农户	高教育程度农户	低风险偏好农户	高风险偏好农户	贫困村	非贫困村
互联网使用	0.218 ** (0.101)	0.178 (0.179)	0.0578 (0.124)	0.303 ** (0.129)	0.0438 (0.175)	0.199 * (0.113)
控制变量	是	是	是	是	是	是
地区变量	是	是	是	是	是	是
Constant	-1.317 ** (0.572)	-0.819 (1.398)	-1.100 (0.714)	-0.896 (0.812)	1.762 (1.114)	-1.942 *** (0.635)
Pseudo R^2	0.1188	0.1706	0.1157	0.1325	0.1629	0.1313
N	1 821	375	1 416	780	548	1 648

注：（1）括号内数字为稳健标准误；（2）***、**、*分别表示在1%、5%、10%的水平上显著；（3）Probit模型为Pseudo R^2，Cloglog模型为LR检验。

从教育程度上来看，考虑到目前农户普遍受教育程度较低，因此把初中及以下农户归为低教育程度者，高中及以上归为高教育程度者。互联网使用在低教育程度农户中系数显著为正，可能原因是低教育程度农户本身接触外界信息较少，互联网使用能够大大提高其信息获取能力，进而影响其扩大经营规模积极性。

从风险偏好上来看，考虑到目前风险偏好型农户较少，故把风险保守型农户归为低风险偏好型农户，风险中立和风险偏好型农户归为高风险偏好型农户。互联网使用在高风险偏好农户中系数显著为正，可能原因是高风险偏好型农户更愿意风险较大地投资，互联网使用使农户获得更多农业信息，进而激发其扩大经营规模积极性。

从地区特征上来看，考虑到地区经济和自然条件差异，本章分别对东部、中部、西部和东北地区样本进行回归，如表7-14所示。可以看出，互联网使用只在西部地区显著为正，可能原因是西部地区经济较为落后，且地广人稀，互联网使用能使农户获得更多农业信息，激发其扩大经营规模积极性。

表 7 – 14   基于地区特征的异质性分析

变量	地区分布			
	东部	中部	西部	东北地区
互联网使用	0. 228 (0. 200)	0. 124 (0. 164)	0. 388 * (0. 203)	– 0. 0522 (0. 235)
控制变量	是	是	是	是
Constant	– 3. 618 *** (1. 133)	0. 143 (0. 929)	1. 503 (1. 071)	– 4. 211 *** (1. 611)
Pseudo R^2	0. 1937	0. 1505	0. 1558	0. 1724
N	692	715	466	323

注：（1）括号内为稳健标准误；（2）***、**、*分别表示在 1%、5%、10% 的水平上显著；（3）Probit 模型为 Pseudo R^2，Cloglog 模型为 LR 检验。

3. 内生性问题

上述分析虽然表明互联网使用能够显著提升农户扩大经营规模积极性，但是未考虑到农户联网使用的内生性问题。一方面，农业扩大经营规模积极性越高，可能越愿意运用互联网获取农业信息，说明存在反向因果关系；另一方面，农户是否选择运用互联网获取农业信息并非满足完全随机，而是存在"自选择"，直接回归可能会导致选择性偏误。为此，运用工具变量法和 PSM 来解决互联网使用的内生性和"自选择"问题。

（1）工具变量法。

互联网是否真正存在内生性问题需要通过检验，从表 7 – 15 可知，外生性 Wald 检验在 5% 水平上显著，拒绝互联网使用变量外生性的假设，说明互联网使用变量存在内生性。本章选择"2013 年村级快递服务点"作为工具变量，从相关性来看，2013 年村级快递服务点越多，说明当时村庄信息化发育程度越高，进而影响农户互联网使用情况。而"2013 年村级快递服务点"是否满足工具变量条件需要经过弱工具变量检验。表 7 – 15 可以看出，弱工具变量 AR 检验在 1% 水平上显著，拒绝弱工具变量的假设。

表7-15   工具变量法的回归结果

变量	IV - Probit
互联网使用	2. 683 *** (0. 0612)
控制变量	是
地区	是
Constant	1. 022 (0. 4474)
N	2 111
外生性 Wald 检验	4. 54 ***
弱工具变量 AR 检验	8. 78 ***

注：（1）括号内数字为稳健标准误；（2） *** 表示在 1% 的水平上显著；（3）Probit 模型为 Pseudo R^2，Cloglog 模型为 LR 检验。

如表 7 - 15 所示，工具变量回归结果表明，互联网使用的系数在 1% 水平上显著为正，说明互联网对提升农户扩大经营规模积极性具有显著正影响，这也进一步验证了上述结论。对比系数来看，解决内生性后互联网使用系数显著高于基准回归模型，说明互联网使用对农户扩大经营规模积极性影响更大。

（2）倾向得分匹配。

工具变量法可以解决反向因果等内生性问题，但是，农户是否选择使用互联网存在"自选择"问题，可进一步运用倾向得分匹配法来解决上述问题。如表 7 - 16 所示，运用邻近匹配、核匹配、半径匹配和马氏匹配方法获得使用互联网农户和未使用互联网农户（处理组和控制组）的平均处理效应（ATT），除一对一匹配 ATT 的系数为正但不显著，其它匹配方法中 ATT 系数都在 10% 水平上显著，说明相对于未使用互联网获取农业信息农户，互联网使用农户选择扩大经营规模的积极性更高。

表 7-16   PSM 回归结果

匹配方法	处理组	控制组	ATT	标准误	t 值
一对一匹配	0.219	0.185	0.034	0.031	1.08
4 邻近匹配	0.219	0.174	0.045	0.025	1.78
核匹配	0.219	0.172	0.047	0.023	2.05
半径匹配	0.219	0.171	0.047	0.023	2.07
马氏匹配	0.222	0.164	0.059	0.027	2.18

注：核匹配宽带选择默认值。

（3）处理效应模型。

本章采用两步法（Two-step）进行估计，具体结果如表 7-17 所示。可以看出，Two-step 的 hazard-lambda 检验（λ）在 5% 水平上显著，说明处理效应模型显著优于二元 Probit 模型。互联网使用系数显著为正，这说明互联网使用能够显著提升农户扩大经营规模积极性，这也验证了基准回归结论。

表 7-17   处理效应模型结果

变量	Two-step
互联网使用	0.255 ** (0.1012)
控制变量	控制
省份	控制
hazard-lambda	-0.125 ** (0.0581)
Wald	461.93 ***
Observations	2 179

注：（1）括号内为稳健标准误；（2）***、** 分别表示在 1%、5% 的水平上显著；（3）Probit 模型为 Pseudo R^2，Cloglog 模型为 LR 检验。

4. 稳健性检验

为使结果更加稳健、可靠，本章进一步通过变量调整、样本调整和模型调整来做稳健性检验，如表7-18至表7-20所示。

表7-18 替换核心自变量的稳健性检验

变量	农户扩大经营规模积极性	
	（1）	（2）
是否通过网络发布销售信息	1.955 *** (0.166)	
网络购买支出		2.018 *** (0.0933)
控制变量	控制	控制
省份	控制	控制
Constant	-2.815 *** (1.079)	-1.688 *** (0.512)
N	2 007	2 196

注：（1）"是否网络发布销售信息"样本缺失，最终回归样本为分别为2 007个；（2）括号内为稳健标准误，*** 表示在1%的水平上显著；（3）Probit模型为Pseudo R^2，Cloglog模型为LR检验。

表7-19 替换样本的稳健性检验

变量	年龄小于50的样本	剔除东北（吉林、辽宁和黑龙江）样本
互联网使用	0.364 *** (0.120)	0.274 *** (0.100)
控制变量	是	是
省份	是	是
Constant	-1.166 (0.778)	-0.833 (0.537)
Pseudo R^2	0.1337	0.1244
N	845	1 873

注：（1）括号内数字为稳健标准误；（2）*** 表示在1%的水平上显著；（3）Probit模型为Pseudo R^2，Cloglog模型为LR检验。

表 7 - 20   替换模型的稳健性检验

变量	Logit 模型		
	（1）	（2）	（3）
互联网使用	0. 820 *** （0. 140）	0. 324 ** （0. 157）	0. 326 ** （0. 157）
控制变量		是	是
省份			是
Constant	- 2. 071 *** （0. 0752）	- 1. 484 （0. 907）	- 1. 588 * （0. 930）
Pseudo R²	0. 0186	0. 1222	0. 1229
N	2 196	2 196	2 196

注：（1）括号内数字为稳健标准误；（2）*** 、** 、* 分别表示在1%、5%、10%的水平上显著；（3）Probit 模型为 Pseudo R²，Cloglog 模型为 LR 检验。

变量调整。一般来说，农户通过网络发布销售信息其互联网使用频率会高，同样，网络购买支出越高其互联网使用频率也会越高，因此，"是否通过网络发布销售信息"和"网络购买支出"与其互联网使用相关，故用这两个变量来替代核心变量"互联网使用"。如表 7 - 18 所示，"是否通过网络发布销售信息"和"网络购买支出"的系数均显著为正，验证了上述结论。

样本调整。由于中国未来农业需要更多年轻劳动力参，而考虑到调研样本中农户年龄普遍较大，故删除 50 岁及以上农户样本，如表 7 - 19 所示，互联网使用的系数显著为正。由于东北地区农业生产条件和国家农业战略定位与其他地区存在较大差别，故剔除东北地区样本，结果显示，互联网使用的系数依然显著为正。

模型调整。进一步运用 Logit 模型进行回归，如表 7 - 20 所示，互联网使用系数显著为正，进一步验证了结论的稳健性。

第三节 结论与政策建议

（一）结论

基于 Probit 模型、Cloglog 模型、IV - Probit 模型和倾向得分匹配法分析培训对农户扩大农地规模意愿的影响。主要结论有：第一，培训能够显著提升农户扩大农地规模意愿，纠正"稀有事件偏差"后，结论依然成立且系数显著提高。第二，异质性分析表明，培训对大规模农户和高教育程度农户的影响更大；对于高收入农户以及中部和东北地区农户具有显著正向影响，而对低收入农户以及东部和西部地区农户的影响不明显。第三，考虑到培训的内生性，运用"邻里培训水平"作为工具变量，并且在运用 PSM 解决培训的"自选择"问题后结论依然成立。第四，通过样本调整和模型调整后，培训对农户扩大农地规模意愿的影响仍然显著为正。第五，扩展性分析显示，培训能够显著提高农户计划经营规模。

基于 Probit 模型、Cloglog 模型、PSM 和处理效应模型分析互联网使用对农户扩大规模积极性的影响。研究发现：互联网使用对农户扩大规模积极性具有显著正影响，在纠正"稀有事件偏差"后互联网使用的系数依然为正且显著变大，一系列稳健性检验后结论依然成立。异质性分析显示，在低教育程度农户、高风险偏好农户、非贫困村农户以及西部地区农户中，互联网使用的系数显著为正。

（二）政策建议

根据上述分析，本章得出以下政策建议：第一，强化农户培训力度。从调研数据来看，目前培训农户占总农户的 22%，说明大部分农户并未接受培训。因此，应把培训作为基层政府的一项重要绩效考核指标，推动培训的普及力度。同时，在每个村或乡镇树立典型案例，让农民看到培训所带来的实实在在的益处，从而激发农户参加培训的内生动力。第二，着重关注新型经营主体的现实需求。由基准回归结果可知，相对于小农户，生产大户和家庭农场主扩大经营规模意愿更强，因此，应重点关注和了解其现实困境与需求，进而制定有针对性的培训方案。第三，加快推进农村互联网建设。缩小农村"数字鸿沟"对推进农业规模化经营具有重要意义。国家要从政策、法律、资金和人才等方面构建农村互联网建设的保障机制，对于互联网使用农户进行适当的补贴，降低农村互联网使用费用。加快形成农业发展大数据，促进农业与互联网深度融合。第四，提高农户互联网应用能力。调研中发现，许多农户安装有互联网或者拥有智能手机但却不会应用。因此，政府应该加大对农户互联网应用能力的培训，由于农村都是熟人社会，可以把培训服务外包给合作社或者家庭农场，通过示范和培训来提高普通农户互联网应用能力。第五，政策制定要具有一定弹性，因地制宜、因人而异。政策制定应考虑农户和地区差异，对于不同经营规模、收入水平、教育程度的农户，培训和互联网使用对其扩大农地规模意愿的效应也不同，因此，在培训过程中应根据不同类型农户的特征采取不同的策略，根据地区资源禀赋来调整培训内容和培训方式。

第 八 章

农业规模化经营中农户差异化需求

　　了解农户现实需求是政策制定和实施的前提。农户作为农业生产经营主体呈现出明显的异质性,其中,最为明显的是经营规模(小农户和规模化经营者)和经营类型(种植作物类型)。对于不同类型农户,由于其资源禀赋差异而呈现不同的行为逻辑,因此,在实现农业现代化过程中,不能笼统地或不加区分地制定或实施推动农户发展的适应性策略,必须针对不同类型农户特征制定和实施有针对性的政策和措施。那么,不同类型农户的农业生产逻辑是什么,其在农业生产中究竟有什么需求?

　　学者从不同视角分析农户的异质性,并分析异质性农户的行为差异,何安华等(2014)认为,农户异质性表现为是否流转土地和是否加入合作社,发现租地农户培训的期望次数是不租入土地农户的 1.04 倍,加入合作社农户是不加入农户的 2.11 倍。赵丹丹等(2020)根据农户非农就业情况,将其分为纯农户、Ⅰ类兼业户和Ⅱ类兼业户,与纯农户相比,Ⅰ类兼倾向于选择资本投入型耕地保护技术。进一步从经营规模视角来看,林乐芬和沈一妮(2015)探讨新型农业经营主体与小农户对农地抵押贷款的相应意愿,发现小农户是否参与更侧重人际关系、借贷耗费的成本、个体禀赋等因素,而规模农户更侧重于经营规模和土地流转等因素。张瑞娟和高鸣(2018)发现 10 亩及以下小农户的粮食生产技术效率高于 10 ~ 100 亩的种粮主体,100 亩及以上种粮大户的技术效率明显高于 100 亩以下的种粮主体。

　　已经研究开始关注农户的规模差异,但缺乏对农户的进一步细分,即往往忽视农户最基本的生产特征——种植经济作物或者粮食作物。一般来说,经济作物和粮食作物在利润、劳动力、市场等方面具有显著差异。对于小农户，由于种植作物不同，农业收入占家庭总收入的比重、技术采纳行为、政府补贴效应等有很大差异。而且在农业生产过程中呈现较大的差异化需求，如种植经济作物的小农户对资金和劳动力的需求比种植粮食作物的小农户更强。而当前许多研究在分析小农户弊端时，多是经济作物小农户的弊端，如资金需求大、市场风险高、劳动力短缺等，而对于如何实现小农户与现代农业衔接时，往往提出针对粮食作物小农户的政策建议，如加强农业社会化服务等（江永红和杨春，2024；陈义媛，2024）。因此，必须了解不同类型农户的农业生产逻辑及其需求，才能制定有效的促进小农户发展的政策（李铜山和周腾飞，2015；王亚华，2018；张煜杉等，2020；黄宗智，2024）。同样，对于大农户来说，种植经济作物和粮食作物其农业生产需求也不尽相同。在研究过程中如果不加区分地进行分析，可能会得到与实际不相符的结论。如对于绿色技术采纳行为的研究，如果不区分经济作物和粮食作物农户，可能得出农户采纳比例较高的结论，而现实中可能绿色技术（如有机肥、喷灌滴灌）更多是由经济作物农户采纳，在计量回归中分析收入、经营规模、农户特征等因素对绿色技术采纳的影响，但实际上很大程度上只是因为种植作物的差异。

基于此，本章从经营规模和种植作物两个维度对农户进行划分，构建农户分类矩阵，进而分析不同类型农户的农业生产逻辑及其差异化需求，以期为政策制定者提供参考依据。主要包括以下三方面内容：第一，构建农户分类矩阵，分析不同类型农户的生产逻辑，理清当前农户生产行为；第二，分析不同类型农户的差异化生产需求，并探讨其具体原因；第三，从动态视角分析四种类型农户的演化趋势。

第一节　农户分类矩阵构建

农户作为理性的经济人，根据自身的个人禀赋、家庭禀赋和社会网络条件来决定"种多少"和"种什么"的问题。本章运用类型学（Typology）分析方法，从经营规模和种植作物两个维度划分农户类型。具体来说，把种植作物大致分为粮食作物（小麦、玉米、水稻）和经济作物（蔬菜、瓜果、花卉、果品等）。而对于农户规模的划分，不同作物类型其规模也有差别，因此，在借鉴已有研究的基础上（许庆等，2011；高鸣，2017；廖媛红，2024），考虑到中国农业的现实情况，本章把种植粮食作物农户经营规模大小的临界值定为30亩，经济作物定为15亩。由于农业社会化服务市场发育比较成熟（排除机械化程度低的地方，如山区或落后地区等），经营规模小于30亩的粮食作物农户仍可以兼业，很少增加农业生产投资，而30亩以上的农户为了实现规模经济，降低生产成本，愿意增加机械投资，且其收入来源主要是农业，很少会从事非农工作。同样，对于经济作物的农户，15亩以下的其投资和雇工较少，而15亩以上的则投资和雇工需求较多[①]。在实践中，许多农户会选择多元化种植，即由于粮食作物具有稳定的预期收益，而经济作物的风险较大，农户为了降低风险，会同时种植经济作物和粮食作物。如表8-1所示，农户大致可以分为粮食作物种植小户、粮食作物种植大户、经济作物种植小户、经济作物种植大户、粮食+经济作物种植小户和粮食+经济作物种植大户六种类型，其中，前四种类型农户种植单一农作物，后两种类型农户同时种植粮食作物和经济作物。由于粮食+经济作物种植小户和粮食+经济作物种植大户同时具有粮食作物和经济作物种植户的特征（不考虑不同作物具体占比），其行为嵌入于种植单一农作物的农户之中，为了简化分析和避免重复，不对这两种类型进行单独分析。本章着重分析粮食作物种植小户、粮食作物种植大户、经济作物种植小户和经济作物种植大户四种类型[②]。其中，粮食作物种植小户是规模30亩及以下，粮食作物种植大户是规模30亩以上；经济作物种植小户是规模15亩及以下，经济作物种植大户为15亩以上。

表8-1   农户分类矩阵

项目		种植作物		
		粮食作物		经济作物
经营规模	小户	粮食作物种植小户	粮食+经济作物种植小户	经济作物种植小户
	大户	粮食作物种植大户	粮食+经济作物种植大户	经济作物种植大户

---

① 由于中国地域辽阔，每个地区的经济、社会、文化和自然条件差异很大，所以，准确的划分标准在各个地区可能存在很大差异。

② 不可否认，农户划分远远不止于从规模和作物两个维度划分，如可以从距离城市的远近、农户富裕程度等维度划分。

第二节　异质性农户的农业生产逻辑

根据上述农户类型，本节进一步探讨粮食作物种植小户、粮食作物种植大户、经济作物种植小户和经济作物种植大户四种类型农户的农业生产逻辑及其背后的机理。

（一）分工逻辑

根据分工理论，分工使劳动者的生产活动集中于较少的操作上，有利于提高劳动熟练程度、节省劳动时间、促进技术的发明与运用进而增进劳动生产力（亚当·斯密，2009）。对于四类农户，经营规模和种植作物影响其分工逻辑。对于粮食作物种植小户，由于其经营规模小，利润较低，单纯靠农业收入无法满足日益增加的生活成本，许多小农户主要从事非农就业，而目前社会发展也能够为农民工提供大量的就业机会。因此，农业收入占总收入的比重较低，土地对于其增收和保障功能不断下降。同时，由于粮食作物种植小户把更多时间投入到非农就业，绝大部分农户会选择把农业生产的部分或整个环节外包给专业的社会化服务组织或个人。农业生产环节的外包也是随着非农就业程度的增加而增多，如从最开始的收割环节→耕种环节→田间管理→运输环节。对于粮食作物种植大户，其经营规模比较大，农业收入是其家庭最主要的收入来源，为了降低生产成本，实现规模经济，往往会购买机器设备，如大型收割机、大型播种机等，同时也会为其他农户提供农业服务，因此，粮食作物种植大户往往也是农业社会化服务的供给者。对于经济作物种植小户，农业收入占总收入的比重较大。由于经济作物的许多生产环节无法实现机械化，整个生命周期都需要一定的劳动力，农户需要把大量的时间投入土地，很少有闲暇时间从事非农就业。同时，经济作物种植小户大部分生产环节由自己完成，在农忙季节也需要雇工。对于经济作物种植大户，农业收入是其全部收入，在农业生产的不同环节都需要雇佣工人，人工成本是其主要的成本，如调研的烟叶种植户，烟叶的种植、田间管理、收获等环节都雇佣大量的劳动力，雇工费用占总成本的40%左右。同时，其全部时间都投入在土地，没有闲暇时间从事非农就业。总体来看，对于种植粮食作物的小农户，土地的增收和保障功能下降，农业生产环节大量外包；而种植经济作物的小农户，土地具有较强的增收和保障功能，农业生产主要由自己完成。对于种植粮食作物的大农户，土地具有非常强的增收和保障功能，为了降低农业生产成本，农业生产交易内部化；种植经济作物的大农户，土地具有非常强的增收和保障功能，由于经济作物的机械化程度低，许多生产环节需要大量雇工。总之，不同的种植规模和农作物，其农业生产的分工逻辑不相同，土地对其增收和保障功能也不相同。

（二）配置逻辑

对于不同类型的农户，其在土地流转、农作物选择和农业生产投资方面存在显著的差别。对于粮食作物种植小户，绝大部分是在自有承包地耕种，不存在土地成本。由于其非农收入较高，因此，从事农业生产的机会成本比较高。但是，根据霍桑实验，人不仅是理性经济人，也是有情感、社交需求的社会人，由于当前耕种收机械化程度非常高，小农户农忙回家也成为一种"娱乐"或"休息"，可以说不存在机会成本。同时，由于粮食作物种植小户的收入来源主要是非农就业，其对农作物的要求是"去劳动化"，即选择种植机械化程度高、农业社会化服务市场发育成熟的农作物，如笔者调研的河南省许昌、平顶山地区，当地非农就业非常普遍，小农户普遍选择种植小麦和大豆。而且，由于土地收益比较低，加上粮食作物耕种收的各个环节均能找到相应的农业社会化服务组织或个人，粮食作物种植小户在农业生产设备方面几乎没有投资。对于粮食作物种植大户，其会转入一定规模的土地，相比于小农户会产生一定的土地成本。由于粮食作物的产量和价格比较稳定，为具有稳定的、可预期的收益，规模种植户会种植粮食作物。同时，为了降低生产成本，实现规模经济，粮食作物种植大户往往会投资购买大型机械设备，成为农业社会化服务供给者。对于经济作物种植小户，由于主要在自有承包地耕种，不存在土地成本。其在土地和外出务工两者选择时，认为种植经济作物能够获得更大收益，便选择种植经济作物。但是，考虑到资金和风险因素，没有进一步地扩大生产规模。由于经营规模较小，经济作物种植小户很少雇佣工人。同时，考虑到经济作物具有较大的利润空间，农户更有动力采纳一些成本较低的新技术、新设备，如有机肥、滴灌喷灌技术等。对于经济作物种植大户，其转入较多土地，会产生一定的土地成本。由于经济作物的机械化程度较低，需要雇佣大量的劳动力，但会提高人工成本。同时，经济作物的利润比较大，其更有动力去采纳一些绿色生产技术。此外，经济作物需要大量的投资，而经济作物种植大户一般是具有一定资金和实力的个人或组织。如笔者在浙江调研的合作社，具有一定的资金，均选择种植经济价值高的作物，如葡萄、蔬菜、杨梅等。对于经济价值高，资金实力雄厚的个人或者组织，其也会愿意增加农业投资，以调研的乐清虹达水果专业合作社为例，为使杨梅保持新鲜，合作社投资200多万元建设冷库。总体来看，粮食作物种植小户、粮食作物种植大户、经济作物种植小户在种植过程中较少雇佣工人，而经济作物种植大户需要雇佣大量劳动力，人工成本较高。由于粮食作物种植小户收入来源是非农收入，缺乏农业生产投资动力，而粮食作物种植大户、经济作物种植小户、经济作物种植大户的收入来源主要是农业收入，往往会增加农业生产投资。

（三）市场逻辑

许多学者提出，当前我国存在"小农户和大市场"的矛盾，小农户普遍存在信息滞后、讨价还价能力不足等问题，在大市场中处于弱势地位（颜廷武和王原雪，2013；柯炳生，2018；胡凌啸和王亚华，2022）。基于此，相关研究提出通过加强农民的组织化程度、"农超对接"或信息的有效供给来提高农户应对大市场的能力（许竹青等，2013；蔡荣，2017；曹光乔和吴萍，2023）。那么，现实中是否普遍存在"小农户和大市场"的矛盾？基于调研实践发现，对于四种类型的农户，其与市场的矛盾各不相同。

对于粮食作物种植小户，土地规模较小，农业收入占总收入的比重比较小，据统计，在全国农民可支配收入中，种植业家庭经营净收入占比下降到18.8%，即土地收入占农民总收入的1/5（叶兴庆，2018）。因此，其对农业收入不重视，没有动力去融入大市场。而且由于粮食作物尤其是小麦和水稻有国家最低收购价保障，农业价格波动对其影响甚微。在调研中发现，许多农户在小麦收割后，在田间地头直接销售，这样可以节省更多劳动时间从事非农就业。因此，粮食作物种植小户没有参与大市场的动力。对于粮食作物种植大户，农业收入是其最主要收入来源，由于经营规模较大，价格轻微波动也会对其总收入有影响较大，但是粮食作物价格有最低收购价保障，因此，粮食作物种植大户受市场政策的影响较大。对于经济作物种植小户，经济作物价格主要由市场供需决定。由于经营规模小，市场把握能力差，目前很多经济作物种植小户盲目跟风种植，最后往往受到市场波动的损害，存在"小农户和大市场"的矛盾。对于经济作物种植大户，其一般是家庭农场、合作社或者农业企业，资金实力雄厚，抵抗市场能力较强，而且经营者一般都是当地的精英，能够对市场做出一定的判断和预测。但是，由于其经营规模大，经济作物的价格市场变幻莫测，往往面临巨大的市场风险，存在与大市场的矛盾。调研中发现，当前许多经济作物种植大户种植有机或绿色农产品，其价格相对稳定。如温州市龙斯尔果蔬专业合作社，其产品质量比较好，销量也比较稳定。总体来看，粮食作物种植小户缺乏融入大市场的动力，粮食作物种植大户受市场政策的影响较大，经济作物种植小户和经济作物种植大户存在与大市场的矛盾。

第三节　异质性农户的差异化生产需求

由于不同类型农户农业生产逻辑不同，其在农业生产中对资金、技术、劳动力、市场、农业社会化服务、补贴、一二三产业融合等的需求也存在显著差异。

（一）粮食作物种植小户

粮食作物种植小户规模小、投入成本较低，非农就业收入较多，一般不存在资金缺口问题。目前农业比较收益越来越低，且呈现"副业化"状态，农户不会为增加较少收益而在土地上投入较多时间，缺乏技术采纳的动力（何秀荣，2018；胡凌啸和王亚华，2022）。对于粮食作物其价格基本稳定，即便是稍微波动对农户收入也影响甚微。目前国家实行农业支持保护政策的目的之一是支持耕地地力保护，而现实中粮食作物种植小户的补贴很少投入耕地地力保护上，正如黄季焜等（2011）的研究，除了农机补贴，其他所有补贴同农业生产脱钩，对粮食等主要农产品没有影响，对农民的增收有限，甚至抬高了地租，影响了农户的土地流转意愿（黄季焜，2018）。虽然一二三产业融合能够提高产品附加值，增加农民收入，但限于粮食作物种植小户的经营规模，其没有动力和需求来进行三产融合。由于粮食作物的机械化程度很高，农业社会化服务市场比较成熟，粮食作物种植小户的大部分甚至全部生产环节可以外包，农业社会化服务能够有效替代劳动力。因此，粮食作物种植小户对农业社会化服务需求和依赖非常大（高士然等，2020；曹光乔和吴萍，2023）。要解决粮食作物种植小户与现代农业有机衔接，需要提高农业社会化服务水平，而且，农业社会化服务组织可以有效地向小农户推广先进的生产技术。虽然目前农业生产的各个环节都有专业的社会化服务组织或个人，但社会化服务很多都是由个人提供，其机器设备更新换代、专业化服务能力有待提高，需要政府整合碎片化的农业社会化服务，提高其整体实力，从而降低农业生产成本。表 8 - 2 总结了这些特征。

表 8 - 2 粮食作物种植小户的需求

农户类型	需求项目	需求程度
粮食作物种植小户	资金	☆
	技术	☆
	劳动力	☆
	市场	☆
	农业社会化服务	☆ ☆ ☆
	补贴	☆
	一二三产业融合	☆

注：（1）本章把需求程度分为三个级别：需求较小和需求较大，分别用 ☆ 和 ☆ ☆ ☆ 来表示；（2）根据农户的农业生产实践，本章仅分析与农户利益息息相关的七个方面的需求。

（二）粮食作物种植大户

对于粮食作物种植大户，虽然粮食作物的生产成本相对较低，仍然需要大量的资金来购买农资、大型农业机械设备等，其资金需求程度很高。由于规模化经营可以实现规模经济，新型农业经营主体往往愿意进行农业投资，因此，对新型农业经营主体的补贴可以促进粮食作物种植大户农业生产投资（黄季焜等，2011）。当自身没有充足农业机械设备情况下，粮食作物种植大户农业生产的耕种收和田间管理环节对农业社会化服务需求非常大。同时，粮食作物种植大户受农产品价格波动比较大，但是农产品价格受到政府的宏观调控，农户对农产品市场的需求很高，却往往很难预测和判断市场。为了保证粮食作物种植大户的利益，需要保持农业政策的持续性、连贯性和透明性，一旦政策发生突变，粮食作物种植大户受害最大。例如 2016 年，东北许多农户基于前期玉米临储政策仍然选择种植玉米，但当年实行玉米目标价格改革，许多农户受到损失。此外，由于粮食作物的机械化程度非常高，机器能够有效替代劳动，不需要较多劳动力或者雇工等。而且对于粮食作物，去除土地租金后每亩的收益比较少，粮食作物种植大户本身是通过规模化种植来实现规模经济，再加上价格受政策调控，很少能够实现"优质优价"，因此，没有动力去采纳新技术，除非这项技术能够明显地降低成本。相比于花卉、茶叶、果树等经济作物，粮食作物的观赏价值和附加值都比较低，农产品主要卖给当地的粮食收购站或者企业。因此，粮食作物种植大户一二三产业融合需求一般，表 8-3 总结了这些特征。

表 8-3 粮食作物种植大户的需求

农户类型	需求项目	需求程度
粮食作物种植大户	资金	☆ ☆ ☆
	技术	☆
	劳动力	☆ ☆
	市场	☆ ☆ ☆
	农业社会化服务	☆ ☆ ☆
	补贴	☆ ☆ ☆
	一二三产业融合	☆ ☆

注：（1）本章把需求程度分为三个级别：需求较小、一般和需求较大，分别用☆、☆☆、☆☆☆来表示；（2）根据农户的农业生产实践，本章仅分析对农户利益息息相关的七个方面的需求。

（三）经济作物种植小户

对于经济作物种植小户，往往面临着非农就业和种植经济作物两种选择，选择种植经济作物是基于自身利益最大化的判断。由于经济作物市场价格波动千变万化，往往不能有效地把握市场，而且，经济作物种植小户的产品销售渠道有限（李铜山和周腾飞，2015；程鹏飞等，2023）。在现实中，由于经济作物种植小户在种植经济作物和非农就业两者之间比较容易切换，很多农户都因为经济作物价格不理想而很快转向非农就业。因此，经济作物种植小户对市场的需求程度非常高，迫切需要了解市场行情。基于此，政府可以通过互联网手段把农产品市场信息、价格走势和判断及时传递给农民，宣传和讲解当前农业政策。同时，政府可以作为小农户与市场的"牵线人"，通过与电商、合作社、超市和大型农贸市场的对接，扩宽小农户的市场销售渠道。此外，经济作物的投入相对比较大，其资金和补贴需求比粮食作物种植小户大。但经济作物的利润比较高，消费者对绿色蔬菜也愿意支付较高的价格，经济作物一般能实现"优质优价"（景娥，2023）。因此，政府补贴会促进经济作物种植小户的农业生产投资，其也会主动采纳一些投资较小、能够增质增效的技术。为了增加收入，经济作物种植小户可能会与合作社或企业等签订销售合同，对一二三产业融合也具有一定需求。由于经营规模小且是劳动密集型作物，经济作物种植小户一般是自有劳动力，雇工较少，对农业社会化服务需求一般总结为表8-4。

表8-4　　　　　　　　　经济作物种植小户的需求

农户类型	需求项目	需求程度
经济作物种植小户	资金	☆☆
	技术	☆☆
	劳动力	☆☆
	市场	☆☆☆
	农业社会化服务	☆
	补贴	☆☆
	一二三产业融合	☆☆

注：（1）本章把需求程度分为三个级别：需求较小、一般和需求较大，分别用☆、☆☆和☆☆☆来表示；（2）根据农户的农业生产实践，本章仅分析对农户利益息息相关的七个方面的需求。

（四）经济作物种植大户

对于经济作物种植大户，其属于资本和劳动密集型经营主体，农业投资较大，对资金需求程度高，补贴能够促进经济作物种植大户的农业生产积极性。为了提高农产品质量，降低生产成本，大户对新技术的需求程度也较高。同时，由于经济作物很多生产过程无法实现机械化，在农业生产过程中需要大量的劳动力，但是目前农村劳动力不管从数量还是质量上比较缺乏。如河南省调研的一种植大户，烟叶每亩投资 4 000 元，在农忙时存在劳动力短缺问题，雇佣的劳动力大部分都是 50～60 岁的女性。在对浙江合作社的访谈中，合作社社长也表达了对未来农业的担忧，"年轻人有想法，观念新，以后的种植都是靠科学，只靠以前的老办法、老经验是不行的"。而现在年轻人不愿做农业，合作社缺乏高素质人员。

由于经济作物种植大户规模较大，价格的轻微波动都会对其收益产生重要影响，其对市场需求非常大。因此，政府在及时传递农产品信息的同时，大力鼓励和支持其参与"农产品价格指数保险"或"农产品期货"等，以减少市场价格波动对经营者造成的损失。在一二三产业融合方面，由于经济作物（茶叶、花卉、果树等）具有很高的观赏价值，通过延长产业链可以提高其附加值。经济作物种植大户对一二三产业融合具有较强的需求，即希望通过对农产品的深加工和品牌化来提升农产品的附加值，而且通过旅游产业既带动消费，也宣传和扩大品牌的知名度。如温州能仁茶叶专业合作社，建有茶叶加工厂和能仁书院，吸引周边市民前来参观旅游。将茶行业、旅游和传统文化相融合，对于登门拜访的客户，传授茶文化，"能仁"牌茶叶享誉当地。由于三产融合投资和风险比较大，政府需要在政策、资金、人才和规划等方面给予大力扶持（见表 8-5）。

表 8-5 　　　　　　　　　　经济作物种植大户的需求

农户类型	需求项目	需求程度
经济作物种植大户	资金	☆☆☆
	技术	☆☆☆

续表

农户类型	需求项目	需求程度
经济作物种植大户	劳动力	☆ ☆ ☆
	市场	☆ ☆ ☆
	农业社会化服务	☆ ☆ ☆
	补贴	☆ ☆ ☆
	一二三产业融合	☆ ☆ ☆

注：（1）本章把需求程度分为三个级别：需求较小、一般和需求较大，分别用☆、☆☆和☆☆☆来表示；（2）根据农户的农业生产实践，本章仅分析与农户利益息息相关的七个方面的需求。

第四节　进一步讨论

根据上述分析可以看出，由于经营规模和种植农作物不同，四种类型农户的需求也不相同，如表8-6所示。对于小户来说，其规模小、投资较少，在非农就业和农业之间转换的交易成本很低，农业生产的各类需求也比较低。粮食作物小农户主要是非农就业，故对农业社会化服务要求很高。经济作物小农户的主要收入来源是农业，对农产品市场需求很大。对于大农户，其规模大、投资大，在非农就业和农业之间转换的交易成本较高，农业生产的各类需求也比较多。粮食作物大农户对资金、市场、补贴和农业社会化服务需求较高，由于机械化程度高和农业社会化服务完善，对劳动力需求不大。由于产品价值高，经济作物种植大户在资金、技术、劳动力、市场、农业社会化服务、补贴、一二三产业融合方面都有较大的需求。特别地，农业产业化经营一般偏好于上下游产业联系紧密、市场交换频率高的产品，种植经济作物的小农户由于规模小而缺乏一二三产业融合的动力，而规模化经济作物种植户为了获取更多的利润，有一定的实力和动力去延长产业链，增加产品附加值，实现一二三产业融合。

当前，土地增收功能和保障功能不断下降，要素功能不断彰显，适度规模化经营成为提高中国农业竞争力的重要途径（叶兴庆，2018；韩朝华，2023）。特别是随着城镇化的推进、非农就业机会的增多以及"农二代"对

表 8-6　　　　　　　　　　　四种类型农户需求

项目		种植作物	
		粮食作物	经济作物
经营规模	小户	粮食作物种植小户： 农业社会化服务	经济作物种植小户： 市场
	大户	粮食作物种植大户： 资金、市场、补贴和农业社会化服务	经济作物种植大户： 资金、技术、劳动力、市场、农业社会化服务、补贴、一二三产业融合

注：（1）对于粮食作物种植大户和经济作物种植大户来说，由于经济作物和粮食作物的管理、风险和利润不同，可能粮食作物种植大户为了增加收入，会种植一些经济作物，经济作物种植大户为了减少风险，会种植部分粮食作物；（2）这里未考虑小农户土地退出或者土地流转这种情形。

土地依赖和眷恋程度的降低和城市适应能力的增强，农户土地流转比例会越来越高，即小农户数量会不断减少。与此同时，在乡村振兴战略实施的背景下，国家不断完善和加大对新型农业经营主体的扶持政策，城市工商资本和乡村能人会越来越多地投资农业农村，新型农业经营主体的数量和规模会不断扩大。因此，种植粮食作物小农户转向规模化经营（向粮食作物种植大户或经济作物种植大户类型发展）。随着非农就业机会的增多，小农户基于经济作物和非农就业两者之间的风险比较，一般会选择非农就业，不考虑小农户从粮食作物种植向经济作物种植转移的情况。对于种植经济作物的小农户，随着消费者对农产品质量安全的重视，而其标准化生产成本较高，对市场把控能力相对较弱，这部分小农户有两种发展趋势：一种是扩大规模，实现规模化、标准化种植（向经济作物种植大户类型发展）；另一种是退出流转土地或者转向粮食作物，从事非农就业，具体如表 8-7 所示。值得注意的是，一方面，虽然未来小农户数量会减少，考虑到我国农业人口基数大的基本国情，小农户仍将是我国农业生产主要的经营方式，小农户与现代农业衔接问题仍是我国农业现代化的重要课题（郑秋芬和刘家成，2024）；另一方面，考虑到资本的逐利性，作为理性的经济人，规模化经营主体为了追逐更高的利润，可能会出现"非粮化""精英俘获""农民利益边缘化"等问题，这势必会影响粮食安全和损害小农户利用（吕运涛，2014；贺雪峰，2014；陈义媛，2023）。

表 8 - 7　　　　　　　　　四种类型农户的未来发展趋势

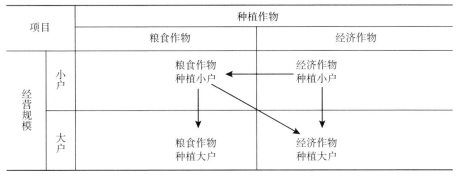

注：（1）对于粮食作物种植大户和经济作物种植大户来说，由于经济作物和粮食作物的管理、风险和利润不同，可能粮食作物种植大户为了增加收入，会种植一些经济作物，经济作物种植大户为了减少风险，会种植部分粮食作物；（2）这里未考虑小农户土地退出或者土地流转这种情形。

第五节　结论与政策建议

（一）结论

　　农户作为农业生产的主体，是乡村发展的建设者和受益者，其在乡村振兴中的主体地位不容忽视。要实现乡村振兴必须了解不同类型农户农业生产逻辑及其差异化需求。基于此，本章从经营规模和种植作物两个维度把农户分为粮食作物种植小户、粮食作物种植大户、经济作物种植小户和经济作物种植大户四种类型，构建农户分类矩阵。研究发现：农户农业生产逻辑包括分工逻辑：农业生产服务外包；配置逻辑：土地流转、农作物选择和农业生产投资；市场逻辑：市场融合度。对粮食作物种植小户，主要需求是农业社会化服务，对粮食作物种植大户，主要需求是资金、市场、补贴和农业社会化服务，对经济作物种植小户，主要需求是市场，对经济作物种植大户，主要需求是资金、技术、劳动力、市场、农业社会化服务、补贴、一二三产业融合。未来，种植粮食作物小农户转向规模化经营，种植经济作物小农户一种是扩大规模，实现规模化、标准化种植；另一种是退出流转土地或者转向粮食作物，从事非农就业。

（二） 政策建议

基于上述分析，本章从以下三个方面提出相关的政策建议：第一，政府要及时编制地区不同类型农户名录。要认识到农户异质性这一基本事实，摸清当地不同类型农户的数量和规模，以便充分掌握当地的农业生产情况。第二，政策制定要考虑不同类型农户生产需求的差异。如针对于粮食作物种植小户，要着重完善农业社会化服务，对于粮食作物种植大户，要着重解决其资金、市场、补贴和农业社会化服务方面的问题，对于经济作物种植小户，主要解决市场问题。第三，在培育和扶持规模化经营主体的同时，要对其行为加以规范和引导，防治"非粮化""精英俘获""农民利益边缘化"等问题，而且，需要注重保护小农户的利益。

第 九 章

农业规模化经营中农户土地退出

随着中国非农就业机会的增加，大量农村人口向城市转移，中国城镇化水平不断提高，改革开放四十多年以来，中国的城镇化率由 1978 年的 17.9% 提高到 2023 年底的 66.2%。[①] 城镇化必然导致进城农户与农村土地的"人地分离"，以及由此引发的土地资源在剩余农村人口中的再分配问题（谢冬水，2020）。一方面，市民化的农民继续占有农村土地，妨碍土地资源的优化配置，不利于农业现代化发展和乡村振兴战略的实施（王海娟，2022）；另一方面，在农村土地小块、分散占有的情况下，不同退地意愿农户的土地相互交叉，导致土地供给细碎化。因此，针对市民化农户建立行之有效的承包地退出机制，成为当前农村土地制度改革的重要内容。

尽管此前中国政府通过大力支持农村土地经营权流转制度部分解决了这一问题，但是，农村土地承包权和经营权分离的制度下，存在着"地租侵蚀农业经营利润"和"荒而不租"的双重困境（王萍等，2021）。针对这一难题，中国政府开始对农村土地承包经营权进行改革。2014 年，农业部将农村土地承包经营权退出作为第二批农村改革试验任务之一。2015 年，中共中央办公厅、国务院办公厅印发的《深化农村改革综合性实施方案》提出"在有条件的地方开展农民土地承包经营权有偿退出试点"。2016 年、2018 年中央一号文件《中共中央 国务院关于实施乡村振兴战略的意见》都提出"维护进城落户农民土地承包权、宅基地使用权、集体收益分配权，引导进城落户农民依法自愿有偿转让上述权益"。在此基础上，中国政府在

[①] 《中国统计年鉴 2024》。

2018 年新修订的《农村土地承包法》提出"承包期内，承包农户进城落户的，引导支持其按照自愿有偿原则依法在本集体经济组织内转让土地承包经营权或者将承包地交回发包方"，正式将承包地有偿退出制度上升到法律层面。随着改革的推进，试点改革成果暴露出一系列的问题。例如，承包地退出试点难以深入、试点范围有限、改革成果不具有可持续性、补偿金不足等（王海娟，2022）。

围绕中国农村承包地退出问题学术界主要有三种观点：第一种观点认为农民享有土地财产权利，应"带地进城"或"持股进城"（黄贻芳和钟涨宝，2014）。持有第一种观点的学者主要基于法理的角度强调农村承包地主体的权利，进而阐述承包地退出的理论和现实意义。张林山（2011）认为，应尊重农民的土地财产权利，由农民自己按照市场化办法来决定是否退出农村土地，鼓励农民"持股进城"。金励（2017）认为，农民是弱势群体，允许农民带地进城是对农民土地权益的保障。也有学者从学理的角度强调农民自由退出土地可以规避"土地流转困局"（王丽双等，2015；刘同山和孔祥智，2016）。但是，在实践中，"带地进城"也引发了农村土地退出的低效率和低公平问题（王海娟，2022）。第二种观点认为土地承包经营权是以集体经济组织成员身份为基础，因此应切断非农经营群体或具有城市户籍的农业转移人口与农村土地的联系（温铁军，2010；杜文骄和任大鹏，2011；张路雄，2012）。如果"离农、进城"农户继续保有农地，将成为在城镇定居但拥有农地的新时期"不在地主"（郭熙保，2014），其收取的农地租金，实质是城镇对农村财富的掠夺（Fei，2001）。第三种观点认为应保障农民的自由选择权和土地财产权，建立农村承包地依法自愿有偿的退出机制，这也是目前中国政府对承包地退出改革的主要思路（钟涨宝和聂建亮，2010；黄贻芳和钟涨宝，2014）。有偿退出是现实需求、制度反思和政策考量的综合结果（王丽双等，2015；高强和宋洪远，2017）。目前，承包地退出改革试点的制度方案主要分为"土地换现金"、"土地换股份"和"土地换社保"三种（何雄伟和杨志诚，2021）。满足了不同农户的退出需求，但是也面临退地补偿金不足、产业发展不确定等问题（丁延武等，2019）。承包地自愿有偿退出政策的本意是为了让不再依赖土地的农户把土地退出来，让仍然需要土地保障的农户继续保有土地，但实际结果却与政策目标偏离（邹一南，2022）。农民退出承包地的意愿非常低，土地保障功能、退地风险、补偿力度、政策设计等是农户不愿退出承包地的主要原因（罗必良，2013；刘同山和牛立腾，2014；王兆林等，2015；李荣耀和叶兴庆，2019）。中国农村承包地退出究竟应该采取何种政策仍处于摸索阶段，虽然有研究开始关注当前承包地退出试点的改革绩效问题，但均停留在研究有偿退出政策下不同制度方案的适配性方面，几乎没有对为何在有偿退出政策下农户仍不愿退出承包地问题和政府有偿退出政策的有效性问题的研究。此外，已有对中国农村承包地退出的研究多基于静态视角，鲜有从动态演化视角讨论政府和农户在农村承包地退出问题中的利益博弈。

事实上，在承包地退出过程中，政府和农户会根据自己以往的经验不断调整自己的策略，最终趋向于某一稳定状态，这是一个渐进的过程，演化博弈理论可以用来解释这一过程。史密斯和帕若斯（Smith and Price，1973）最早提出了演化博弈论的分析框架。目前，演化博弈理论已被应用于土地问题的研究（鲍海君等，2014；郭本海等，2015；谢荣见等，2022）。张卫国和易宇（2016）构建了政府和农民工的两方演化博弈模型，讨论农民工在放弃农村承包地和宅基地转入城市户口的过程中，农民工和政府策略影响因素及可能的均衡路径。林彤和宋戈（2018）基于演化博弈理论分析政府不干预条件下及政府干预条件下，影响农地流转主体策略选择的各项因素间相互作用机理。刘等（Liu et al.，2022）构建了三种政府惩罚机制下的演化博弈模型，讨论不同惩罚机制对农户退出宅基地的影响。尽管演化博弈理论可以用于分析多个参与者策略的动态演化过程，但是其基于期望效用计算参与者不同决策的收益存在一定偏差，前景理论为解释这类偏差行为提供了系统的理论框架（Dong et al.，2022）。前景理论被广泛运用于农村土地征用（Li et al.，2015）、宅基地流转（Kong et al.，2018；Li et al.，2021）和土地改革（Feng et al.，2014）等方面。庄晋财和齐佛云（2022）基于前景理论，通过构建宅基地退出补偿模型分析不同类型农户宅基地退出行为决策过程。吴宗法和詹泽雄（2014）基于前景理论的"价值函数"和"权重函数"分析个体失地价值感知和决策权重，提出对失地农民的补偿应关注其心理价值。

已有研究为本章提供了大量的理论基础，但存在以下不足：第一，已有研究更多运用演化博弈理论分析宅基地退出、土地征用等问题，较少运用在中国农村承包地退出的问题；第二，已有关于土地问题的演化博弈研究更多基于期望效用理论，没有结合前景理论分析博弈主体的风险决策。为填补这些研究空白，本章基于演化博弈理论和前景理论，构建政府与农户的两方博弈模型，对其决策行为和影响农户退出承包地的主要因素进行了深入研究。主要回答以下三个方面的问题：第一，政府有偿退出政策能有效促进农户退出承包地吗？第二，有偿退出政策下，阻碍农户退出的关键因素是什么？第三，由政府—农户组成的复制动态系统中的演化稳定状态（ESS）是什么？

通过解决以上问题，本章主要有以下研究贡献：第一，运用演化博弈理论，将政府和农户纳入同一复杂系统，研究中国农村承包地退出改革政策的有效性问题及农户不愿退出承包地的关键因素，为当前政策实施提供理论依据。第二，基于前景理论计算农户的预期效用，将农户的心理和风险因素纳入决策分析，可以有效提高农户承包地退出决策的科学性。

在开展分析之前，本章先对"市民化农户"和"土地退出"的概念进行说明。本章中的"市民化农户"是指已经获得城市制度化社会保障（无论是否落户）但仍然保留承包地的农民。与土地私有制国家退出土地所有权不同，中国的"土地退出"是指已经市民化的农民退出土地承包经营权，与土地乃至农村社会彻底脱离关系。

第一节　研究方法

（一）理论基础

1. 演化博弈理论

演化博弈理论将演化思想与博弈论相结合，运用生物学科的系统来研究整个经济社会。与经典博弈不同，演化博弈理论认为由于人的认知、感知和表达能力有限，参与者是有限理性而非完全理性（Tuyls and Nowé，2005）。演化博弈理论以群体为研究对象，认为在群体博弈中存在不同的选择，但是能获得更高利益的策略在博弈过程中将被更多的参与者采用，最终使群体稳定于某一状态（Adami et al. ，2016）。演化博弈的完整分析框架主要包括以下三个部分：参与者的收益矩阵、复制动态系统和演化稳定策略。

（1）收益矩阵。是指每个策略和自然状态组合的利润，是风险型决策方法中的一种。实际上就是计算每一个决策方案的期望值，并取期望值最大的方案作为最优决策方案。期望值的计算，是用决策方案自然状态下的收益值，与对应的概率相乘后再相加。

（2）复制动态系统。为考察整个系统的动态调整过程，泰勒和琼克（Taylor and Jonker，1978）提出复制动态方程（replicator dynamic，RD）。指对优势策略有简单模仿能力的，有限理性博弈方动态策略调整的一种机制，其核心是在群体中较成功的策略采用的个体会逐渐增加，可以用动态微分方程或微分方程组计算（Friedman，1998）。

（3）演化稳定策略。指在博弈过程中，有限理性的博弈玩家不可能一开始就找到最优策略及最优均衡点，因此，他们需要在博弈中不断学习、不断模仿和改进过去自己和别人的策略。经过一段时间的模仿和改错，所有博弈方都会趋于某个稳定的策略（Adami et al. ，2016）。

2. 前景理论

不同于经济学长期以来沿用的"理性人"假设，前景理论从人的心理特质、行为特征解释非理性因素对人为判断和决策的影响（Booij et al. ，2010；Barberis，2013）。该理论认为，由于个人对损益的参照点不同，会有不同的风险态度。对于政府和农户两类博弈群体而言，政府具有资金、信息和权力的绝对优势，可以假设为风险中性，其策略选择基于期望收益。但由于风险抵抗能力较弱，农户的行为往往难以用传统期望效用理论解释，前景理论为解释这类偏差行为提供了系统的理论框架。前景理论的核心是价值函数和决策权重函数，决策者的最终选择依据不同选择下的最终价值（V），由价值函数（v）和权重函数（w）决定，如式（9-1）和式（9-2）所示。

$$V = \sum w(pi)v(\Delta \prod_i) \tag{9-1}$$

$$v(\Delta \prod_i) = \begin{cases} (\Delta \prod_i)\alpha, & \Delta \prod_i \geqslant 0 \\ -\lambda(\Delta \prod_i)\alpha, & \Delta \prod_i < 0 \end{cases} \tag{9-2}$$

前景理论认为，在面对未来的风险选择时，人们通过一个价值函数来进行价值评估。价值函数 $v(\pi)$ 是用于测量人们相对于参照点的获得和损失的主观评价。这个函数有三个重要的性质，分别为参照依赖、损失厌恶和敏感性递减。参照依赖性质具体表现为人们在决策过程中获得的实际收益与参照点收益的离差 $\Delta\pi$。损失厌恶性质表明相较于收益，人们对损失更敏感，因此价值函数中的风险规避系数 $\lambda > 1$。敏感性递减意味着人们的财富距离参照水平越大，其价值的边际变化量越小。如式（9-2）所示，α 表示决策者对损益的敏感程度，$\alpha \in [0,1]$，α 值越大代表决策者越敏感。对于价值函数的形状，前景理论定性地指出：当结果为正收益时，收益函数为凹函数；当结果为负收益时，收益函数为凸函数。价值函数曲线如图 9-1 所示。

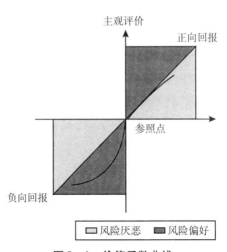

图 9-1 价值函数曲线

决定不同选择的另一个重要因素是每种结果的权重，前景理论中的决策权重函数是客观发生概率的非线性函数，具有以下特征：权重函数 $w(p_i)$ 是客观概率 p_i 的递增函数，且 $w(0)=0$，$w(1)=1$；人们通常高估低概率事件，低估高概率事件，而在中间阶段对概率的变化不敏感，即当概率 p_i 较小时，$w(p_i) > p_i$，当概率 p_i 较大时，$w(p_i) < p_i$。决策权重函数的曲线如图 9-2 所示。

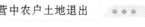

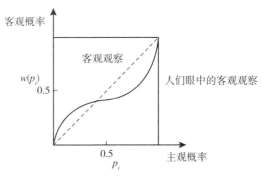

图 9 - 2　决策权重函数曲线

在中国农村承包地退出改革中，政府与农户的利益需求不同。对于农户，他们希望通过退出承包地获得更优越的生活条件；但对于政府而言，他们不仅希望农户的生活条件得到改善，而且希望提高承包地退出效率，实现土地供需双方资源的最优配置。当面临风险时，这些个体将实际效用与参考点的效用进行比较，最后根据比较结果做出决策。由于有限理性，政府和农户很难在承包地退出改革过程中找到最好的策略。相反，他们需要观察其他人的行为，然后做出选择。只有经过多次博弈之后，他们才能逐渐找到最好的策略。寻找最佳策略的过程符合进化博弈论的分析框架，因此该理论可用于研究承包地退出制度。

综上所述，前景理论与演化博弈理论均基于有限理性的前提，这两种理论的结合不仅可以反映政府和农户对不确定损益的决策心理，而且还可以动态地描述它们的战略选择过程。同时，结合仿真技术，可以可视化不同因素对其策略选择的影响。因此，在承包地退出制度改革中，利用前景理论和进化博弈论来研究政府和农户决策行为的变化和影响因素是合适的。

（二）理论框架

承包地退出过程中，不同博弈主体通过观察他人的行为不断变化其行为策略直至达到自身利益最大化的稳定状态。因此需要通过演化博弈模型来分析不同情景下农村承包地退出冲突中政府和农民之间的利益博弈关系。

政府作为承包地退出的政策制定者，通过实施不同的政策引导进城农户退出承包地以获得土地资源优化配置、社会经济发展的收益。在中国农村承包地的制度变革中，出现了两种承包地退出制度。一种是在城乡二元体制下，农民进城落户自动丧失集体成员资格和承包地，由村集体收回并重新分配，形成了组织化的承包地退出路径，实际上产生了一种承包地无偿退出制度（曲福田等，2021）。另一种是在 2018 年新修订的《农村土地承包法》的基础上，强调农民具有土地承包退出的自主权，形成了个体化承包地退出的路径，实际上产生了一种自愿有偿的承包地退出制度（范传棋等，2017）。农户作为承包地退出政策的主体，其策略选择不仅受政策的影响还要受自身心理因素和风险承受能力的影响。农村承包地具有以社会保障和失业保障为核心的保障功能（徐志刚等，2018；朱文珏和罗必良，2018），同时还承载着人们对农地的情感占有需要，包括农户的乡村社会网络关系和对"乡愁"的寄托。一般来说，农户是风险规避者，相较于政府，农户对损益的敏感程度更高，这意味着农户退出承包地的感知损失大于其退出的实际损失。在有偿退出承包地政策下，农户的退出行为还表现出对退地补偿金的风险偏好。对于已经转变为城市市民的农户来说，退地补偿金的吸引力有限（张晓星和赵军洁，2019）。一方面在城市扩张的背景下，农村土地升值空间越来越大，农民倾向于将土地作为财产保值（何雄伟和杨志诚，2021）；另一方面农户倾向于根据土地的市场交易价格来确定退地补偿金额，而现实中农村集体经济普遍"空壳化"，地方政府财政实力较弱，无力承担退地补偿金。根据前景理论，农户预期的退地补偿金额是实际退地补偿为农户带来的收益的参考点。当实际退地补偿金额低于预期补偿金额时，农户对政府的退地补偿感知价值是负收益；当实际退地补偿金额高于预期补偿金额时，农户对政府的退地补偿感知价值是正收益。此外，迁居城市的农户可以享受包括职业发展、子女教育、公共服务等城市户籍福利，同时节约耕种或管理成本。若农户将土地流转出去，还将产生对土地产权不稳定的担忧（董德坤等，2011）。

在初始阶段，由于正外部性和信息不对称性，政府和农户不合作。当政府实施个体化退出路径政策，而农户选择不退出承包地时，政府需要支付政策实施成本，而且无法获得经济社会效益，农户继续保留土地获得地租、土地保障和情感需要的收益，但需要付出土地管理成本和对地权不稳定的担忧的心理成本。在成本收益不均衡的情况下，政府会率先打破这一局面选择组织化退出路径政策。在这一政策环境下，想要获得城市户籍福利的农户必须放弃承包地的土地保障收益、地租收益和对土地的情感需要，且支付迁徙成本。如果进城后获得的城市户籍福利和城市工资收入能够抵消进城的损失，则越来越多的农户会学习和模仿这一策略，最终想要进城的农户都退出了承包地，实现政府和农户双赢的局面。如果进城后农户获得的收益低于其损失，则农户对这种退出政策感到不满，可能引起社会不稳定问题，政府将遭受由此带来的损失。在这种社会负面效应下，政府会改变策略选择实施个体化退出路径。在这一政策环境下，农户不用退出承包地也可以获得城市户口福利。如果农户退出承包地获得的退地补偿符合心理预期，则农户选择退出承包地，政府和农户实现双赢。如果农户对政府退地补偿的心理预期高于政府的补偿标准，则农户不会退出承包地。政府和农户将继续调整各自的策略直至达到稳定的均衡状态。

（三）模型假设

基于中国农村承包地退出现状，对演化博弈模型中政府和农民的成本和收益提出以下假设：

假设 1. 地方政府和农户都是有限理性的参与者，需要经过多重博弈才能做出最优策略。

假设 2. 在农村承包地退出实践中，地方政府可以选择实施组织化退出路径，也可以选择实施个体化退出路径。政府实施两种政策的概率分别为 x 和 $1-x$。农户在这一过程中可以选择退出承包地，也可以选择不退出承包地。农户退出承包地的概率为 y，不退出承包地的概率为 $1-y$。

假设 3. 根据前景理论，地方政府和农户对于确定的损失和收益不存在感知价值和实际效用之间的差异。但当损失和收益不确定时，感知价值和实际效用之间存在差异。

假设 4. 根据参照依赖理论，政府和农户依据各自的参照标准对发生事件进行评价，参照标准不同，获得的感知效用也不同。$\Delta \pi_i$ 表示事件 i 发生后，博弈方实际收益与参照点的损益离差，$\Delta \pi_i = \pi_i - \pi_0$，其中 π_0 表示博弈方在各种策略下的预期收益或损失。

（四）基于前景理论的收益矩阵

在承包地退出的研究中，由于地方政府和农户都有两种策略选择，因此有以下四种可能的策略组合：

（1）政府选择实施组织化退出路径，不对农户退出承包地的行为进行补偿，农户选择退出承包地会获得由城乡发展差异和户籍制度导致的制度性收益，包括个人职业发展、子女教育和公共服务等城市户口福利，为此农户要付出的代价是土地保障收益、土地流转获得的地租收益等，但严格的户籍制度可能导致农户被动放弃土地承包权而引发一系列社会问题，政府将承受由此带来的损失。由于农户退地的成本和收益都具有不确定性，因此使用前景理论价值函数进行衡量。农户和政府的收益分别用式（9-3）和式（9-4）表示。

$$U_{f1} = V_{11} + V_{12} - C_{f1} \qquad (9-3)$$

$$U_{g1} = E_g - C_{g1} \qquad (9-4)$$

其中，V_{11}表示农户城市工资收入的感知效用，$V_{11} = W(p_1)v(I_f - 0) + W(1 - p_1)v(0)$，$p_1$为农户拥有城市户口后在城市获得工作的概率，$I_f$表示农户的城市工资收入。$V_{12}$表示农户退地获得城市户口福利和失去土地保障收益、土地流转收益的感知损益，$V_{12} = W(1)v(W_f - L_f - R_f - Q_f) + W(0)v(0)$，$W_f$表示城市户口福利，$L_f$表示土地保障收益，$R_f$表示土地流转获得的地租收益，$Q_f$表示农户对农地的情感需求。$C_{f1}$表示城市迁徙成本，$E_g$表示政府获得土地资源优化配置、社会经济发展的收益。

（2）政府选择组织化退出路径，而农户不退出承包地时，农户外出务工可以获得工资收入，同时还能获得土地保障收益、土地流转收益等，但需要付出耕种或管理成本，包括耕种的经济投入、体力劳动投入和时间成本等。另外，如果农户将土地流转，需要与人签订短期或长期的土地租用合同，因此还会产生对地权不稳定的担心。此时，农户和政府的收益分别用式（9-5）和式（9-6）表示。

$$U_{f2} = V_{21} + V_{22} - V_{23} \qquad (9-5)$$

$$U_{g2} = -C_{g1} \qquad (9-6)$$

其中，V_{21}表示农户城市工资收入的感知效用，$V_{21} = W(p_2)v(I_f - 0) + W(1 -$

$p_2)v(0)$，p_2 为农户没有城市户口在城市获得工作的概率。V_{22} 表示农户获得土地保障收益、土地流转收益的感知效用，$V_{22} = W(1)v(L_f + R_f + Q_f) + W(0)v(0)$，$V_{23}$ 表示农户不退出承包地对耕种管理成本和担心土地产权不稳定的感知效用，$V_{23} = W(1)v(-C_{f2} - D_f) + W(0)v(0)$，$C_{f2}$ 表示耕种管理成本，D_f 表示对土地产权不稳定的担心的心理成本。

（3）政府选择个体化退出路径，需要对符合退出条件且自愿退出的农户一定的补偿，包括经济性补偿和保障性补偿。农户选择退出承包地可以获得政府的补偿，但同样需要付出失去土地保障收益、土地流转获得的地租收益的代价。此外，在政府有偿退出背景下，农户对退出承包地的经济补偿存在期待值，即政府经济补偿对农户的感知效用的参照点为农户期望的退出经济补偿。此时，农户和政府的收益分别用式（9-7）和式（9-8）表示。

$$U_{f3} = V_{11} + V_{12} + V_{31} + V_{32} - C_{f1} \qquad (9-7)$$

$$U_{g3} = E_g - J - T \qquad (9-8)$$

其中，V_{11} 和 V_{12} 的具体含义如上，V_{31} 表示农户对政府经济补偿的感知效用，$V_{31} = W(1)v(J - J_0) + W(0)v(0)$，$J$ 表示政府对农户的一次性经济补偿，J_0 表示农户理想的经济性补偿。V_{32} 表示农户对政府保障性补偿的感知效用，$V_{32} = W(1)v(T-0) + W(0)v(0)$，$T$ 表示政府对农户的保障性补偿。

（4）政府选择个体化退出路径，而农户选择不退出土地时，农户和政府的收益用式（9-9）和式（9-10）表示。

$$U_{f4} = V_{21} + V_{22} - V_{23} \qquad (9-9)$$

$$U_{g4} = 0 \qquad (9-10)$$

政府和农户基于前景理论的收益矩阵如表9-1所示。

表9-1　　　　　　　基于前景理论的进化博弈中双方博弈者的收益

项目		当地政府	
		组织化退出路径（x）	个体化退出路径（$1-x$）
农户	退出（y）	$V_{11} + V_{12} - C_{f1}$，$E_g - C_{g1}$	$V_{11} + V_{12} + V_{31} + V_{32} - C_{f1}$，$E_g - J - T$
	不退出（$1-y$）	$V_{21} + V_{22} - V_{23}$，$-C_{g1}$	$V_{21} + V_{22} - V_{23}$，0

第二节 演化博弈分析

（一）模型求解

根据演化博弈理论，可以计算出政府和农户在不同策略下的期望收益和平均收益，具体计算方法如下：

政府选择组织化退出路径和个体化退出路径的期望收益分别为 E_{11} 和 E_{12}，平均收益为 $\overline{E_1}$，分别用式（9-11）、式（9-12）和式（9-13）表示。

$$E_{11} = yE_g - C_{g1} \tag{9-11}$$

$$E_{12} = yE_g - y\ (J + T) \tag{9-12}$$

$$\overline{E_1} = x\left[\,yE_g - C_{g1}\,\right] + (1-x)\left[\,y(E_g - J - T)\,\right] \tag{9-13}$$

根据上述公式，计算出政府的复制动态方程，可以用式（9-14）表示。

$$F(x) = \frac{\mathrm{d}x}{\mathrm{d}t} = x(E_{11} - \overline{E_1}) = x(1-x)\left[\,y(J+T) - C_{g1}\,\right] \tag{9-14}$$

农户选择退出承包地和不退出承包地的期望收益及平均收益 E_{21}、E_{22} 和 $\overline{E_2}$，分别可以用式（9-15）、式（9-16）和式（9-17）表示。

$$E_{21} = V_{11} + V_{12} + (1-x)(V_{31} + V_{32}) - C_{f1} \tag{9-15}$$

$$E_{22} = V_{21} + V_{22} - V_{23} \tag{9-16}$$

$$\overline{E_2} = y\left[\,V_{11} + V_{12} + (1-x)(V_{31} + V_{32}) - C_{f1}\,\right] + (1-y)\left[\,V_{21} + V_{22} - V_{23}\,\right] \tag{9-17}$$

同样地，根据上述公式，农户的复制动态方程可以用公式表示。

$$\begin{aligned} F(y) &= \frac{\mathrm{d}y}{\mathrm{d}t} = y(E_{21} - \overline{E_2}) \\ &= y(1-y)\left[\,V_{11} + V_{12} + V_{23} + (1-x)(V_{31} + V_{32}) - V_{21} - V_{22} - C_{f1}\,\right] \end{aligned}$$

$$\tag{9-18}$$

根据演化博弈理论的基本假设，博弈双方经过多重博弈才能做出最优策略，当占群体绝大多数的个体选择同一策略时，则说明该策略是最优的。当博弈双方经历多重博弈而不改变他们的策略时，复制的动态系统是稳定的。在一个稳定的状态下，所有参与者的策略组合是进化稳定策略（ESS）。

（二）动态系统的稳定分析

为得到动态系统中博弈双方的局部驻点和系统的稳定点（ESS），令式（9-14）和式（9-18）为0，表示博弈双方的策略不再随时间变化，此时各参与方的选择为最优策略。

$$\begin{cases} F(x) = \dfrac{\mathrm{d}x}{\mathrm{d}t} = x(E_{11} - \overline{E_1}) = x(1-x)[y(J+T) - C_{g1}] = 0 \\ F(y) = \dfrac{\mathrm{d}y}{\mathrm{d}t} = y(E_{21} - \overline{E_2}) = y(1-y)\begin{bmatrix} V_{11} + V_{12} + V_{23} + (1-x)(V_{31} + V_{32}) \\ -V_{21} - V_{22} - C_{f1} \end{bmatrix} = 0 \end{cases}$$

$$(9-19)$$

根据式（9-19），仅当 $x = 0$，1 或 $y_0 = \dfrac{C_{g1}}{J+T}$ 时，政府相应策略的比例是博弈的局部驻点，仅当 $y = 0$，1 或 $x_0 = 1 - \dfrac{V_{21} + V_{22} + C_{f1} - V_{23} - V_{11} - V_{12}}{V_{31} + V_{32}}$ 时，农户相应策略的比例是博弈的局部驻点。整个演化动态系统有五个局部驻点，分别为 $E_1(1, 1)$、$E_2(1, 0)$、$E_3(0, 1)$、$E_4(0, 0)$、$E_5(x_0, y_0)$。

演化稳定性策略必须满足纯策略纳什均衡，而其他形式的纳什均衡不太可能是系统中的稳定策略（Friedman，1998b）。$E_5(x_0, y_0)$ 表示混合策略的纳什均衡，不太可能是系统稳定点，因此本章不再进行讨论。根据 Lyapunov 系统稳定理论，雅可比矩阵的特征值可作为判断其他四个局部驻点演化稳定性的判定依据。在某点处，若 J 的特征值均小于 0，则该驻点有渐进稳定性，为演化稳定点；若 J 的特征值均大于 0，则为不稳定点；若 J 的特征值有 1 或 2 个大于 0，则为鞍点。

基于上述分析，可以计算出系统的雅可比矩阵，用来确定四个局部驻点是否为稳定点，将 $E_1 - E_4$ 四个点代入系统的雅可比矩阵中，可以得到四个对应的雅可比矩阵，分别表示为 J_1 至 J_4，用式（9-20）至式（9-23）表示。

$$J_1 = \begin{pmatrix} C_{g1} - T - J & 0 \\ 0 & V_{21} + V_{22} + C_{f1} - V_{11} - V_{12} - V_{23} \end{pmatrix} \quad (9-20)$$

$$J_2 = \begin{pmatrix} C_{g1} & 0 \\ 0 & V_{11} + V_{12} + V_{23} - V_{21} - V_{22} - C_{f1} \end{pmatrix} \quad (9-21)$$

$$J_3 = \begin{pmatrix} J + T - C_{g1} & 0 \\ 0 & V_{21} + V_{22} + C_{f1} - V_{11} - V_{12} - V_{23} - V_{31} - V_{32} \end{pmatrix} \quad (9-22)$$

$$J_4 = \begin{pmatrix} -C_{g1} & 0 \\ 0 & V_{11} + V_{12} + V_{23} + V_{31} + V_{32} - V_{21} - V_{22} - C_{f1} \end{pmatrix} \quad (9-23)$$

基于以上分析，J_1 和 J_2 的 a_{22}（a_{22} 表示矩阵的第二行和第二列的特征值）彼此相反，若 J_1 为演化稳定点，则 J_2 一定不是演化稳定点。同样，J_3 和 J_4 的 a_{22} 彼此相反，若 J_3 为演化稳定点，则 J_4 一定不是演化稳定点。通过比较四个点的特征值，系统存在如下两种演化状态：

案例 1. $C_{g1} - T - J < 0$ and $V_{31} + V_{32} < V_{21} + V_{22} + C_{f1} - V_{11} - V_{12} - V_{23} < 0$.

案例 1 的约束条件表明：（1）政府选择组织化退出路径的成本低于选择个性化退出路径的成本；（2）农民对土地退出补偿金额的心理预期高于政府支付的土地退出补偿金额。在此条件下，表 9-2 列出了局部稳定性分析结果。

从表 9-2 的稳定性分析结果中可以得出结论 1。

表 9-2 案例 1 中游戏系统的稳定点分析

Local stability point	Det J symbol	Tr J symbol	Stability
$E_1(1, 1)$	+	-	ESS
$E_2(1, 0)$	+	+	Unstable
$E_3(0, 1)$	+	+	Unstable
$E_4(0, 0)$	+	-	ESS

结论 1. 在约束条件 $C_{g1} - T - J < 0$ 和 $V_{31} + V_{32} < V_{21} + V_{22} + C_{f1} - V_{11} - V_{12} - V_{23} < 0$ 下，ESS 为（0，0）和（1，1）。

当演化系统满足情况 1 中的约束条件时，系统可以达到局部稳定。为验证这一结论，我们利用 Matlab 软件模拟了地方政府和农户策略的演变过程。

令 x，y 的初始值为 0，运行得到这些条件下地方政府和农户的博弈动态演化路径如图 9 - 3（a）所示。同时为进一步观察群体的演化均衡走势，将政府选择组织化退出路径政策的概率 x 分别设置为 0.3、0.5 和 0.7，分别代表低中高三种概率，运行得到地方政府不同策略下农户群体策略 y 变化的演变趋势如图 9 - 3（b）～图 9 - 3（d）所示。其中各参数值的设置如下：$J = 4$，$T = 2$，$C_{g1} = 2$，$p_1 = 0.8$，$p_2 = 0.5$，$I_f = 8$，$W_f = 2$，$L_f = 0.1$，$R_f = 0.1$，$Q_f = 1.5$，$C_{f1} = 0.5$，$C_{f2} = 1$，$D_f = 2$，$J_0 = 8$，$a = 0.88$，$b = 2.25$。

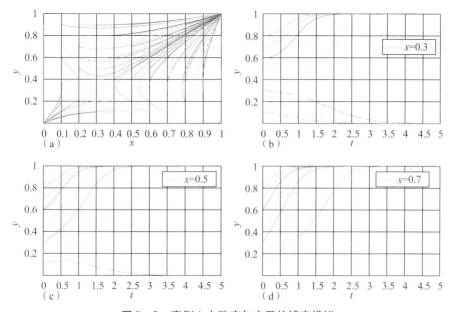

图 9 - 3　案例 1 中政府与农民的博弈模拟

根据图 9 - 3（a），左下方区域的路径均向（0，0）点收敛，表明地方政府和农户的策略组合位于左下方区域时，二者博弈过程将演化为（个体化退出路径，不退出）的状态。相反，右上方的所有路径均向（1，1）点收敛，表明当地方政府与农户的策略位于右上方区域时，博弈过程将演化为（组织化退出路径，退出）的状态，达到理想的帕累托最优状态。根据演化路径图，右上方区域明显大于左下方区域，表明若地方政府实施组织化退出路径政策，则系统演化到理想的稳定状态的概率更高。

根据图 9 - 3（b）～图 9 - 3（d），农户的策略选择与地方政府的策略有关。当政府选择实施组织化退出路径的概率较低时（$x=0.3$），有30%的农户将选择不退出承包地，随着政府实施组织化退出路径的概率增加，选择退出承包地的农户的比例增加，当政府实施组织化退出路径的概率高于0.7时，所有农户都选择退出承包地。说明摇摆的政策态度将影响农户退出承包地的决心。

案例2. $T+J-C_{g1}<0$ 和 $V_{21}+V_{22}+C_{f1}-V_{11}-V_{12}-V_{23}-V_{31}-V_{32}<0$.

案例2的约束条件表明：（1）政府选择有组织退出路径的成本高于选择个人退出路径的成本；（2）农民对土地退出补偿金额的心理预期低于政府支付的土地退出补偿金额。在此条件下，表9-3列出了局部稳定性分析结果。

从表9-3的稳定性分析结果中可以得出结论2。

表9-3 案例2中博弈系统的稳定点分析

稳定点	Det J symbol	Tr J symbol	Stability
$E_1(1, 1)$	+	+	Unstable
$E_2(1, 0)$	+	+	Unstable
$E_3(0, 1)$	+	−	ESS
$E_4(0, 0)$	+	+	Unstable

结论2. 在约束条件 $T+J-C_{g1}<0$ 和 $V_{21}+V_{22}+C_{f1}-V_{11}-V_{12}-V_{23}-V_{31}-V_{32}<0$ 下，ESS 是 （0，1）.

当满足情况2中的约束条件时，系统有且只有一个演化稳定点。同样地，我们使用Matlab软件进行模拟仿真来验证这一结论。为进一步观察群体的演化均衡走势，将政府选择组织化退出路径政策的概率 x 分别设置为 0.3，0.5 和0.7，分别代表低中高三种概率，运行得到地方政府不同策略下农户群体策略 y 变化的演变趋势如图9-4（b）~图9-4（d）所示。其中各参数值的设置如下：$J=4$，$T=2$，$C_{g1}=8$，$p_1=0.8$，$p_2=0.5$，$I_f=8$，$W_f=2$，$L_f=0.1$，$R_f=0.1$，$Q_f=1.5$，$C_{f1}=0.5$，$C_{f2}=1$，$D_f=2$，$J_0=2$，$a=0.88$，$b=2.25$。

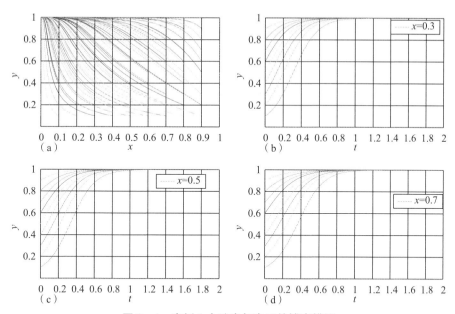

图 9 - 4　案例 2 中政府与农民的博弈模拟

如图 9 - 4（a）所示，当满足情况 1 的约束条件时，且只有一个系统演化稳定点（0，1）。根据图 9 - 4（b）~图 9 - 4（d），政府实施个体化退出路径的概率（1 - x）越高，农户就越快地选择退出承包地。

（三）不同案例的进一步分析

根据以上分析，动态演化系统存在两种情景。在不同的情境下，当满足一定的条件，动态系统最终都可以达到某种演化稳定状态。本节将进一步对不同场景下的演化稳定状态进行分析。

在场景 1 中，$E_1(1，1)$ 和 $E_4(0，0)$ 是动态系统的演化稳定点。若演化系统稳定于 $E_1(1，1)$ 点，表示政府实施组织化退出路径，农户选择退出承包地。此时，政府与农户各自的利益达到最大。在 $E_1(1，1)$ 的稳定状态下，农户为获取城市户籍福利和城市工资收入放弃了承包地的土地保障、地租收益和对土地的情感需求，其中农户对土地的情感需求是阻碍其退出承包地的关键因素。对农户而言，城市工资性收入远高于土地保障收益和地租收益，而进城落户获得的个人职业发展、子女教育和公共服务足以弥补他们对农村土地的情感需求。对政府而言，一方面农户退出承包地进城获得城市化制度保障，避免了强制退出机制导致的社会不稳定问题；另一方面，农户获得城市户籍后自动放弃承包地，降低了政府的承包地退出政策执行成本。若演化系统稳定于 $E_4(0, 0)$ 点，表示政府实施个体化退出路径政策，农户选择不退出承包地。此时，政府和农户各自的利益达到最大。在 $E_4(0, 0)$ 的稳定状态下，政府给予退出承包地的农户一定的退地补偿，但农户不愿意退出承包地。对农户而言，个体化退出路径政策下农户不需要通过退出承包地来获得城市户籍福利，降低了农户不退出承包地的机会成本。而且，政府的退地补偿低于农户心理预期，且承包地承载着农户对故乡的情感，导致了农户退出承包地的成本高于不退出承包地的成本。

在场景2中，$E_3(0, 1)$ 是动态系统的演化稳定点，表示政府选择个体化退出路径政策，农户选择退出承包地。此时，政府和农户各自的利益达到最大。在 $E_1(1, 1)$ 的稳定状态下，政府的退地经济补偿是农户选择退出承包地的关键因素。当政府的退地经济补偿高于农户理想的退地经济补偿时，政府的个体化退出政策对农户的退地意愿具有促进作用。一方面农户的风险规避程度较高，政府对农户退出承包地的退地补偿高于农户的心理预期，降低了农户退出承包地的风险。另一方面退地经济补偿和保障性补偿在一定程度上为想要进城落户的农户提供了进城资金，抵消了农户对农村承包地的经济和情感依赖。对政府而言，农户获得退地补偿后在城市定居，政府可以获得土地资源优化配置、社会经济发展的收益，这些收益大于实施个体化退出政策的成本，因此，政府选择实施个体化退出路径。

第三节　仿真模拟结果

本节将讨论在情景1和情景2中关键参数的敏感性，包括农户退地进城后获得工作机会的概率 $W(p_1)$、农户对地权不稳定的担心 D_f、农户理想的退地经济补偿 J_0、政府对农户的保障性补偿 T、农户对损益的敏感程度 α、农户的风险规避程度 β，在模拟某一参数的敏感度时，保持其他参数不变。本章的参数设置通过三个渠道获得：一是根据中国政府对承包地退出问题的政策演变，例如2003年颁布的《农村土地承包法》中，支持发包方收回已经迁户入城的农户的承包地，而 2018 年新修订的《农村土地承包法》中取消了村集体调整市民化农户土地的权力，各地政府开始因地制宜开展有偿退地政策。二是笔者对湖北、河南和浙江等地多个村庄的实地调查，从村民的访谈中获取一手资料，了解村民对退地补偿的理想金额和对将土地出租后对地权不稳定的担忧等心理因素的影响程度。三是结合土地领域的专家意见。根据以上三个渠道获得的信息，本章对数据进行了简化处理，具体参数设置如下：$J = 4$，$T = 2$，$C_{g1} = 2$，$p_1 = 0.8$，$p_2 = 0.5$，$I_f = 8$，$W_f = 2$，$L_f = 0.1$，$R_f = 0.1$，$Q_f = 1.5$，$C_{f1} = 0.5$，$C_{f2} = 1$，$D_f = 2$，$J_0 = 8$，$a = 0.88$，$b = 2.25$。另外，根据第二节的分析，政府实施某一政策的概率也会对演化结果产生影响，因此将政府实施不同政策的概率分别设置为 0.3 和 0.7，假设农户对退出承包地没有特别偏好，因此我们将农户的初始概率设置为 0.5。

（一）农户对农地的情感需求

为反映农户对农地的情感需求对系统的影响，我们将农户对农地的情感需求和政府的初始概率作为变量，保持其他变量不变，复制动态系统的变化过程如图 9 – 5 所示。农户对农地的情感需求与政府的初始概率均对政府和农户的演化结果具有显著影响。农户对农地的情感需求越大，政府越倾向于选择个体化退出路径政策，农户更倾向于选择不退出承包地。而政府选择组织化退出路径政策的初始概率阻碍了政府与农户的合作，即政府选择组织化退出路径的初始概率越低，农户越倾向于不退出承包地。

根据前景理论，农户选择退出承包地将失去对乡愁的情感寄托，因此面对退地产生的情感需求损失，农户表现为风险喜好，最终选择不退出承包地，而是将土地留下作为"乡愁"的寄托和增值保值的财产。

（二）对土地使用权不稳定的担忧

进城落户的农户对租出的承包地可能存在地权不稳定的担心，为反映农户的这种心理对演化系统的影响，我们将农户对地权不稳定的担心和政府的初始概率作为变量，保持其它变量不变，复制动态系统的变化过程如

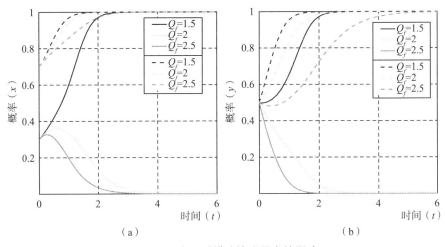

图 9 - 5　农民对耕地情感需求的影响

图 9 - 6 所示。农户担心地权不稳定的心理对政府和农户的选择均具有显著
影响。农户对地权不稳定的担心会加速政府实施组织化退出路径的政策和农
户退出承包地。在政府选择组织化退出路径政策位于高初始概率下，无论农
户对地权不稳定的担心不会改变政府和农户的最终选择，政府始终选择组织
化退出路径政策，农户始终选择退出承包地。然而，在低初始概率下，当
$D_f = 1$，政府选择个体化退出路径政策，农户选择不退出承包地。

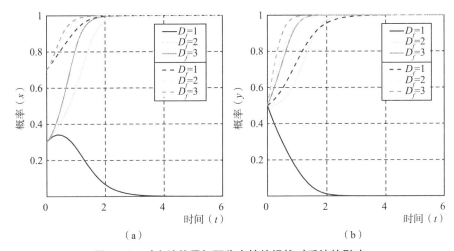

图 9 - 6　对土地使用权不稳定性的担忧对系统的影响

（三）农户理想的退地补偿金额

根据实地调研发现，各地政府实施有偿退出的退地经济补偿与农户理想的退地补偿金额存在差异。为分析农户理想的退地补偿对系统的影响，我们将农户理想中的退地补偿和政府的初始概率作为变量，复制动态系统的变化过程如图 9-7 所示。农户对退地经济补偿金额的期望越低，政府越倾向于实施组织化退出路径，农户越倾向于选择退出承包地。相较于组织化退出路径政策，农户理想的退地经济补偿对政府实施个体化退出路径政策的影响更大。若政府更倾向于实施组织化退出路径政策（$x = 0.7$），农户退地经济补偿的期望金额为政府现有补偿金额（$J = 4$）的 4 倍，农户仍选择退出承包地。若政府更倾向于实施个体化退出路径政策（$1 - x = 0.7$），当农户对退地经济补偿的期望金额低于政府现行补偿金额时，政府实施个体化退出路径对农户退出承包地有促进作用，农户选择退出承包地。当农户对退地经济补偿的期望金额高于政府现行补偿金额时，政府的个体化退出路径政策对农户退出承包地有抑制作用。

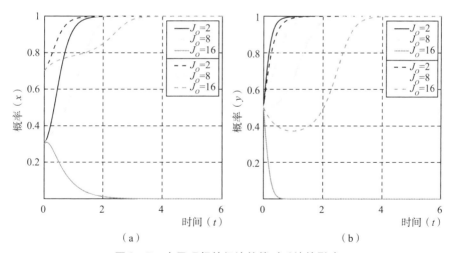

（a）　　　　　　　　　　　（b）

图 9-7　农民理想的经济补偿对系统的影响

（四）政府对农户的保障性补偿

对农户而言，土地具有重要的失业保险和社会保障功能。土地的这一特性决定了政府实施个体化退出路径政策不能仅靠退地经济补偿，还要满足农户其他方面的保障性需求，例如农户对医疗和养老的需求。为分析退地农户获得的保障性补偿对系统的影响，我们将政府对农户的保障性补偿和政府的初始概率作为变量，复制动态系统的变化过程如图 9-8 所示。政府的保障性补偿对农户退出承包地有促进作用。当政府实施组织化退出路径的概率较高时（$x=0.7$），政府保障性补偿对政府和农户的影响较小。当政府实施个体化退出路径的概率较高时（$1-x=0.7$），减少农户的保障性补偿将降低农户退出承包地的意愿。

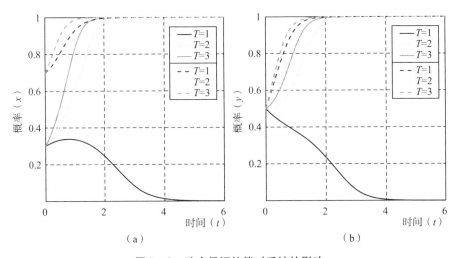

图 9-8　政府保证补偿对系统的影响

（五）农户对损益的敏感程度

根据前景理论，当人们面临收益时，厌恶风险，当人们面临损失时，偏好风险。为分析农户对损益的敏感程度对系统演化结果的影响，我们将农户对损益的敏感程度和政府的初始概率作为变量，复制动态系统的变化过程如

图 9 – 9 所示。当政府实施组织化退出路径的概率较高时 ($x = 0.7$)，无论农户对损益的敏感程度多大，政府和农户的演化状态最终都会稳定，说明政府最终会选择实施组织化退出路径政策，农户最终选择退出承包地。农户对损益的敏感程度对政府和农户达到稳定状态的速度均有影响，但对农户的影响更大。农户对损益的敏感程度越大，农户达到稳定状态的速度越快。根据前景理论，这表明农户对损益的感知效用非常敏感。随着农户对损益的敏感程度增加，农户损益之间的心理差距也在增大。当政府实施个体化退出路径的概率较高时 ($1 - x = 0.7$)，农户对损益的敏感程度对政府和农户的影响程度明显增加。当农户对损益的敏感程度较高时，政府和农户仍稳定于（组织化退出路径政策，退出承包地）的状态，当农户对损益的敏感程度较低（$\alpha \leqslant 0.5$）时，政府和农户稳定于（个体化退出路径政策，不退出承包地）的状态。说明在政府个体化退出路径政策下，农户对损益的敏感程度对农户是否选择退出承包地的影响更大。

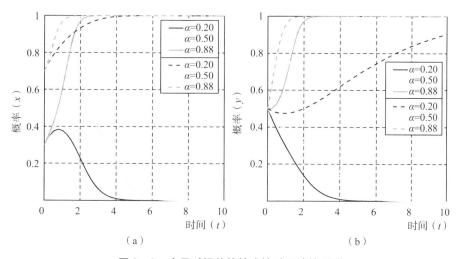

图 9 – 9　农民对损益的敏感性对系统的影响

（六）农户对风险的规避程度

在中国，农户属于低收入群体，因此对风险的规避程度较高。$\lambda > 1$ 表明相较于收益，农户对损失更为敏感。为分析农户对风险的规避程度对系统演化结果的影响，我们将农户的风险规避程度和政府的初始概率作为变量，复制动态系统的变化过程如图9－10所示。当政府倾向于选择组织化退出路径时（$x = 0.7$），政府和农户最终会稳定于（组织化退出路径政策，退出承包地）的状态，农户的风险规避程度对他们的演化状态几乎没有影响。当政府倾向于选择个体化退出路径时（$1 - x = 0.7$），风险规避程度高的农户将选择不退出承包地，而政府随之选择实施个体化退出路径政策，政府和农户稳定于（个体化退出路径政策，不退出承包地）的状态。若农户的风险规避程度较小，政府和农户仍稳定于（组织化退出路径政策，退出承包地）的状态。说明当政府实施个体化退出路径政策时，风险规避程度对农户的影响较大。

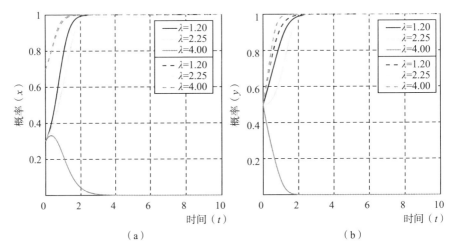

图9－10　农民的风险规避程度对系统的影响

第四节　基于前景理论的讨论

（一）影响政府政策选择的关键影响因素

在承包地有偿退出制度改革之前，中国政府通过组织化退出路径政策实现了有效的承包地退出，这与我们模拟得出的结果（1，1）相同。在这一政策下，只有获得城市户籍和制度化社会保障的农户才能退出承包地，且进城落户农民的土地应做到"应退尽退"，村集体有收回和重新配置土地的权利。建立在集体土地制度基础上的承包地退出路径具有合法性和合理性。一方面，承包地是村集体无偿分配给农民使用以保障其生存和发展，因此农民不再依赖土地时无偿退给村集体具有合理性（王海娟，2022）；另一方面，组织化退出路径遵循公平原则（刘灵辉，2021）。政府为生活在农村的农民提供土地保障，为城市人口提供制度化社会保障。农民进城落户可以享受城市制度化社会保障，村集体将退出的承包地无偿分配给继续留在农村的农民，避免了富裕农民向依赖土地保障的不富裕农民收取租金造成的不公平问题（王海娟，2022）。2015年，中国政府开始对承包地退出制度进行改革，将退地权利赋予农民个体，形成了有偿退出形式的个体化退出路径，反而导致进城落户农民的承包地难以退出，这一现象也与我们的模拟结果（0，0）相契合。在这一制度下，进城落户的农户自愿退出承包地，且退出承包地可以获得相应补偿，导致村集体的土地配置功能被弱化，形成了市场化资源配置方式（王海娟，2020）。从中国已有的改革试点来看，造成个体化退出政策失灵的主要原因可以分为以下几个方面：第一，从退地者角度，政府退地补偿金的吸引力普遍较弱（王萍等，2021）。一方面，中国处于城镇扩张时期，农村土地升值空间大，进城落户农民的经济条件普遍较好，对资金需求较弱，更愿意将土地作为增值保值的财产（蒋芮等，2018；Zhou et al.，2022）；另一方面，基于情感等非经济因素，农民更愿意将土地作为情感寄托，不愿退出土地（刘同山和吴刚，2021；王萍等，2021）。而政府的补偿金额仅考虑农民的经济成本，而未考虑农民的情感成本。第二，土地供需错位导致退出效率低下。自愿退出原则导致退出的土地细碎化，而土地需求方需要集中连片的土地，丧失调整和整合土地权利的村集体无法克服土地交易的外部性问题，降低了土地退出的效率（王萍等，2021）。第三，农业社会化服务较为发达将会降低农户退出承包地意愿。农民可以把土地生产的各个环节外包给专门的社会化服务组织，甚至可以全程生产托管。农民从繁重的农业劳动中解放出来，在不退出土地的条件下也有充裕的时间从事非农就业（郑阳阳和罗建利，2019）。根据模拟结果和改革试点，组织化退出政策可以高效且低成本地退出进城落户农民的承包地，而当前政府实施的个体化退出政策则受到农民对土地的情感依赖和农户对退地补偿的期望的阻碍。因此，政府对承包地退出制度进行改革需要充分考虑土地的非完全商品属性以及土地退出的复杂性。政府应该坚持在集体土地制度基础上建立组织化退出路径与土地属性相适配。

（二）影响农户退出承包地的主要因素

随着城市化纵深推进，大量农民成为城市人口，要求建立承包地退出制度。从承包地退出主体来看，农户退出承包地经历了从主动退出到被动退出的阶段（曹丹丘和周蒙，2021）。在政府实施组织化退出政策阶段，进城落户的农户为获得城市户口和制度化社会保障主动放弃承包地。一方面，农户转入城市户籍可以带来许多福利，例如个人职业发展、子女教育和公共服务（Mallee，1995）；另一方面，随着中国非农就业程度进一步扩大，农户的主要收入来源为非农就业，投入农业的时间和精力较少，土地保障收益、土地流转获得的地租收益占农户收入的比例较低，而长期将土地出租可能带来地权不稳定的隐患（Mwangi，2007）。综合利益考量下，对土地依赖较弱的农户会主动放弃承包地。

在政府实施个体化退出政策阶段，政府取消了村集体无偿收回承包地的政策，提倡农民自愿有偿退出承包地，但这一做法实际上导致了农民基于对政府补偿金期待下的被动退出行为。尽管政府提出有偿退出承包地，但农业弱质性决定了政府的退地经济补偿的吸引力有限（Liu et al.，2019），而且农户退地行为受市场价格机制的调控，他们根据市场价格衡量土地的经济价值，事先对政府的退地经济补偿有理想标准。许多学者通过调查发现，农民对退地经济补偿的预期普遍高于实际的退地补偿金额。刘同山和方志权（2018）通过上海市郊区 106 个村的土地退出情况调查发现，不愿退出农村承包地的农民中，近半数（47.82%）是因为补偿力度不够。何盈盈等（2018）根据成都市 120 户农户的访谈调查发现，基于农户需求构建的补偿标准约为 5.3 万元/人，高于成都市现行补偿标准。而张勇（2020）根据蚌埠市和阜阳市的 12 个行政村的调查发现，愿意退出承包地的农户中有 38.3% 的希望按市场评估价补偿。根据前景理论，农户对退地经济补偿的感知效益具有参考点，当政府的退地经济补偿低于农户的理想标准，农户对政府实施有偿退出政策的感知效益为负。当涉及损失时，人们是风险喜好者，因此，农户选择不退出承包地以追求土地的增值。反之，当政府的退地经济补偿高于农户的理想标准，政府的有偿退出政策对农户退出承包地有促进作用。此外，当前中国承包地退出的改革试点经验表明，部分农户十分担忧退出承包地后的生活保障性问题，例如医疗、养老等。因此，部分试点地区提出"土地换社保"的形式鼓励农户退出承包地。有研究显示 65.34% 的样本农民愿意有偿退出农村承包地，其中超过半数（53.78%）的农民愿意用农村承包地换取社会保障（刘同山和方志权，2018）。根据前景理论，相较于经济补偿，保障性补偿是确定的收益，而人们在面对收益时，往往厌恶风险。因此，保障性补偿对农户退出承包地具有促进作用。

第五节　结论与政策建议

（一）结论

在城镇化纵深推进的背景下，中国农村出现人地分离的现象。为提高农村土地利用率，要求政府建立有效的承包地退出制度。当前，中国政府正在探索承包地退出制度，试图以个体化退出路径代替组织化退出路径。然而从改革试点情况来看，个体化承包地退出路径与土地的非商品化属性不适配，承包地退出制度的效果欠佳。本章以政府和农户为研究对象，基于前景理论建立演化博弈模型，对中国的承包地退出制度进行了研究。本章的主要结论如下：（1）政府对农户的退地补偿金额高于农户对退地补偿的理想预期时，实施个体化退出路径政策对农户的承包地退出意愿有促进作用。反之，退地补偿对农户的承包地退出意愿有阻碍作用。（2）目前政府对农户退出承包地的经济补偿明显低于其理想预期，因此在个体化退出路径政策下，农户选择不退出承包地。（3）政府政策实施的初始概率对农户是否退出承包地有影响，且政府政策实施的初始概率和其他变量对系统的演化结果有共同的影响。（4）若政府更倾向于实施个体化退出路径政策，则农户对土地的情感需求因素、农户理想的经济补偿因素和农户的风险规避程度都对农户退出承包地有阻碍作用，且这些因素对农户的影响越大，政府越倾向于实施个体化退出路径政策。（5）若政府更倾向于实施个体化退出路径政策，则农户对地权不稳定的担忧因素、政府的保障性补偿因素和农户对损益的敏感程度对农户退出承包地有促进作用，且这些因素对农户的影响越大，政府越倾向于实施组织化退出路径政策。

（二）政策建议

基于上述研究结论，本章提出以下四个方面的政策建议：

一是构建政府和市场双重支持体系下的承包权退出补偿机制。首先，要建立科学有效的土地价值评估体系；其次，建议实施以市场化补偿为主、政府垫资补偿为辅的退地补偿政策；最后，在保障农民权益的同时也要防止土地的资本化倾向，避免农业用地增值的炒作，使农民对农地的财产属性有合理的预期。

二是建立农户土地承包经营权退出风险防范机制。为了降低农户退出土地承包经营权后在就业、社会保障等方面可能存在的风险，要确保农户退出土地承包经营权之后有工作、有收入及家庭长远生活有保障。首先，要从政策上弱化农地的社会保障功能；其次，加强对退出承包地的农民进行职业技能培训，提高退地农民进城就业能力，为其获得稳定的非农收入提供保障。

三是创新土地情感依恋的治理策略。首先，在流转之前推进原则情感化，坚持依法、自愿、有偿，以农民为主体，政府扶持引导，市场配置资源，不得违背承包农户意愿、不得损害农民权益、不得改变土地用途等原则；其次，在流转中推进措施情感化，赋予村民一定的选择权和决策权，注重参与方式的仪式化；最后，在流转之后对农民实施情感化抚慰策略。可以允许农民先退出大部分土地，保留小部分土地满足农民的土地情感需求。通过举办多样化社区文化活动，缓解村民的土地情感需求。

四是激活集体土地制度，强调村集体对土地的资源配置权力。推进承包地有效退出需要在新的制度环境下优化集体土地制度，更加充分地发挥集体土地制度的作用。但是强调集体土地制度的重要性并非回归组织化承包地退出路径，而是在制度环境已经发生变化的情况下，通过制度创新探索更加有效的土地退出路径。

第 十 章

农业规模化经营的潜在风险与防范机制

规模化经营是降低农业生产成本、提高农业竞争力、实现农业现代化的重要途径（张瑞娟和高鸣，2018；张龙耀等，2018；韩朝华，2023）。随着城镇化和工业化的推进，土地的要素功能在不断彰显，这为规模化经营提供了新契机。为顺应农业发展需要，国家适时地出台各项政策措施鼓励和推动规模化经营，如《土地流转法》、三权分置、土地确权等。2022 年底，中国土地流转面积达到 5.5 亿亩，流转比例达到 28.69%；截至 2023 年 9 月底，新型农业经营主体数量达 620 万家，新型职业农民总数超过 1 500 万人。①

然而，在推动农业规模化经营过程中不得不面对一些客观现实，即潜在经营风险。当前，许多规模化经营主体由于经营不善等原因而导致弃耕退耕，而且，在规模化经营中"非粮化"甚至"非农化"等现象也越来越突出（匡远配和刘洋，2018；谭淑豪等，2023）。这不仅降低农户农业投资的积极性，也严重影响国家粮食安全。目前关于农业规模化经营多集中于以下四个方面：第一，如何推进规模化经营，如胡凌啸（2018）基于"土地规模化"和"服务规模化"的分析，认为"土地 + 服务"是实现规模化经营的重要模式；第二，适度规模化经营问题，如倪国华和蔡昉（2015）以产出为标准，详细分析了家庭农场和种粮大户的最优生产规模；第三，规模化经营的绩效；如张笑寒和岳启凡（2019）分析了土地规模化经营对农业生

---

① 1.3 万亿斤以上，连续 9 年的丰收答卷（人民日报 12 月 19 日第 2 版）[EB/OL]. 中华人民共和国农业农村部网站. http：//www. moa. gov. cn/ztzl/ymksn/rmrbbd/202312/t20231219_6442987. htm.

产投资的影响，发现规模化经营对劳动节约型投资有促进作用但却抑制土地节约型投资；第四，国外规模化经营经验借鉴。如黄延廷和刘轶（2019）详细分析了日本规模化经营的制度、效果以及启示，认为放松土地占有限制、允许资本进入农业等制度有效促进了日本规模化经营。可以看出，现有研究对规模化经营过程中的潜在风险及其预防机制缺少研究，而对潜在风险及其预防机制的分析关乎规模化经营的质量，对确保农业现代化行稳致远至关重要。

"三位一体"农业共营制作为一种新型农业经营模式，把土地股份合作社、职业经理人和农业社会化服务融为一体，是对当前土地经营制度和模式的突破和创新。其最早于2014年出现在四川崇州市，是在农业生产"细碎化""分散化""老龄化""兼业化"背景下产生的①，这一生产模式实现了多主体的共建、共营、共享和多赢。目前关于"农业共营制"的文献多探讨其内在形成逻辑、现实意义等（罗必良，2014；谢琳和钟文晶，2016；罗必良等，2022），如罗必良等（2022）认为农业共营制的"共建、共营、共享"的制度基因对于全面推进乡村振兴、实现共同富裕具有启迪价值与示范意义。然而，鲜有研究从规模化经营风险视角探讨农业共营制。基于此，本章尝试从"三位一体"农业共营制视角探讨其如何化解规模化经营的潜在风险。

第一节　农业规模化经营的潜在风险

经营风险是指在生产经营活动中由于面临的不确定因素而导致的价值损失。农业规模化经营中不仅指经营主体面临的风险，从社会利益最大化考虑，也包括社会风险。面对经营风险，规模化经营主体往往会基于"成本—收益"来决定"种什么、种多少、怎么种"。而这个决策是经营者基于经济学的"成本—收益"来实现自身利益最大化，从全社会利益最大化考虑，这个成

---

① 崇州市作为四川的粮食生产大县（属于县级市，归成都代管），根据当地统计资料，当时全市农村劳动力36.9万人，而外出务工比例达73.4%，年轻人不愿意种地，而务农者多在60岁以上，人均耕地只有1亩左右，这样的农业生产困境迫使农业生产的改革，农业共营制应运而生。目前农业共营制在辽宁朝阳市、黑龙江讷河市等地得到广泛重视和推广。

本也包括社会风险。如图 10 – 1 所示，*MR* 为边际收益，*MPC* 和 *MSC*($MSC = MSE + MPC$) 分别为边际私人成本和边际社会成本，*MSE* 为边际社会风险，当不考虑社会风险时，个人的最优决策是 E_1，其收益为 R_1，而考虑社会风险时，最优决策为 E_2，其收益为 R_2，且，$R_1 > R_2$。可以看出，规模化经营的风险不仅包括经营主体个人，也包括社会层面。

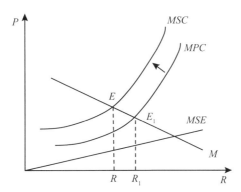

图 10 – 1 社会利益最大化下规模化经营的"成本—收益"分析

（一）经营主体风险

1. 自然和市场风险

据 2023 年《中国农村统计年鉴》数据显示，2022 年受灾面积 12 072 千公顷，成灾面积 4 373 千公顷。虽然农业保险在不断地推广和完善，但当前我国农业保险的保障项目、损失补偿水平、政策和法律设计尚不足以满足我国农业发展尤其是规模化经营主体的需求（庹国柱和朱俊生，2014；刘宗志等，2024）。而新型农业经营主体面临更多的保险需求，风险敞口日趋加大，迫切需要多样化、高水平的农业保险。市场风险。农作物特别是经济作物的价格受市场波动影响较大，而农业经营者本身知识和能力有限，在变幻莫测的农产品价格市场中往往会盲目跟风种植。同时，许多新型经营主体主要以农贸市场、中间商收购或农超对接等传统销售方式为主，很少通过电商销售。根据《2023 中国新型农业经营主体发展分析报告》，从事电子商务、休闲农业和乡村旅游等新产业新业态的合作社占比不高。

2. 劳动力风险

当前虽然机器正在逐步替代劳动力，但许多生产环节不能完全由机器替代而只能由人工完成，如茶叶采摘、苹果套袋等。随着劳动力的转移，农村多剩下"613899"部队，劳动力短缺成为影响规模化经营的重要原因，而且，劳动力的"老龄化"和"女性化"也影响其劳动效率。同时，对于规模化经营主体，其技术和管理能力与现代化农业发展的需要仍然有一定的差距。而由于年轻人更向往城市的美好生活和发展机会，很少愿意从事农业生产。因此，如何吸引年轻劳动力从事农业生产是当前和未来中国规模化经营面临的重要课题。此外，农村劳动力的减少会致使劳动力成本会越来越高，压缩农业生产利润。可以说，规模化经营面临普通劳动力和高素质劳动力短缺、较高劳动力成本的风险。

3. 契约风险

目前土地规模化经营实现方式主要包括以下三种：土地流转、"合作社/企业 + 农户"和土地股份合作社。其中，前两种经营模式存在较多契约风险：其一，在乡土社会的农村，土地流转存在差序格局，农户倾向于把土地流转给熟人，而且很少签订正式流转合同，其可以随时根据需要收回土地，这造成了规模化经营者缺乏土地稳定性预期，不利于土地长期投资。虽然外来转入户可通过政府或者村干部来流转土地，但其仍可能被"敲竹杠"，如当地农户随意抬高地租，租期较短等，这无疑降低了外来承包户的长期经营和投资的信心。其二，合作社/企业与农户之间存在委托—代理关系，委托人可能会因为经营不善等原因终止与农户的合同关系。同样，作为代理人的农户往往存在机会主义和道德风险，如为了追求自身利益最大化而不遵守合同约定的生产标准，等等。

4. 管理风险

根据规模经济理论，随着企业规模的扩大，企业成本不断下降，呈现出规模经济状态，但一旦超过一定的规模或者临界值，边际收益就会逐渐下降，甚至趋于零或负，表现出规模不经济状态。对于农业而言，随着规模的扩大，需要雇佣大量的劳动力，生产过程中的管理、监督等交易成本也越来越高。根据委托—代理理论，作为代理人的雇工往往会存在"搭便车"等行为，在农村的熟人社会，经营者也会碍于情面而很难对其进行监督或者惩罚。同时，由于当前的雇工多是妇女或老人，很难对其生产行为进行规范，从而导致减量或降低效率。李谷成等（2009）基于湖北的农户数据，发现小农户比大农户更享有在农业生产效率上的优势，而具体实行大农户战略还是小农户战略，取决于优先考虑的政策目标（李谷成等，2010）。

5. 资产专用性风险

资产专用性是指一项资产一旦被用于特定用途而被锁定后很难再用于其他用途，若改为其他用途价值会降低价值。对于农业来说，农业机械设备专用性比较强，再加上农作物生长周期长，且呈现"农忙"和"农闲"季节性交替，农忙季节往往比较短暂。因此，农业机械设备存在较强的资产专用性。同时，由于生产经营中面临着众多的不确定性，如果经营者投资较多设备，一旦生产经营无法继续，其机械设备价值会降低或者毫无价值。而且，由于机械设备更新换代较快，一旦投资某种机械设备，再次更新换代会付出较大的沉没成本。对于规模化经营主体，其本身农业生产投资比较大，机械设备也属于较大投资，对生产经营者造成一定的成本负担。

（二）社会层面的风险

1. 粮食安全风险

"仓廪实，天下安"，粮食自古以来是安天下之本。然而，现实中"非粮化"甚至"非农化"现象比较普遍。罗必良等（2018）基于全国9省（区、市）2 704个农户数据发现，规模化种植户则呈现"非粮化"现象。不可否认，适度的"非粮化"不仅不会对粮食安全造成威胁，而且可以活跃市场经济，增加农民收入。但过度的"非粮化"甚至"非农化"需要引起重视。哪些原因导致"非粮化"甚至"非农化"：第一，"成本—收益"考虑。农户作为理性的经济人，会合理配置资源实现自身利益最大化，当前土地成本和劳动力成本越来越高，仅种植粮食作物经营者获利空间有限。第二，政府的模糊态度。地方政府为彰显地方政绩和个人升迁，在一定程度上会默许农户的行为。即只要流转后的土地不改变用途，不属于当地政府明令禁止的行为，地方政府往往对于"非粮化"等现象选择性地视而不见（梁栋，2021）。

2. 小农户利益边缘化

《"十四五"推进农业农村现代化规划》提出，"发挥新型农业经营主体对小农户的带动作用，健全农业专业化社会化服务体系，构建支持和服务小农户发展的政策体系，实现小农户和现代农业发展有机衔接。"现实中，规模化经营往往存在精英俘获。一般来说，农村精英本身具有资源禀赋优势，能及时抓住农业投资机会。而普通农户对政策和市场的敏锐度较低，且缺乏资金、人脉等社会资本。地方政府为了应对政绩考评，倾向于选择农村精英作为其代理人，并通过各种政策和财政补贴来鼓励和扶持农村精英（温铁军，2009；黄心泓，2023）。虽然农户通过加入合作社或者与新型经营主体建立契约关系能够保障产品销售，而且可以在合作社务工获得额外收入，然而其小农户获利空间十分有限（陈杰，2015；梁海兵和姚仁福，2023）。归根结底是小农户在规模化经营过程中处于弱势地位，没有真正发挥其主体作用，而且，农户与经营者的利益联结和利益分配存在严重脱节，从而造成规模化经营过程中的精英俘获和小农户利益边缘化问题。

第二节 农业规模化经营的潜在风险化解

规模化经营是经营主体在预期利润驱动下的理性行为选择，而风险是开展任何一项经营活动都会面临的困扰。"三位一体"农业共营制构建以"土地股份合作社 + 职业经理人 + 农业社会化服务"为一体的农业经营模式，既是利益相关者的"三位一体"，也是三重功能的"三位一体"。具体来说，土地股份合作社解决土地"细碎化"和"分散化"经营的问题，职业经理人解决谁来经营的问题，农业社会化服务解决谁来服务的问题。任何一项制度或组织的产生不外乎追求更大的利益或者寻求降低成本，如科斯在《企业的性质》中提出的，企业的产生是为了减少因谈判、签约和监督等而产生的交易费用。农业共营制正是具有化解农业规模化经营风险功能而更具生命力，具体化解机制如图 10 - 2 所示。

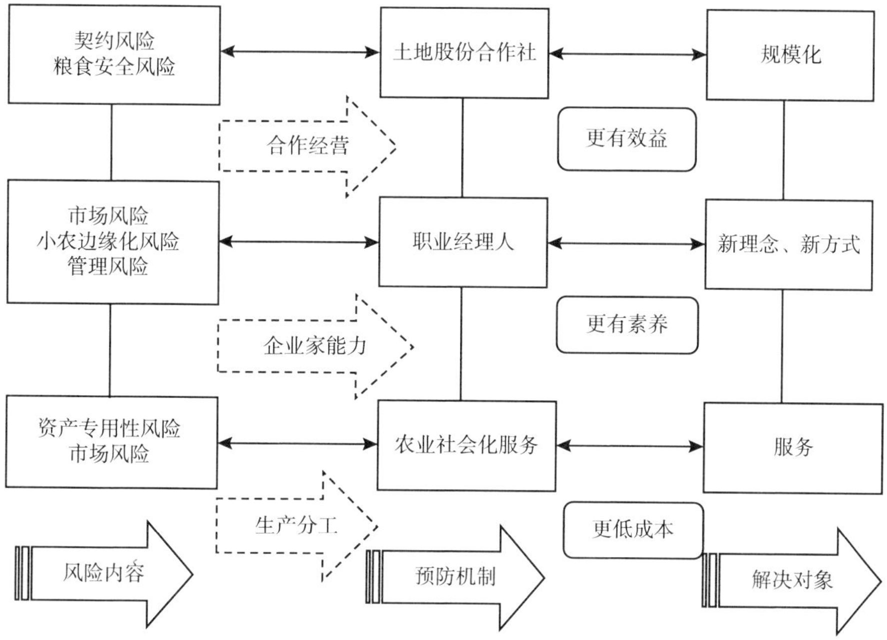

图 10 - 2　农业共营是化解农业规模化经营潜在风险的理论框架

图 10 - 2 体现了"风险—中介—化解"程式。即通过农业共营制的三大组成部分来化解规模化经营的潜在风险。同时，农业共营制不是一个实体的经济组织，不具有企业法人资格，而是对农业经营模式的创新和发展，可以说农业共营制是一个经营理念或框架。土地股份合作社通过入股或者土地托管等形式把细碎化的土地实现集中经营，降低契约风险，减少"非粮化"或"非农化"生产行为。为了使农业得到更好管理，获得更高收益，通过聘请职业经理人使高素质的劳动者来经营农业，从而降低市场风险，也避免过度的精英俘获。为减少农业专用性投资，通过农业社会化服务来降低生产成本，提高生产效率。

从分工视角来看，社会上的一切事物都存在着分工与合作，而且基于利他主义和互惠理论才使合作成为可能，因此，分工—合作成为经济生活中的常态。农业共营制把农业生产分为土地股份合作社、职业经理人和农业社会化服务三个主要环节，三者在共同利益和共同目标的激励下使合作成为可能。可以说，农业共营制既实现了农业的分工与合作。

（一）土地股份合作社：显性和隐性功能

2017年中央一号文件《中共中央 国务院关于深入推进农业供给侧结构性改革加快培育农业农村发展新动能的若干意见》首次提出，鼓励通过股份合作来实现土地流转和规模化经营。土地股份合作社是指农户以"农村土地承包经营权"入股合作社，实现统一耕种，农户成为合作社股东，多采用"保底收益＋二次分红"的利益分配方式。与农民合作社相比，均是以农民为主体，通过合作或者联合等方式实现规模化经营，但是，土地股份合作社最大的不同点是以"农村土地承包经营权"来入股，而合作社是以契约的形式与农户签订合同。同时，与家庭农场、大户或农业企业相比，土地股份合作社在实现规模化经营过程中具有显著的优势，能够化解规模化经营中的潜在风险。

从显性功能看，土地股份合作社有效降低土地生产成本。考虑到农业生产的"成本—收益"，当前规模化经营过程中的"非粮化"或"非农化"是因为农户对未来风险的不确定性而作出的决策。通过"土地承包经营权"入股的形式实现规模化经营，股份合作社不需要支付地租，从而减轻农业经营成本。在收益不变情况下，土地成本的减少降低了经营者的风险预期，同时，由于粮食作物的价格比较稳定，作为聘请的股份合作社经营者，种植粮食作物可以确保农户的保底收益和谋求继续连任，完善的农业社会化服务也可降低粮食作物的生产经营成本和风险。因此，职业经理人不愿冒更大的风险，从而减少规模化经营的"非粮化"或"非农化"现象。此外，土地股份合作社在规划时就坚持适度规模经营，如崇州农业共营制在探索之初就坚持以300～500亩为一单位来公开招聘经理人，这样可以保证"农业投入－产出"达到最优规模。

从隐性功能来看，土地股份合作社能够降低契约风险，减少"非粮化"现象。根据产权理论，地权的稳定性能够降低交易费用，有利于农业长期稳定投资（黄季焜和冀县卿，2012）。土地股份合作社以经营权入股形式统一耕种农户土地，农户则不再参与农业生产过程，二者具有稳定的合作关系，从而促进农业长期投资。而其他规模化经营主体与农户面临较大的风险契约，且具有较高的谈判、签约和监督等交易成本。如笔者调研的温州市能仁茶叶合作社，由于与社员之间的契约关系松散，合作社社员在利益诱惑下会把茶叶卖给其它合作社。同时，股份合作社不需要支付较大的土地租金，因此，从更深层次的隐性功能来看，股份合作社可以降低契约风险，减少"非粮化"或"非农化"问题。然而上述是建立在职业经理人的有效激励和农业社会化服务的完善基础上。一般规模化经营主体的经营完全为了自身利益最大化，利害损失完全由自己承担，而职业经理人与农户是委托—代理关系，是为了给代理人带来更多利益，起码保证代理人的利益不受损失。因此，作为代理人——职业经理人会选择更保险、更稳健的方式来保证委托人的利益，而且在完善的农业社会化服务支撑下，粮食作物成为其首要决策选择（见图 10 – 3）。

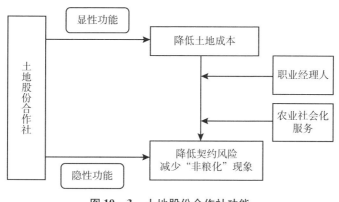

图 10 – 3　土地股份合作社功能

（二）职业经理人：乡村精英能力发挥

乡村精英一般在农村地区具有较强致富能力和前瞻眼光，其往往在一定范围内具有很强影响力和感召力，是资源链接者和引导者，对周围农民具有示范和带动能力。农民作为农业共营制的股东，为使农业得到更好的经营和管理，参照企业模式聘请职业经理人，这些职业经理一般属于当地精英，如大学毕业生、农机能手等，往往具有一定的经营和管理能力，获得农民的信赖。

根据明茨伯格的角色理论，职业经理人一般发挥三方面的作用：人际角色、信息角色和决策角色。从人际角色看，在乡土社会的中国，职业经理人或者在当地长期生活或者具有较高的威望，具有很强的社会关系网络，能通过社会关系获取有效市场信息并稳定客户关系等，从而降低市场风险。从信息角色看，职业经理人具有较强的市场和政策敏感度，能够比较准确地把握市场信息动态，根据市场需求来调节农业生产，并能及时从农业政策中捕捉相关获利信息，避免农业生产的政策性风险。从决策角色来看，职业经理人能够根据组织面临的内外部环境迅速做出决策，并对未来农业发展进行长期战略思考，如为了获得更多收益，打造产品品牌、科学种田等，这既降低市场风险，也可获得较高的收益。

职业经理人是农户根据选举章程聘请的，根据委托—代理理论，农户和职业经理人是委托—代理关系，如果经营业绩达不到委托人的要求，委托人有权解聘代理人。因此，职业经理人虽然是乡村精英，但也避免了过度的精英俘获。而且，农户一般与职业经理人规定好利益分配机制，包括国家对经营主体的补贴资金的分配。如崇州市探索出的除本分红、保底二次分红、佣金＋超奖短赔等利益联结机制，既能激励职业经理人认真履行职责，创造更多收益，也避免了规模化经营中经营主体获取过多的超额利润和国家补贴，从而保障了小农户的利益。同时，规模化经营者本身是通过流转小农户的土地实现规模经营，从而获得更多的利润和国家补贴，但这容易造成农村地区的贫富差距和不公平问题。而委托—代理关系的职业经理人制度可以限制规模化经营者的利润分配，避免小农户利益边缘化[①]。同时，为完成农业生产活动，职业经理人进一步把土地分块分配给专门人员来管理（一般选择当地的农民），而且规定好土地的收益，对于超出规定的收益由按比例分成，这既可以防止雇工在作业时的偷懒或"搭便车"行为，也可以减少职业经理人的监督成本，从而避免规模化过程中管理松散的问题，而这也提高了雇工和职业经理人的收益（见图10－4）。

---

① 为激励职业经理人去提高经营业绩，此职业经理人可以享受城镇养老保险、职称评定等待遇，而且，对于经营业绩好的可以升迁为当地乡镇干部，这进一步激励职业经理人去提高经营业绩。如崇州市出台相关政策规定，农业职业经理人享受粮食规模种植补贴、城镇职工养老保险补贴、信用贷款贴息扶持等。

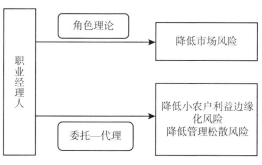

图 10 - 4　职业经理人的功能示意图

（三）农业社会化服务：整合服务功能

根据孔祥智等（2012）的定义，农业社会化服务是指在家庭联产承包经营基础上，为农业的产前、产中和产后各环节提供各类服务的个人或组织。2024 中央一号文件《中共中央　国务院关于学习运用"千村示范、万村整治"工程经验有力有效推进乡村全面振兴的意见》明确提出，"支持新型农业经营主体和新型农业服务主体成为建设现代农业的骨干力量"，把农业社会服务主体放到了与新型农业经营主体同等重要的地位。近几年国家也出台了各项政策措施来鼓励和促进农业社会化服务[①]。已有研究也表明，农业社会化服务能够节约粮食生产成本、提升农业生产效率、提高农民获利能力（郝爱民，2013；孙顶强等，2016；崔宝玉和高歌，2024；李玉超和张立杰，2024）。

那么，农业社会化服务如何发挥作用？作为农业经营者，对农业生产是否外包会做出权衡，一般来说，由于机器设备的资产专用性较强、使用频率较低和更新换代成本较高，经营者很少会考虑购买大型机械设备。因此，经营者会把劳动密集型环节外包给农业社会化服务组织或个人。农业社会化服务的完善和发展降低了农业生产成本和市场风险。如崇州市根据农业共营制

---

① 如 2016 年农业部、财政部出台《关于做好 2016 年农业生产全程社会化服务试点工作的通知》，2017 年农业部、财政部出台《关于支持农业生产社会化服务工作的通知》。2024 年中央一号文件《中共中央　国务院关于学习运用"千村示范、万村整治"工程经验有力有效推进乡村全面振兴的意见》提出，"加强农业社会化服务平台和标准体系建设，聚焦农业生产关键薄弱环节和小农户，拓展服务领域和模式。"

的需求，按照"政府引导、资源整合、市场参与、多元合作"的原则构建科技、品牌、金融及专业化服务四大服务体系（王吉泉等，2016）。具体来说，科技服务体系主要把高校和科研机构的人力资源优势进行整合，组建专业的科技服务团队。品牌服务主要是成立农业品牌管理委员会，建立"公共品牌 + 土地股份合作社 + 农业基地"连接机制，并鼓励新型经营主体建立品牌。金融服务主要是通过"互联网 + 农村金融"等平台扩宽新型经营主体融资渠道，而且通过融资担保、产权交易、风险防控等手段来保证经营者资金需求。专业性服务是指为经营者提供农业机械化服务、田间管理、农资配送、运输、农业咨询等服务，通过"服务超市"为经营者提供"一站式"全程农业生产服务，服务内容、标准和价格均公开透明。同时，政府通过"互联网 +"手段打造了"西蜀粮仓·崇州味道"的电商品牌，实现农产品线上销售。因此，通过整合农业社会化服务体系可以提供多样化的高质量、精准化服务，有效降低了规模化经营的市场风险（见图 10 - 5）。

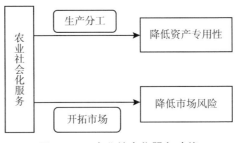

图 10 - 5　农业社会化服务功能

需要重点说明的是，农业共营制的三个组成部分是一个有机的组合，而不是机械的组合，离开任何一个部分都不能达到最大效用。目前，虽然各地土地股份合作社和农业社会化服务快速发展，但许多地方都是单独运行或者联系不紧密。即在规模化经营过程中，作为土地股份合作社的经营者虽然可以把农业生产等环节外包给专业的社会化服务组织或个人，但在搜寻合适的社会化服务组织、签订契约、监督作业质量等方面产生大量交易成本。此外，当前许多地区农业社会化服务呈现碎片化状态，许多社会化服务由兼业化个体来提供，囿于资金和服务范围的限制，其没有动力和能力去购买先进的机械设备，而且，也无法提供多样化服务内容。通过农业共营制把三者有机结合，可以减少大量交易成本，实现效用最大化，如通过土地股份合作社实现土地规模化，聘请职业经理人实现更好地经营和管理，农业社会化服务为职业经理人提供高质量服务保障，从而实现"1+1+1>3"的效果。

第三节 结论与政策建议

（一）结论

规模化经营是提高农业竞争力的重要途径，但是，规模化经营过程中的潜在风险需要特别关注。本章从"三位一体"农业共营制视角探讨如何化解规模化经营的潜在风险。研究发现，农业规模化经营风险包括经营主体风险和社会风险。农业共营制的土地股份合作社、职业经理人和农业社会化服务具有化解规模化经营潜在风险的内在功能，与规模化经营的潜在风险能够进行很好的匹配。针对于此，应确立农业共营制的官方地位、规范农业共营制不同主体的行为，并保障农户农业共营制的进退自由。

（二）政策建议

"三位一体"农业共营制是具有强大生命力的新兴事物，是化解规模经营潜在风险的有效机制。因此，需要不断地完善和发展农业共营制来化解规模化经营中的潜在风险。

1. 确立"三位一体"农业共营制的官方地位

当前，农业共营制得到越来越多学术界和地方政府的关注，如辽宁大连个别地区开始试点运行，并取得了不错的成绩。虽然四川等个别地方的政策文件中提到"农业共营制"，但从其他地区和中央的政策文件来看，尚未明确提出农业共营制这个概念，也就是说"三位一体"农业共营制尚未得到官方正式的认可。因此，如果把农业共营制推广到其他地区会使农民心中存在疑虑，其会对新生事物产生排斥心理。具体来说，当前土地股份合作社和农业社会化服务在各地已经发展比较普遍，各级政府需要根据农业共营制的概念框架，把不同的主体融合、衔接，构建一个循环的生态圈，中央或地方政府及时根据当地的具体情况出台相关的官方文件，打消农民心中疑虑。

2. 规范农业共营制不同主体的行为

农业共营制作为一种农业生产模式，不具有企业法人的地位，但农业共营制由不同的主体构成，其是具体的实践者和操作者。根据集体行动理论，不同主体可能会存在搭便车或投机主义行为，从而影响合作的稳定性。因此，政府应出台相关的政策文件约束不同主体的行为，对于不同主体给予选择性激励。同时，对于农业共营制要明确利益分享和风险分担机制，即规定好不同主体承担的义务和享有的权利，特别是对于职业经理人的利润分享和考核，应制定有弹性的绩效考核指标。

3. 保障农户农业共营制的进退自由

在推进农业共营制过程中，要充分保障农户进退自由的权利，不能为了实行规模经营而强制农户入股土地股份合作社。这是对农户权利和利益的尊重和保障，也是推进农业共营制的基本前提。同时，农户在加入农业共营制后，也需要严格按照签订的合同进行，不能因为个别农户的绝对自由损害其他农户或者经营主体的利益。为保证农业共营制的顺利推进，各地区在推进过程中要先行试点，让农户看到实实在在的收益。由于每个地区的自然、人文和经济发展条件不同，在推行中需要因地制宜，根据各地具体情况不断完善和修订。

第 十 一 章

农业规模化经营应把握的规律和避免的误区

强国必先强农，农强方能国强。党的二十大报告提出，"加快建设农业强国，扎实推动乡村产业、人才、文化、生态、组织振兴。"2024 年中央一号文件《中共中央 国务院关于学习运用"千村示范、万村整治"工程经验有力有效推进乡村全面振兴的意见》提出"锚定建设农业强国目标""以加快农业农村现代化更好推进中国式现代化建设"。规模化经营是实现农业强国的重要途径和必然要求。然而现实中，一些地方存在盲目追求土地规模化经营、刻意打造"亮点工程"等问题，这造成了许多农户为达到一定补贴标准而盲目扩大土地规模。同时，当前许多规模化经营者存在"毁约弃耕"等现象，而土地毁约弃耕不仅造成了严重的土地资源浪费，也带来了一定的社会不稳定因素。

那么，如何才能实现更高质量的农业规模化经营？在推进农业规模化经营过程中应关注哪些关键的问题？是否有内在的规律可循？是否可避免相关的误区？基于此，本章着重分析规模化经营中应关注的关键问题、把握的内在规律和避免的思维误区，并提出相关的政策建议，以期为当前和未来中国规模化经营提供政策参考。

第一节 规模化经营应关注的关键问题

（一）规模化经营应关注城镇劳动力承载能力

目前，中国正从"乡土中国"向"城乡中国"转变，农村劳动力正逐渐向城市转移已经成为一个客观的事实和基本的趋势。国家统计局数据显示，中国城市化率由 1978 年的 17.9% 提高到 2023 年底的 66.2%，而且当前及今后一段时间内，中国仍将处于工业化和城镇化的快速发展阶段。伴随着劳动力转移就要涉及土地问题，那么，土地流转、规模化经营与农村劳动力的关系如何，即先有土地流转还是先有农村劳动力转移？一部分学者认为通过土地流转可以摆脱土地的束缚，释放更多的农村劳动力，从而促进劳动力转移（邵彦敏，2007；孟令国和余水燕，2014；杜鑫和张贵友，2022；刘志忠等，2022），这种观点认为农民土地流转后可以安心外出务工，没有后顾之忧。然而叶敬忠等（2016））根据对四川葛村的实际调研发现，土地流转与外出务工没有直接关系，葛村的现实是"先打工、后流转"，如被访者回答的"没有人会等着土地被流转出去了，再外出打工"。笔者根据对河南、山东的调研同样发现，许多农民是因为有外出就业机会才把土地流转出去（在农村的熟人社会很容易把土地流转出去，甚至不惜以"零地租"流转）。可以说，农村劳动力转移是伴随着经济发展而产生的劳动力要素自由流动现象，是农民的理性决策。因此，如果盲目或者过快推进土地流转和规模化经营，当城市的就业能力无法承载更多的农村转移劳动力时，就会出现许多社会问题，如失业、犯罪等。如 20 世纪 70 年代的"拉美陷阱"，大量农民的土地被兼并，而城市又没有为进城农民创造足够的就业机会，便形成了许多贫民窟，出现许多严重的社会问题，最终影响经济发展（韩俊等，2005）。2008 年金融危机时，我国南方制造企业纷纷倒闭，大量农民工失业，这一时期大约有 40%～50% 的农民工返乡，但是并没有产生严重的社会问题，很大程度上是因为农民可以自由地在城乡之间选择（国务院发展研究中心课题组，2011）。日本二战后同样面临大量农村剩余劳动力，但却快速地完成了农村劳动力的转移，实现了城市化。其中最重要原因是日本经济在这一时期保持了高速增长（日本在 1955～1973 年，年均实际增长速递9.7%），日本十分重视发展工业对劳动力的吸纳，1960 年，池田政府制定了《国民收入倍增计划》，有力地促进了经济发展，为农村劳动力转移提供了充足的就业机会（沈悦，2004；全毅等，2014）。同样，欧美国家也面临大量农村劳动力涌入城市的问题，如英国因工业就业吸纳能力有限，许多农民成为流浪汉，为此，英国采用了大规模移民政策（蒋尉，2013）。当然，在现代社会不存在这样的国际空间，所以发展经济成为吸纳农村转移劳动力的唯一途径。

从动态视角来看，随着经济的发展，城镇的容纳能力会越来越强，能够容纳更多农民工进城务工定居。如中华人民共和国成立初期，经济发展较为落后，城市就业能力有限，不能容纳更多的农村劳动力人口，为避免过多农村人口涌入城市带来不稳定因素，国家实行严格的户籍制度，而随着城市经济快速发展，有更多的就业岗位来容纳各类人才，许多城市便通过各类优惠政策来吸引人才，出现了"抢人"热潮。可以看出，随着城市经济的发展，城市劳动力承载能力越来越强，可以容纳更多的农民进城落户且不会造成社会不稳定，但是，在这个过程中不能操之过急，不能强制推行土地流转和规模化经营让农民进城务工或者定居，否则稍微有经济危机，最先受冲击的就是缺乏城市生存能力的农民工。因此，规模化经营必须与城镇劳动力承载能力相适应，给农民选择的权利，合理引导，循序渐进。

（二）规模化经营应关注城乡公共服务供给

国家发展改革委印发的《"十四五"新型城镇化实施方案》明确提出："坚持把推进农业转移人口市民化作为新型城镇化的首要任务，存量优先、带动增量，稳妥有序推进户籍制度改革，推动城镇基本公共服务均等化，健全配套政策体系，提高农业转移人口市民化质量"。因此，城镇化不仅是农民在城市工作和生活，更重要的是在城市获得均等的公共服务，如医疗、养老和卫生等，能够在城市过得更有幸福感，特别是对于新一代农民工来说，其不仅希望"有地方住、有工作做"，更追求生活和工作的质量和满意度。那么，当前是否实现了更高质量和更充分的就业呢？截至2023年，我国农民工数量约2.98亿人次，其中50岁以上占比29.2%，但大部分农民工并没有参加城镇职工养老。[①] 同时，农民工在城市从事劳动密集型行业。由于农民工文化教育程度较低[②]，在经济危机面前也往往最先受到冲击，如2008年金融危机，有大批的农民工返乡。同样，笔者对河南、山东的调研发现，

---

① 2023年农民工监测调查报告［EB/OL］. 中华人民共和国人民政府网，2019 – 03 – 02. https：//www. gov. cn/lianbo/bumen/202405/content_6948813. htm。

② 《2017年农民工监测调查报告》，初中及以下学历的占比为72.6%。

许多外出务工者没有"五险一金"，因缺乏工作技能，一般都是从事劳动密集型行业。因此，在推进土地流转和规模化经营过程中，要注重城市公共服务的供给，不仅包括社会保障体系，也包括城市道路、教育、医疗、绿化、包容程度等方面。让城市的公共服务供给水平与农村劳动力的转移相适应，让每一个人能够享受到城市的美好生活，这也是推进城镇化和建设中国特色社会主义的出发点和基本要求。

虽然我国农村地区社会保障体系越来越完善，农村医疗养老保险实现了全覆盖，但仍然处于初级阶段。以医疗养老保险为例，"新农合"报销范围有限，报销比例较低，仍然无法满足农民高质量的医疗需求。农村养老保险的保障水平较低，虽然每年缴费标准从低到高分为不同档次，但是农民往往会选择较低标准来缴纳，而且，农村养老院存在经费短缺、设施不完善和缺乏专业人员的困境。农户作为理性经济人，也是风险规避者，在对未来存在风险预期的情况下会成为"损失厌恶"者，他们考虑较多的是风险的可能性及如何规避而非土地流转带来的收益。如一访谈村民所说："要是农村人的养老保险像城里人一样多，很多农村人都不种地了……农民要的是一种持续的稳定收入，而且以后生活成本越来越高，现在农村一个月给100元，假如（现在）60岁后有1 000～2 000元的收入，都不靠种地了。"因此，影响土地是否流转、能否推进规模化经营的一个重要因素是农村社会保障体系的完善程度。

同时，农村公共服务设施也会影响农民土地流转行为。当前农村公共娱乐和休闲设施建设远落后于人民生活需求，特别是农村广场、老年人活动中心、公园等公共设施。许多地区缺乏基本的娱乐和休闲服务设施供给，即便有娱乐和休闲服务设施，其供给质量也无法满足人们的高质量生活需求。根据马斯洛需求理论，在生理需求和安全需求得到满足后，人们有社交需求、尊重需求和自我实现需求。而由于娱乐和休闲设施建设的缺失，种地成为农民的一种"娱乐活动"和精神寄托，失去土地就会感觉失去了依靠。笔者在河南、山东调研中发现，当问到土地流转或者土地退出去时，他们往往会回答，"种地是给自己找个事儿干""不种地会得病的，干干活，活动着还能锻炼身体""农村人闲不住，不干活也没啥事儿干"。可以看出，一部分农民把种地当成娱乐和锻炼身体的"工具"，土地具有精神保障功能。因此，农村公共娱乐和休闲设施的供给，特别是农村广场、老年人活动中心、公园等公共设施，可以丰富农民的精神世界，替代土地的"娱乐和休息"功能，从而促进土地流转。

总之，在推进土地流转和实现规模化经营过程中应关注城乡公共服务的供给。城市公共服务的供给可以让进城农民享受到美好的城市生活，也能反过来吸引更多的农民进城务工定居，而乡村公共服务的供给也可以替代土地对农民的精神保障功能。

第二节　规模化经营应把握的内在规律

（一）规模化经营应把握代际差异的规律

当前，中国农村社会正在发生明显的分化，其中最明显的一个现象就是代际差异。从时代划分来看，"60后""70后"被称为"农一代"，正在逐渐退出历史舞台，而"80后""90后"被称为"农二代"，已经成为社会主力①。1980年后出生的"农二代"农民工占总量的50.5%，增长0.8%，"农一代"农民工占49.5%。"农一代"和"农二代"在价值观念和行为习惯上存在明显差别，具体表现在进城意愿和回乡意愿（叶兴庆，2018）。"农一代"对土地的依赖性很大，且具有很强的乡土情结，看重"安土重迁"和"叶落归根"，大部分人在城市经过艰难打拼后最终回归农村。而"农二代"则是"志在四方"，家乡观念淡薄，更向往城市生活，希望能够留在基础设施完善、工作机会多的城市，甚至大多数"农二代"已经在城市定居，逢年过节也较少回家乡（黄丽芬，2021；徐晓红等，2024）。刘玉侠和陈瑞伞（2018）基于安徽、贵州、浙江三省28个村庄906份问卷，对新老两代农民工的回流情况的分析发现，新生代农民工回流比例为28%，而老一代农民工回流比例为72%。那么，什么原因导致"农一代"和"农二代"进城和回乡意愿的差异呢？

---

① 也有学者把实行家庭联产承包地时分得承包地的称为"农一代"，把1984年后出生，未分得承包地的称为"农二代"。

一般来说，"农一代"经历过"吃不饱穿不暖"的日子，且思想比较保守，对新事物的接受程度、城市生存能力等较弱，在城市较少缴纳社会保障，因此，更愿意回归农村。而"农二代"出生在改革开放之后，生活条件相对比较富足，在市场经济环境下思想比较开放，教育程度较高、对互联网等新事物的接受程度更快、城市生存能力较强，在城市缴纳比较健全的社会保障。而且由于"农二代"对农业不熟悉也缺乏感情，即便农业收入和城市务工收入一样高，他们也愿意去城市务工，主要是他们的追求目标是多元化的，不仅仅是当前的收入，更多的是对城市未来发展潜力的看重、对"面子"的重视以及心中怀揣对梦想的追求和美好生活的向往（由于长期实行严格的户籍制度造成城乡二元城市结构，使农民潜意识地认为城市就是"富裕""先进"的象征，而农村就是"贫穷""落后"的地方，如果谁能在城市务工或者定居，在农村会被认为"很有出息""很有面子"）。同时，"农二代"也更多考虑为下一代创造更好的教育医疗条件，希望扎根城市。章程（2018）依据2016年中国具有代表性的8个抽样省份的城乡移民中的4 282个农民工样本（其中老一代农民工样本2 443个，新一代农民工1 839个），发现老一代农民工中高中及以上学历者占比24.88%，新一代农民工中则占比50.52%；老一代农民工中有固定、长期合同者占比37.52%，新一代农民工中则占比51.60%。可以看出，新一代农民工的教育程度更高，且具有相对稳定的工作，而多数老一代农民工是临时工，城乡间的流动性较大。

代际差异对推进土地流转和实现规模化经营具有重要启示意义。一方面，"农一代"因年龄增长逐步返乡，但他们对土地的依恋在一定程度上阻碍了土地流转和规模化经营；另一方面，"农二代"开始走进历史舞台，且相当一部分"农二代"对土地没有留恋，即便回乡也不愿意再种地。这一代际差异很可能成为中国土地流转和规模化经营新的突破口。因此，在土地流转和规模化经营中要考虑到代际差异，顺应代际差异的规律。在"农一代"退出农业生产之前，要尊重农民的意愿，而且要不断完善农业生产制度，如代耕代种、联耕联种和农业共营制，给农民更多的选择权。而随着"农一代"的退出，土地流转和规模化经营就会越来越多，但土地流转和规模化经营并非在"农二代"完成，可能需要经过"农三代""农四代"等代际接力式传递。

（二）规模化经营应把握农户分化的规律

随着城镇化和工业化的推进，农户非农就业机会越来越多，而伴随着国家的农业政策和制度的完善，农户会进一步促进分化：第一，一部分由于代际传递原因或者对土地具有更深厚的感情而不愿意放弃土地的农户，其仍然继续着小规模经营，但由于非农就业的增加和农业收入在总收入比重的降低，农民会把更多的时间配置到非农就业上，农民对农业收入的期盼由增加收入或养家糊口变为一种心理保障，农业成为副业，而且，未来农业副业化倾向越来越明显。基于劳动力的考虑，农民对农业生产的要求是"去劳动化"。由于粮食作物（小麦、玉米和水稻）的机械化程度高，农业社会化服务市场发育完善，农民只需要投入较少的劳动力便可完成。因此，随着工业化和城镇化的推进，小农户的"趋粮化"趋势会愈加明显。这也与罗必良等（2018）的研究相同，即随着劳动力约束的增强、农业机械化的发展和农业社会化服务市场的完善，农地转入会强化农户种植结构的"趋粮化"态势。对于这部分农户需要完善农业社会化服务，创新农业经营方式，如生产托管、农业共营制等来满足其需求。第二，农业收益的下降和城镇化带来的机遇促使相当一部分农户流转土地甚至退出土地而在城市定居。当前国家正在全国各地进行土地和宅基地有偿退出试点，并取得了一定的成效。从已有研究来看，发达地区的农户退出土地的意愿较高，如刘同山和方志权（2018）利用上海郊区 11 个镇 1 255 个农户调查数据发现，65.34% 的农户愿意有偿退出土地，53.78% 的农户愿意用土地退出换取社保。可以预期，随着非农就业的增加和社会保障的完善，土地的增收功能和社保功能将会被逐步替代，土地流转甚至退出的比例越来越高。第三，在乡村振兴战略的指引下，越来越多的农村青年、大学生和工商资本等投资农业，农村将会出现更多的家庭农场、合作社或者农业企业，而且许多新型经营主体是由小农户演化而来，而这些新型经营主体的出现也会进一步加速农户的分化，促使一部分农户流转或者退出土地，从而形成规模化经营。但是，在利润的驱使下，新型经营主体为了尽可能地在有限的土地上创造更多的利润价值，会更多选择附加值较高的经济作物，可能会出现"非粮化"甚至"非农化"现象。同时，由于规模化经营者投资较大、农产品市场风险较高，因此，需要完善农产品市场信息服务、保险服务和金融服务等。

总之，随着经济的发展，土地流转和土地退出越来越多，土地的市场因素将逐渐取代土地禀赋效应。因此，在推进规模化经营过程中要把握农户的分化规律，对不同类型农户实行不同的规模化方式，而且要把握不同类型农户的内在逻辑和差异化需求，从而制定出满足不同农户需求的精准化政策措施。

第三节　规模化经营应避免的思维误区

（一）规模化经营不只是土地的规模化

2024 年中央一号文件《中共中央 国务院关于学习运用"千村示范、万村整治"工程经验有力有效推进乡村全面振兴的意见》提出，"以小农户为基础、新型农业经营主体为重点、社会化服务为支撑，加快打造适应现代农业发展的高素质生产经营队伍"。现代化农业骨干力量不仅包括土地规模化的家庭农场、合作社和农业企业，也包括服务型的家庭农场、合作社和农业企业。长久以来，学术研究、政府和新型经营主体过度地关注于土地的规模化而往往忽略了服务的规模化。由于中国家庭联产承包制的特殊国情，小农户在当前和未来一段时期内仍将大量存在，短时期内实现大面积的土地规模化经营不太现实，"大国小农"是我国当前和未来一段时间内的基本国情和客观现实。因此，可以通过服务规模化来实现小农户与现代农业的衔接，即发展农业社会化服务（张哲晰等，2023）。

当前，我国农业社会化服务正处于黄金发展阶段，具有巨大的发展潜力，未来可能会有上万亿元甚至数万亿元的市场规模。已有研究不管是基于省级宏观数据还是农户调研数据都清晰表明，农业社会化服务能够节约粮食生产成本、提高农业生产效率、提升农业获利能力（郝爱民，2013；孙顶强等，2016；陈义媛，2024）。目前来说，农业社会化服务供给主体包括政府、新型经营主体、专业社会化服务组织或者个人等，其提供多种服务类型，包括代耕代种、联耕联种、土地托管等专业化规模化服务。比较典型的就是江苏射阳"联耕联种"的做法，既实现了分散农户的联合，也实现了粮食增产、生产成本降低和农民增收（桂华和刘洋，2017）。因此，通过服务的规模化可以在经营权不发生变化的情况下实现分散农户的生产联合（巩慧臻和姜长云，2023）。总之，规模化经营不仅仅限于通过土地流转实现土地规模化，也包括服务的规模化经营。根据农业农村部统计，2023 年农业社会化服务面积超过 19.7 亿亩次，服务小农户 9 100 多万户。同时，国家也出台了各项政策措施来促进农业社会化服务。[①] 但是，目前农户对农业社会化服务的需求多限于生产环节，而对信息服务、市场服务等需求较小。如罗小锋等（2016）基于黑龙江省和浙江省 353 名种植大户的调查，发现有 66% 的种植大户对生产环节的社会化服务有需求，而对信贷和信息有需求的农户分别占 25.59% 和 6.73%。同时，笔者对河南和山东的调研发现，许多地区农业社会化服务呈现"碎片化"状态，具体来说，规模较小的农业社会化服务供给者的服务范围仅限于本村。由于服务范围有限，即便更新换代机器也不能通过扩大服务规模来获得更大的收益，很多小的规模化服务组织或个人没有动力更新换代机械，只能为农户提供最基本的耕种收等环节的服务。因此，需要整合"碎片化"的社会化服务组织或个人从而提供高质量的服务。

（二）规模化经营不是规模越大越好

早在 1770 年杨格就在《农业经济论》一书中提出农业适度规模经营理论。2014 年中央印发的《关于引导农村土地经营权有序流转发展农业适度规模经营的意见》明确提出，"坚持经营规模适度，既要注重提升土地经营规模，又要防止土地过度集中，兼顾效率与公平"[②]，强调在规模化经营过程中要坚持"适度"。现实中，各级政府落实政策过程中往往忽略"适度"，在政绩和利益的驱动下盲目追求规模化经营，如在制定补贴政策时，规模越大补贴越多。同样，对部分新型农业经营主体来说，潜意识中认为经营规模

---

① 如 2016 年农业部、财政部出台《关于做好 2016 年农业生产全程社会化服务试点工作的通知》，2017 年农业部、财政部出台《关于支持农业生产社会化服务工作的通知》。

② 1987 年国家在中央在 5 号文件中首次明确提出要推进农业适度规模经营，此后在不同的政策文件（包括一号文件）中多次强调土地适度规模经营。

越大效益越高。诚然，通过规模化经营可以实现规模效应，根据规模经济理论，在一定时期内，随着企业规模的扩大，企业成本不断下降，呈现出规模经济状态，但是一旦超过临界值，边际收益会逐渐下降，甚至趋于零或负，表现出规模不经济状态。对于农业规模化经营来说，在一定规模化或者临界值之前，边际收益与规模化呈现正相关关系，一旦超出临界值，便呈现负相关关系，即边际收益与规模化经营呈现倒"U"形关系，实际上不一定是倒"U"形关系而是非线性关系，这也得到了学者研究的证实。如李文明等（2015）基于22个省134个村庄1 552个水稻种植户的调查数据，发现随着土地规模的扩大，农户水稻单产水平呈现"先降—后升—再降"的趋势，也有学者发现土地规模与生产效率呈现倒"U"形关系（陈杰和苏群，2017；郑志浩等，2024）。在实际规模化经营过程中，适度规模经营可以提高机械设备的投资利用率，发挥土地的规模效应，但一旦规模化经营超过临界值，土地经营者就需要雇佣大量的劳动力，产生较多的雇工费用，且与雇佣工人形成委托—代理关系。在农村熟人社会，碍于情面很难对熟人或朋友进行监督和惩罚，同时大多数雇工年龄较大，很难规范他们的操作行为，其偷懒行为或者不规范操作会导致产量减少，效率降低。比如，在河南调研中发现，规模经营大户很难发现雇工的"偷懒"行为，即使发现往往也"无可奈何"。对适度规模经营者来说，相对有较多的精力和能力去管理和把控生产过程。同时，经营规模过大会伴随较大市场风险，即便是具有保护价的小麦和水稻，其价格的稍微波动也会对经营者收益产生很大影响。

那么，经营规模多大最合适呢？《关于引导农村土地经营权有序流转发展农业适度规模经营的意见》明确提出，"现阶段，对土地经营规模相当于当地户均承包地面积10倍至15倍、务农收入相当于当地第二、三产业务工收入的，应当给予重点扶持"。从目前的实证研究来看，倪国华和蔡昉（2015）利用国家统计局2004年、2005年、2007年、2009年、2012年农村住户调查面板数据，以亩均粮食产量为衡量标准，发现家庭综合农场的最优土地经营规模区间为131~135亩，"种粮大户"的最优粮食播种面积区间为234~236亩。陈杰和苏群（2017）用全国农村固定观察2009~2011年的数据，测得经济作物土地生产率在6~9亩时最高，而粮食作物在10~20亩时最高。差异比较大的原因是倪国华和蔡昉调研的是家庭综合农场，而陈杰和苏群利调研的是不同规模的农户，而且衡量标准也不相同。另外也有学者基于某一区域某一时期适度规模经营面积进行研究，如张成玉（2015）基于河南省家庭农场 2014 年数据，发现适度规模经营面积为人均经营 72 亩，预测 2023 年人均经营 110 亩最优。郑志浩等（2024）采用含有大小农户的第三次全国农业普查规模农户数据，发现小麦和玉米单产与播种面积呈拐点分别为 10 亩和 15 亩的显著倒"U"形关系。可以看出不同学者的研究结论并不相似，而具体到实践中到底多大规模最合适取决于当地的自然条件、经济发展水平、劳动力转移情况、个人的资金和经营管理能力等，而且，对经济作物和粮食作物也要区别对待。随着时间的推移和外界生产条件的变化，最优生产规模也呈现动态变化。如在机械化程度低和农业技术较落后时，农业更多的是靠体力劳动，因此，最优适度规模会比较小，而当机械逐渐替代劳动时，农户从繁重的体力劳动中解放出来，此时，最优适度规模会逐渐增大。

（三）规模化经营导致国家和小农户利益边缘化

风险往往与收益共存，规模化经营在实现规模经济，带来收益的同时也面临一定的风险，本节主要从国家和社会层面分析规模化经营面临的"非粮化""非农化"风险以及小农户利益边缘化风险。

与小农户相比，规模化经营者的收入几乎全部来源于土地，因此其会竭尽全力在有限的土地上产出最大的价值，从而导致"非粮化"甚至"非农化"。具体原因包括以下三个方面：第一，利润驱动。虽然粮食作物价格比较稳定，但其利润空间较小，而经济作物甚至非农产业具有较大的利润空间，因此，经营者一般会把转入的部分或全部土地种植经济作物甚至"非农化"。第二，消费者的需求升级。根据黄宗智的"隐性农业革命"理论，消费者对农产品消费结构的重构引起了农业生产结构的变化。如对谷物、蔬菜和肉类消费的比例由以前的 8∶1∶1 转变为现在的 4∶3∶3，由此促使更多的生产者生产附加值高的水果、蔬菜等（匡远配和刘洋，2018）。第三，政府对"非粮化"和"非农化"的模糊态度。政策法律允许流转土地种植经济作物，但明令禁止改变其用途进行林木种植、开挖鱼塘、畜牧养殖和建设用地。政府为了彰显地方政绩或者个人升迁，并没有严格落实政策规定。谭淑豪等（2023）采用 2017~2019 年全国农村固定观察点的面板数据，发现土地流转加剧了农地"非粮化"，20 亩以上的农户倾向于"非粮化"。李俊甫等（2024）基于河南的调研发现，2010 年、2015 年、2020 年河南省耕地"非粮化"率平均值分别为 32.12%、29.15% 和 32.21%，耕地"非粮化"水平具有一定的变动幅度。2015 ~ 2020 年耕地"非粮化"上升率增加了 3.06%。因此，在规模化经营过程中，要出台明确的法律法规约束新型经营主体的行为，如根据"非粮化"和"非农化"程度而动态调整补贴水平。

《"十四五"推进农业农村现代化规划》明确提出，"推动新型农业经营主体与小农户建立利益联结机制，推行保底分红、股份合作、利润返还等方式"。现实中小农户真的能从规模化经营中获利吗？一方面，规模化经营面临精英俘获。规模化经营者往往需要具备一定的资金和人脉。因此，相对比较贫困、缺乏资金和人脉关系的小农户就很难进行规模化经营。一般来说，能够进行规模化经营的主体，其本身可能就是当地精英或者挣钱能力较强的人，若一直鼓励乡村精英来实现规模化，长期会形成"马太效应"，导致农村地区贫富差距和不公平。另一方面，小农户利益边缘化。农户可以土地入股等方式与合作社或农业企业建立契约关系来保证销售，也可以通过在合作社或农业企业打工来增加收入。然而，已有研究发现，虽然农户加入合作社能够增加收入，但收入增加有限。陈杰（2015）基于江苏省 708 个水稻种植户的样本发现加入合作社确实能够增加农户收入，进一步采用 PSM – DID 方法控制后，社员比非社员净收入高出 445 元，也就是说每亩平均净增收 116.8 元（每户 3.81 亩）。梁海兵和姚仁福（2023）基于"中国乡村振兴综合调查（CRRS）"数据库的研究发现，合作社能够显著促进小农户增收，但该增收效应存在一定的限度。在现实中，由于小农户规模比较小，往往只能获得微薄的利益，大部分利润被合作社和农业企业中的大户或者大股东获取。笔者通过对浙江温州地区茶叶、水果和蔬菜合作社调研同样发现，大户一般承包大面积土地，通过合作社平台能够获得较大的收入，而小农户由于种植规模小，其增收效益不明显。因此，政府需要进一步加强小农户与新型农业经营主体的利益融合度，构建合理的利益联结机制，使小农户在规模化进程中获得实实在在的利益。

第四节　结论与政策建议

（一）结论

规模化经营是提高中国农业竞争力的重要途径之一。然而现实中政府存在盲目推进规模化经营行为，农户毁约弃耕现象也时有发生，如何实现高质量规模化经营成为一个迫切而重要命题。基于此，本章着重分析在推进农业规模化经营过程中应关注的关键问题、把握的内在规律和避免的思维误区，具体来说，实现规模化经营应关注城镇劳动力承载能力和城乡公共服务供给两个关键问题，把握农户代际差异和农户分化两个内在规律。避免"规模化经营不只是土地的规模化""规模化经营不是规模越大越好""规模化经营并非百利而无一害"三个思维误区。

（二）政策建议

基于上述分析，本章提出以下三方面政策建议：

第一，把握土地流转和规模化经营的紧迫感和节奏感。一方面，分散化和细碎化的农业生产格局越来越不适应现代农业发展要求；另一方面，随着城镇化的推进和农村劳动力的转移，谁来种地？如何种地？成为时代之问题。因此，要把握时和顺应代发展的趋势，推进土地流转和规模化经营刻不容缓，这是历史赋予这个时代的使命也是实现农业强国的迫切需求。然而，在推动土地流转和规模化经营进程中，我们应该认清小农户大量存在的客观事实，"大国小农"的农业格局在当前和未来一段时期内将不会改变，在推动土地流转中要充分考虑这一事实，不能盲目推进。土地流转和规模化经营要与代际接力式进城相适应，与每个地方的自然环境、经济发展条件和人文环境相适应，防止"一刀切"行为。可以说，在推动土地流转过程中既要把握紧迫感，也要掌握节奏感，明者因时而变，知者随事而制，不同地区，自然经济社会环境差异较大，需要政府在充分了解当地环境的前提下，因地制宜。

第二，完善农业社会化服务。《"十四五"推进农业农村现代化规划》提出，"引导小农户进入现代农业发展轨道"。由于经济发展程度和代际差异等原因，我国将长期存在大量的小农户，如何实现小农户的现代化成为实现农业强国的重要内容。其中，发展农业社会化服务成为实现小农户和现代农业有机衔接的纽带和中介，通过分工把小农户融入现代化。虽然我国农业社会化服务发展较快，但在许多农村地区呈现"碎片化"，无法为农户提供高质量、低成本、内容丰富的社会化服务。因此，需要对当前的农业社会化服务进行整合，以适应新时代农业发展需求，如以几个村或者乡为单位，整合分散化的社会服务个体，成立统一、规范的社会化服务组织，这样既可以有能力和动力购买先进的机械设备，也可以提供高质量、低廉的服务，而且可以避免分散化个体之间的无序竞争。同时，鼓励多种形式、多元化市场主体参与的农业社会化服务，使农业社会化服务的内容更加贴近实际，服务主体更加接地气。

第三，引导和规范规模化经营主体的行为。部分规模化经营主体可能对土地和农业认知上存在偏差，会简单地认为规模越大越好，往往会盲目流转土地。近几年规模化经营主体"毁耕弃约"现象时常发生，这不仅对自身造成严重损失，给政府也带来很大负面影响。因此，在土地流转和规模化经营过程中，政府要善于引导，根据当地的自然经济社会条件，制定适合当地的适度规模化标准线，对超过标准的规模化经营主体，要重点关注和长期跟踪，如对经营者的资金和管理能力进行评估，对可能遇到的风险要及时地讲解、引导和化解，防范经营风险的发生。同时，政府制定详细的法律法规，对规模化经营的"非粮化"或"非农化"行为进行法律和制度约束。在政府选择补贴对象和发放补贴标准时，可以把"非粮化"和"非农化"作为重要的考量标准，对规模化经营主体进行选择性激励。

参 考 文 献

［1］鲍海君，袁定欢，庄红梅．土地督察与开发商囤地：策略抉择的演化博弈［J］．中国土地科学，2014，28（2）：29 – 36.

［2］蔡海龙，关佳晨．不同经营规模农户借贷需求分析［J］．农业技术经济，2018，4：90 – 97.

［3］蔡荣．合作社农产品质量供给：影响因素及政策启示［J］．财贸研究，2017，28（1）：37 – 47.

［4］曹丹丘，周蒙．土地承包权退出：政策演进，内涵辨析及关键问题［J］．农业经济问题，2021（3）：17 – 27.

［5］曹光乔，吴萍．如何把小农户"服务好""带动好"——基于农机社会化服务视角［J］．农业经济问题，2023（10）：22 – 31.

［6］陈宏伟，穆月英．政策激励、价值感知与农户节水技术采纳行为——基于冀鲁豫 1188 个粮食种植户的实证［J］．资源科学，2022，44（6）：1196 – 1211.

［7］陈杰．粮食类专业合作社的增收效果评价——基于 PSM – DID 模型分析［J］．农林经济管理学报，2015，14（4）：369 – 375.

［8］陈杰，苏群．土地流转，土地生产率与规模经营［J］．农业技术经济，2017（1）：28 – 36.

［9］陈靖．粮食安全视角下的农业经营问题——基于大户经营模式的讨论［J］．中州学刊，2013（4）：55 – 59.

［10］陈龙．小农视角下中国特色农业农村现代化的内在逻辑与路径选择［J］．经济问题，2024（4）：92 – 98.

［11］陈强．高级计量经济学及 Stata 应用［M］．北京：高等教育出版社，2014.

［12］陈锡文．加快发展现代农业［J］．理论参考，2013（8）：12 – 14.

[13] 陈秋分，刘彦随，翟荣新．基于农户调查的东部沿海地区农地规模经营意愿及其影响因素分析 [J]．资源科学，2009，7：1102 - 1108．

[14] 陈秋分，孙炜琳，薛桂霞．粮食适度经营规模的文献评述与理论思考 [J]．中国土地科学，2015 (5)：8 - 15．

[15] 陈义媛．农业社会化服务与小农户的组织化：不同服务模式的比较 [J]．中国农业大学学报（社会科学版），2024，41 (1)：48 - 64．

[16] 陈义媛．小农户的现代化：农业社会化服务的组织化供给机制探讨 [J]．南京农业大学学报（社会科学版），2023，23 (5)：52 - 62．

[17] 陈奕山，钟甫宁，纪月清．为什么土地流转中存在零租金？——人情租视角的实证分析 [J]．中国农村观察，2017 (4)：43 - 56．

[18] 程鹏飞，张红丽，李婕．认知规范、环境规制与小农户绿色发展实践路径——以农田防护林营林生产为例 [J]．兰州学刊，2023 (5)：94 - 108．

[19] 程秋萍．哪一种适度规模？——适度规模经营的社会学解释 [J]．中国农业大学学报（社会科学版），2017，34 (1)：69 - 82．

[20] 崔宝玉，高歌．土地规模经营背景下农民专业合作社增收效应再探究——兼论合作社的"制度优势之谜" [J]．农村经济，2024 (3)：123 - 132．

[21] 崔冉，王家隆．互联网、数字普惠金融与农村居民相对贫困 [J]．宏观经济研究，2023 (3)：48 - 58，127．

[22] 邓伟志．社会学辞典 [M]．上海辞书出版社，2009．

[23] 丁焕峰，张蕊，谭一帆．创新型农产品产销体系：促进小农户与现代农业发展有机衔接 [J]．农业经济问题，2024 (2)：121 - 134．

[24] 丁延武，王萍，郭晓鸣．不同禀赋农民土地承包经营权有偿退出机制研究——基于四川省内江市市中区的经验和启示 [J]．农村经济，2019 (9)：57 - 64．

[25] 董德坤，谷树忠，沈飞．传统农业生产区农村居民点扩张动因分析——基于山东省平度市的农村调查分析 [J]．中国土地科学，2011，25 (2)：73 - 78．

[26] 杜文骄，任大鹏．农村土地承包权退出的法理依据分析 [J]．中

国土地科学，2011，25（12）：16 – 21.

［27］杜鑫，张贵友．土地流转对农村居民收入分配的影响——基于 2020 年 10 省份农户调查数据的实证分析［J］．中国农村经济，2022（5）：107 – 126.

［28］范传棋，谭静，雷俊忠．农民承包地有偿退出模式比较研究［J］．农村经济，2017（4）：37 – 41.

［29］范乔希，邵景安，应寿英．山区合适耕地经营规模确定的实证研究——以重庆市为例［J］．地理研究，2018，37（9）：56 – 67.

［30］费孝通，韩格理，王政．乡土中国［M］．北京大学出版社，2012.

［31］冯华超，卢扬，钟涨宝．土地调整的合理性与必要性——兼论土地制度改革的方向［J］．西北农林科技大学学报（社会科学版），2018，18（1）：10 – 17.

［32］冯小．小农户现代化的实践机制：专业化生产与市场交易服务［J］．农村经济，2023（12）：113 – 122.

［33］盖庆恩，李承政，张无坷，等．从小农户经营到规模经营：土地流转与农业生产效率［J］．经济研究，2023，58（5）：135 – 152.

［34］高鸣，江帆．回答"谁来种地"之问：系统推进现代农业经营体系建设［J］．中州学刊，2023（12）：45 – 53.

［35］高鸣．粮食直接补贴政策对小麦生产率的影响［D］．北京：中国农业大学，2017.

［36］高强，宋洪远．农村土地承包经营权退出机制研究［J］．南京农业大学学报：社会科学版，2017，17（4）：74 – 84.

［37］高强．现阶段我国农户兼业经营特点及评价［J］．中国经济问题，1998（1）：26 – 30.

［38］高士然，张乐柱，于明珠．我国小农户与现代农业衔接的经验和建议——以民勤县和罗定市为例［J］．农村金融研究，2020（1）：52 – 59.

［39］巩慧臻，姜长云．农业生产托管服务：政策支持重点、短板和盲区［J］．农村经济，2023（8）：106 – 112.

［40］桂华，刘洋．我国粮食作物规模化种植及其路径选择——江苏射阳"联耕联种"做法与启示［J］．南京农业大学学报（社会科学版），

2017，17（1）：100－107.

[41] 郭本海，李军强，刘思峰.县域间土地供给竞合关系演化博弈模型 [J].中国管理科学，2015，23（12）：77－85.

[42] 郭力，李欣烨，李春明.粮食主产区政策、农业生态效率与种粮积极性——基于双重差分模型的实证检验 [J].长江流域资源与环境，2024，33（2）：424－435.

[43] 郭庆海.小农户：属性、类型、经营状态及其与现代农业衔接 [J].农业经济问题，2018：25－37.

[44] 郭熙保.市民化过程中土地退出问题与制度改革的新思路 [J].经济理论与经济管理，2014，34（10）：14－23.

[45] 郭晓鸣，温国强.农业社会化服务的发展逻辑、现实阻滞与优化路径 [J].中国农村经济，2023（7）：21－35.

[46] 国务院发展研究中心课题组.农民工市民化：制度创新与顶层政策设计 [M].北京：中国发展出版社，2011.

[47] 韩朝华.从务农收入视角看农业规模化经营的本意 [J].经济学动态，2023（3）：52－65.

[48] 韩俊，崔传义，赵阳.巴西城市化过程中贫民窟问题及对我国的启示 [J].中国发展观察，2005（6）：4－6.

[49] 郝爱民.农业生产性服务业对农业的外溢效应与条件研究 [J].南方经济，2013（5）：38－48.

[50] 何安华，刘同山，孔祥智.农户异质性对农业技术培训参与的影响 [J].中国人口资源与环境，2014，24（3）：116－123.

[51] 何欣，蒋涛，郭良燕，等.中国农地流转市场的发展与农户流转土地行为研究 [J].管理世界，2016，6：79－89.

[52] 何雄伟，杨志诚.经济补偿模式、农户家庭特征与土地承包权退出 [J].江西社会科学，2021，41（8）：70－81.

[53] 何秀荣.关于我国农业经营规模的思考 [J].农业经济问题，2016，9：4－15.

[54] 何秀荣.技术，制度与绿色农业 [J].河北学刊，2018，38（4）：120－125.

[55] 何盈盈，冉瑞平，尹奇，等.土地承包经营权退出补偿标准研

究——基于农户的需求调查 [J]. 中国农业资源与区划, 2018, 39 (12): 231 - 236.

[56] 贺雪峰. 工商资本下乡的隐患分析 [J]. 中国乡村发现, 2014 (3): 125 - 131.

[57] 胡凌啸, 王亚华. 小农户和现代农业发展有机衔接: 全球视野与中国方案 [J]. 改革, 2022 (12): 89 - 101.

[58] 胡凌啸. 中国农业规模经营的现实图谱: "土地 + 服务" 的二元规模化 [J]. 农业经济问题, 2018 (11): 20 - 28.

[59] 胡新艳, 陈小知, 米运生. 农地整合确权政策对农业规模经营发展的影响评估——来自准自然实验的证据 [J]. 中国农村经济, 2018 (12): 83 - 102.

[60] 胡新艳, 朱文珏, 罗必良. 产权细分, 分工深化与农业服务规模经营 [J]. 天津社会科学, 2016 (4): 93 - 98.

[61] 黄季焜. 农业供给侧结构性改革的关键问题: 政府职能和市场作用 [J]. 中国农村经济, 2018 (2): 2 - 14.

[62] 黄季焜, 王晓兵, 智华勇, 等. 粮食直补和农资综合补贴对农业生产的影响 [J]. 农业技术经济, 2011 (1): 4 - 12.

[63] 黄季焜, 冀县卿. 农地使用权确权与农户对农地的长期投资 [J]. 管理世界, 2012 (9): 76 - 81.

[64] 黄丽芬. 农二代阶层分化的表现、特点与社会基础 [J]. 中国青年研究, 2021 (3): 68 - 75.

[65] 黄炜虹, 杨彩艳, 闵锐. 新型农业经营主体能够带动小农户生产绿色转型吗? ——基于 454 份小农户调查数据的分析 [J]. 干旱区资源与环境, 2024, 38 (5): 69 - 78.

[66] 黄心泓. 乡村持续发展中的 "村社自主性" 及其限度 [J]. 中国农村观察, 2023 (6): 124 - 144.

[67] 黄延廷, 刘轶. 日本农地规模化的制度、效果与启示 [J]. 经济体制改革, 2019 (5): 165 - 171.

[68] 黄炎忠, 罗小锋, 余威震. 小农户绿色农产品自给生产行为研究 [J]. 农村经济, 2020 (5): 66 - 74.

[69] 黄贻芳, 钟涨宝. 城镇化进程中农地承包经营权退出机制构建

[J]. 西北农林科技大学学报：社会科学版，2014，14（1）：13－18.

[70] 黄宗智. "差异化最优"和"纵向一体化"理论对中国的意义 [J]. 开放时代，2024（1）：162－173，110.

[71] 冀名峰. 农业生产性服务业：我国农业现代化历史上的第三次动能 [J]. 农业经济问题，2018（3）：9－15.

[72] 贾晋，申云. 农业供给侧改革——基于微观视角的经济学分析 [M]. 成都：西南财经大学出版社，2018.

[73] 江激宇，张士云，李博伟，等. 种粮大户扩大农地规模意愿存在盲目性吗？[J]. 中国人口·资源与环境，2016，26（8）：97－104.

[74] 江永红，杨春. 加入合作社能否改善中国小农户市场弱势地位？[J]. 农村经济，2024（4）：121－131.

[75] 姜安印，杨志良. 小农户的道德伦理能保证农产品质量安全吗——基于226份肉羊养殖户的调查数据 [J]. 江西财经大学学报，2021（1）：91.

[76] 蒋芮，肖璐，贾敬远. 家庭视角下农民工城市落户意愿，行为及其转化——基于住房状况的调节作用 [J]. 西北人口，2018，39（4）：112－118.

[77] 蒋尉. 欧洲工业化、城镇化与农业劳动力流动 [M]. 北京：社会科学文献出版社，2013.

[78] 蒋永穆，戴中亮. 小农户与现代农业：衔接机理与政策选择 [J]. 求索，2019（4）：88－96.

[79] 金励. 城乡一体化背景下进城落户农民土地权益保障研究 [J]. 农业经济问题，2017（11）：48－59.

[80] 金雪，孙学涛. 互联网使用对农业生态产品供给的影响：理论分析与农户证据 [J]. 自然资源学报，2023，38（7）：1833－1847.

[81] 景娥. 消费者对偏远地区特色农产品的购买行为及其影响因素研究——基于2027个消费者样本数据的考察 [J]. 中国农业资源与区划，2023（10）：1－11.

[82] 柯炳生. 如何理解小农户的"小"？[J]. 农村经营管理，2018（7）：26－27.

[83] 孔凡斌，钟海燕，潘丹. 小农户土壤保护行为分析——以施肥为

例 [J]. 农业技术经济, 2019 (1): 100 – 110.

[84] 孔祥智, 楼栋, 何安华. 建立新型农业社会化服务体系: 必要性、模式选择和对策建议 [J]. 教学与研究, 2012, V47 (1): 39 – 46.

[85] 孔祥智, 穆娜娜. 实现小农户与现代农业发展的有机衔接 [J]. 农村经济, 2018 (2): 1 – 7.

[86] 匡远配, 刘洋. 农地流转过程中的"非农化","非粮化"辨析 [J]. 农村经济, 2018 (4): 1 – 6.

[87] 匡远配, 陆钰凤. 我国农地流转"内卷化"陷阱及其出路 [J]. 农业经济问题, 2018 (9): 33 – 42.

[88] 李谷成, 冯中朝, 范丽霞. 小农户真的更加具有效率吗? 来自湖北省的经验证据 [J]. 经济学 (季刊), 2010, 9 (1): 99 – 128.

[89] 李昊, 李世平, 南灵. 农药施用技术培训减少农药过量施用了吗? [J]. 中国农村经济, 2017 (10): 80 – 96.

[90] 李俊甫, 房阿曼, 吴克宁, 等. 河南省耕地"非粮化"空间分异特征及其驱动因素分析 [J]. 中国农业资源与区划, 2024: 1 – 14.

[91] 李琪. 土地托管、规模经营与生产技术效率——来自山东省小麦种植户的证据 [J]. 中国土地科学, 2023, 37 (8): 73 – 83.

[92] 李琴, 李怡, 郝淑君. 农地适度规模经营的分类估计——基于不同地形下不同地区的测算 [J]. 农林经济管理学报, 2019, 18 (1): 106 – 114.

[93] 李荣耀, 叶兴庆. 农户分化, 土地流转与承包权退出 [J]. 改革, 2019 (2): 17 – 26.

[94] 李铜山, 周腾飞. 小农户经营困境: 表象、成因及破解 [J]. 中州学刊, 2015 (4): 34 – 39.

[95] 李卫, 薛彩霞, 姚顺波, 等. 农户保护性耕作技术采用行为及其影响因素: 基于黄土高原 476 户农户的分析 [J]. 中国农村经济, 2017 (1): 44 – 57, 94 – 95.

[96] 李文明, 罗丹, 陈洁, 等. 农业适度规模经营: 规模效益、产出水平与生产成本——基于 1552 个水稻种植户的调查数据 [J]. 中国农村经济, 2015 (3): 4 – 17, 43.

[97] 李玉超, 张立杰. 农业社会化服务对农业绿色全要素生产率的影

响研究——基于农户分化的视角［J］. 农村经济，2024（3）：101 - 111.

［98］理查德·H. 托尼. 中国的土地和劳动［M］. 北京：商务印书馆，2014.

［99］梁栋. 行政主导农业转型的实践逻辑与公共治理困境［J］. 华南农业大学学报（社会科学版），2021，5（1）：1672 - 0202. 2021.

［100］梁海兵，姚仁福. 从摆脱贫困走向共同富裕：合作社赋能小农户增收的机制与限度［J］. 南京农业大学学报（社会科学版），2023，23（6）：40 - 52.

［101］廖媛红. 影响农户种植结构的组态分析：基于小农户和规模农户比较的视角［J］. 干旱区资源与环境，2024，38（6）：51 - 60.

［102］林乐芬，沈一妮. 异质性农户对农地抵押贷款的响应意愿及影响因素——基于东海试验区2640户农户的调查［J］. 财经科学，2015（4）：34 - 48.

［103］林乐芬，王步天. 农户农地经营权抵押贷款可获性及其影响因素——基于农村金融改革试验区2518个农户样本［J］. 中国土地科学，2016，30（5）：36 - 45.

［104］林彤，宋戈. 基于规模经营的农地流转策略演化博弈分析——以黑龙江省克山县为例［J］. 干旱区资源与环境，2018，32（7）：15 - 22.

［105］刘洁，韩昕儒. 资本下乡与小农户的共赢路径及实现机制——以鲁东地区A村为例［J］. 农业经济问题，2024（3）：1 - 14.

［106］刘金凤，刘瑞明，石阳. 从"半城市化"到"城市化"：农业转移人口市民化进程中的教育推动机制研究［J］. 数量经济技术经济研究，2023，40（9）：138 - 156.

［107］刘恺，罗明忠. 农村转移劳动力城市融入对农地流转影响分析——以农地价值感知为中介变量［J］. 南方农村，2015（6）：10 - 17.

［108］刘灵辉. 慎用"不在地主"概念——兼论保护进城农民土地合法权益［J］. 贵州师范大学学报（社会科学版），2021（6）：70 - 78.

［109］刘同山，方志权. 城镇化进程中农村承包地退出选择：以上海郊区为例［J］. 重庆社会科学，2018（10）：15 - 23.

［110］刘同山，孔祥智. 参与意愿，实现机制与新型城镇化进程的农地退出［J］. 改革，2016（6）：79 - 89.

［111］刘同山，牛立腾. 农户分化，土地退出意愿与农民的选择偏好

[J]. 中国人口·资源与环境, 2014, 24 (6): 114-120.

[112] 刘同山, 吴刚. 农业机械化与经营权流转提升了农地退出意愿吗? [J]. 中国农业大学学报: 社会科学版, 2021, 38 (1): 123-133.

[113] 刘同山. 以机制创新提升"人地"资源配置效率——对冀, 鲁, 豫, 宁四省农村土地退出的调查和思考 [J]. 价格理论与实践, 2016 (1): 80-83.

[114] 刘西川, 江如梦. 小农户抵押担保融合贷款模式创新: 机理与条件——基于3个反担保贷款案例 [J]. 中国农村经济, 2023 (6): 114-138.

[115] 刘艳, 马贤磊, 石晓平. 农机服务对小农户土地流转"内卷化"的影响 [J]. 华中农业大学学报 (社会科学版), 2022 (2): 146-157.

[116] 刘依杭. 农地流转"内卷化"成因及优化机制探索 [J]. 河南大学学报 (社会科学版), 2024, 64 (2): 22-27, 152-153.

[117] 刘益平. 农业社会化服务是小农户的必然出路——基于湖南省4市8县的调研 [J]. 农村工作通讯, 2018 (11): 39-41.

[118] 刘宇荧, 李后建, 林斌, 等. 水稻种植技术培训对农户化肥施用量的影响——基于70个县的控制方程模型实证分析 [J]. 农业技术经济, 2022 (10): 114-131.

[119] 刘玉侠, 陈瑞伞. 回流农民工代际差异比较分析 [J]. 浙江社会科学, 2018 (10): 87-94, 158.

[120] 刘志忠, 张浩然, 欧阳慧. 乡村振兴下土地流转的收入分配效应研究——基于农村劳动力就地转移的视角 [J]. 学术研究, 2022 (8): 83-91, 177.

[121] 刘宗志, 肖晗煜, 周力. 二轮延包下农户承包权益保障与农地经营效率提升: 现实困境与创新举措——来自试点村庄的启示 [J]. 农业经济问题, 2024 (4): 1-14.

[122] 吕运涛. 构筑工商资本下乡新机制 [J]. 农村工作通讯, 2014 (16): 32-33.

[123] 罗必良, 仇童伟. 中国农业种植结构调整: "非粮化"抑或"趋粮化" [J]. 社会科学战线, 2018 (2): 39-51.

[124] 罗必良. 从产权界定到产权实施——中国农地经营制度变革的

过去与未来 [J]. 农业经济问题，2019 (1)：17 – 31.

[125] 罗必良，江雪萍，李尚蒲，等. 农地流转会导致种植结构"非粮化"吗 [J]. 江海学刊，2018 (2)：8.

[126] 罗必良. 农地保障和退出条件下的制度变革：福利功能让渡财产功能 [J]. 改革，2013 (1)：66 – 75.

[127] 罗必良. 农业供给侧改革的关键，难点与方向 [J]. 农村经济，2017 (1)：1 – 10.

[128] 罗必良. 农业经营制度的理论轨迹及其方向创新：川省个案 [J]. 改革，2014，2：96 – 112.

[129] 罗必良，钟文晶，谢琳. 走向"全域共营制"——从农业经营到乡村振兴的转型升级 [J]. 农村经济，2022 (1)：1 – 9.

[130] 罗丹，李文明，陈洁. 粮食生产经营的适度规模：产出与效益二维视角 [J]. 管理世界，2017 (1)：78 – 88.

[131] 罗小锋，向潇潇，李容容. 种植大户最迫切需求的农业社会化服务是什么 [J]. 农业技术经济，2016 (5)：4 – 12.

[132] 罗亚文. 农户土地经营权融资担保实践模式的法表达 [J]. 农村经济，2022 (12)：108 – 116.

[133] 马婷婷，陈英，宋文. 农民土地意识对农地流转及规模经营意愿的影响研究——以甘肃省武威市为例 [J]. 干旱区资源与环境，2015 (9)：26 – 32.

[134] 孟令国，余水燕. 土地流转与农村劳动力转移：基于人口红利的视角 [J]. 广东财经大学学报，2014，29 (2)：61 – 66.

[135] 穆娜娜，钟真. 农业生产托管助推双层经营体制创新的逻辑：基于多个案例的分析 [J]. 农林经济管理学报，2023，22 (1)：20 – 27.

[136] 倪国华，蔡昉. 农户究竟需要多大的农地经营规模？——农地经营规模决策图谱研究 [J]. 经济研究，2015，50 (3)：13.

[137] 诺思. 制度、制度变迁与经济绩效 [M]. 上海：上海三联书店，1994.

[138] 普蓂喆，郑风田. 高房价与城镇居民创业——基于 CHIP 微观数据的实证分析 [J]. 经济理论与经济管理，2016 (3)：31 – 44.

[139] 钱克明，彭廷军. 我国农户粮食生产适度规模的经济学分析

[J]. 农业经济问题，2014，35（3）：4 - 7.

[140] 曲福田，马贤磊，郭贯成. 从政治秩序，经济发展到国家治理：百年土地政策的制度逻辑和基本经验 [J]. 管理世界，2021，37（12）：1 - 15.

[141] 全毅，孙鹏，刘婉婷. 日本实施国民收入倍增计划的背景、经验及启示 [J]. 世界经济与政治论坛，2014（3）：144 - 157.

[142] 邵彦敏. 农业人口流动与农村土地流转 [J]. 人口学刊，2007，29（4）：36 - 39.

[143] 沈琼，李皓浩. 互联网使用与家庭农地流转 [J]. 经济经纬，2023，40（6）：15 - 26.

[144] 沈悦. 日本的城市化及对我国的启示 [J]. 现代日本经济，2004（1）：60 - 64.

[145] 施海波，吕开宇，栾敬东. 土地禀赋，支持政策与农户经营规模的扩大——基于4省1040户农户调查数据的分析 [J]. 西北农林科技大学学报（社会科学版），2019，19（2）：142 - 151.

[146] 时晓虹，耿刚德，李怀. "路径依赖" 理论新解 [J]. 经济学家，2014（6）：53 - 64.

[147] 舒尔茨. 改造传统农业 [M]. 梁小民，译. 北京：商务印书馆，2009.

[148] 宋戈，邹朝晖，陈藜藜. 基于双重目标的东北粮食主产区土地适度规模经营研究 [J]. 中国土地科学，2016，30（8）：38 - 46.

[149] 宋林，高小东，宋健，等. 日本农村剩余劳动力转移经验及启示 [J]. 西安交通大学学报：社会科学版，2014，34（3）：33 - 38.

[150] 苏红键. 城乡两栖的内涵转变与市民化战略转型 [J]. 学习与探索，2024（4）：48 - 55.

[151] 粟后发. "社会生活" 的构建与就近城镇化——对 "二代农民工" 返乡购房的考察 [J]. 中国农村观察，2023（3）：106 - 124.

[152] 孙顶强，卢宇桐，田旭. 生产性服务对中国水稻生产技术效率的影响——基于吉，浙，湘，川4省微观调查数据的实证分析 [J]. 中国农村经济，2016（8）：70 - 81.

[153] 孙生阳，邹一南. 互联网使用能促进化肥减量增效吗？——基

于内生转换回归模型的实证分析 [J]. 东岳论丛，2024，45（1）：57-67.

[154] 孙治一，孙大鹏，于滨铜，等. 兼业如何影响农户"一家两制"生产行为？——来自全国5省1458个农户样本的经验证据 [J]. 中国农村经济，2021（6）：44-59.

[155] 谭淑豪，王硕，叶卓卉，等. 土地流转会加剧耕地"非粮化"吗？——基于经营规模的异质性分析 [J]. 自然资源学报，2023，38（11）：2841-2855.

[156] 田鹏. 小农户联结新型农业经营主体的实践逻辑 [J]. 华南农业大学学报（社会科学版），2024，23（1）：16-24.

[157] 仝志辉，温铁军. 资本和部门下乡与小农户经济的组织化道路——兼对专业合作社道路提出质疑 [J]. 开放时代，2009（4）：5-26.

[158] 佟大建，张湖沿，应瑞瑶. 基本公共服务均等化、城市融入与农民工城市居留意愿 [J]. 农业技术经济，2023（10）：79-94.

[159] 童洪志. 扶贫政策工具组合对农户扩大生产规模经营的影响机制研究 [J]. 中国农业资源与区划，2020，41（5）：176-184.

[160] 童婷，李谷成，廖文梅. 互联网使用能影响农户生产托管行为吗？[J]. 中南财经政法大学学报，2023（4）：149-160.

[161] 庹国柱，朱俊生. 完善我国农业保险制度需要解决的几个重要问题 [J]. 保险研究，2014（2）：44-53.

[162] 王德福. 弹性城市化与接力式进城 [J]. 社会科学，2017，3：66-74.

[163] 王海娟. 集体所有制视野下承包地退出制度及其改革困境研究 [J]. 经济学家，2020（7）：76-84.

[164] 王海娟. 农村承包地退出的路径嬗变、实践困境及其制度变革反思 [J]. 南京农业大学学报（社会科学版），2022，22（2）：126-134.

[165] 王洪丽，杨印生. 农产品质量与小农户生产行为——基于吉林省293户稻农的实证分析 [J]. 社会科学战线，2016（6）：64-69.

[166] 王吉泉，沈贵川，冯龙庆，等. 成都农业共营制发展研究——以崇州市为例 [J]. 中共四川省委党校学报，2016（4）：65-67.

[167] 王敬尧，王承禹. 农地规模经营中的信任转变 [J]. 政治学研究，2018（1）：59-69.

[168] 王丽双，王春平，孙占祥. 农户分化对农地承包经营权退出意愿的影响研究 [J]. 中国土地科学，2015 (9)：27－33.

[169] 王嫚嫚，刘颖，陈实. 规模报酬，产出利润与生产成本视角下的农业适度规模经营——基于江汉平原 354 个水稻种植户的研究 [J]. 农业技术经济，2017，4：83－94.

[170] 王娜娜，付伟. 农业转型过程中小农户的生态困境——以山东省孟村农户农药施用为例 [J]. 南京农业大学学报（社会科学版），2022，22 (3)：96－104.

[171] 王萍，丁延武，郭晓鸣. "三权分置"背景下的农地承包经营权退出：利益诉求，利益结构与利益冲突 [J]. 农村经济，2021 (4)：25－31.

[172] 王亚华. 什么阻碍了小农户和现代农业发展有机衔接 [J]. 人民论坛，2018 (7)：72－73.

[173] 王兆林，杨庆媛，李斌. 农户农村土地退出风险认知及其影响因素分析：重庆的实证 [J]. 中国土地科学，2015 (7)：81－88.

[174] 韦伯. 经济与社会 [M]. 北京：北京出版社，2008.

[175] 韦伯. 经济、诸社会领域及权力 [M]. 上海：三联书店出版，1998.

[176] 魏梦升，颜廷武，罗斯炫. 规模经营与技术进步对农业绿色低碳发展的影响——基于设立粮食主产区的准自然实验 [J]. 中国农村经济，2023 (2)：41－65.

[177] 温锐，范博. 近百年来小农户经济理论与实践探索的共识与前沿——"小农·农户与中国现代化"学术研讨简论 [J]. 中国农村经济，2013 (10)：91－95.

[178] 温涛，向栩. 人力资本、劳动力流动与乡村产业融合——基于正规教育和技能培训的异质性视角 [J]. 社会科学战线，2024 (4)：82－95.

[179] 温铁军. 部门和资本"下乡"与农民专业合作经济组织的发展 [J]. 经济理论与经济管理，2009 (7)：5－12.

[180] 温铁军. 中国新农村建设报告 [M]. 福州：福建人民出版社，2010.

[181] 温忠麟 张，侯杰泰，刘红云. 中介效应检验程序及其应用 [J]. 心理学报，2004（5）：614－620.

[182] 文军. 从生存理性到社会理性选择：当代中国农民外出就业动因的社会学分析 [J]. 社会学研究，2001（6）：21－32.

[183] 吴偎立，郑梦圆，平新乔. 论农业生产托管与土地流转 [J]. 经济科学，2022（6）：142－159.

[184] 吴宗法，詹泽雄. 前景理论视角下失地补偿理论分析 [J]. 农业技术经济，2014（11）：4－13.

[185] 夏柱智，贺雪峰. 半工半耕与中国渐进城镇化模式 [J]. 中国社会科学，2017（12）：117－137.

[186] 肖剑，罗必良. 小农户如何走向农业组织化经营——来自农民工回流农户的证据 [J]. 南京农业大学学报（社会科学版），2024，24（1）：35－48.

[187] 谢冬水. 经济社会转型与农村土地产权变迁：中国的经验证据 [J]. 华中科技大学学报：社会科学版，2020，34（4）：74－84.

[188] 谢琳，钟文晶. 规模经营，社会化分工与深化逻辑——基于"农业共营制"的案例研究 [J]. 学术研究，2016（8）：101－106.

[189] 谢荣见，贾玉财，穆肖悦，等. 农地流转三方利益主体决策行为分析 [J]. 中国管理科学，2022：1－13.

[190] 邢芸. 教育和技能培训缓解了非正规就业者的不利境况吗？——基于进城务工农户的考察 [J]. 教育与经济，2023，39（4）：35－43.

[191] 熊雪，聂凤英，毕洁颖. 贫困地区农户培训的收入效应——以云南，贵州和陕西为例的实证研究 [J]. 农业技术经济，2017（6）：97－107.

[192] 徐冠清，余劲. 农村土地流转何以内卷化发展？——基于"不稳定性"和"社会保障"视角 [J]. 农村经济，2023（7）：36－43.

[193] 徐涛，赵敏娟，李二辉，等. 规模化经营与农户"两型技术"持续采纳——以民勤县滴灌技术为例 [J]. 干旱区资源与环境，2018（2）：37－43.

[194] 徐晓红，耿文静，邵宇浩. 农业转移人口的代际流动性测度与

分解 [J]. 统计与决策, 2024, 40 (7): 81 – 86.

[195] 徐旭初. 合作社是小农户和现代农业发展有机衔接的理想载体吗? [J]. 中国合作经济, 2018 (8): 19 – 20, 60.

[196] 徐志刚. 发展农业规模化经营 [J]. 农业经济与管理, 2023 (1): 13 – 16.

[197] 徐志刚, 宁可, 钟甫宁, 等. 新农保与农地转出: 制度性养老能替代土地养老吗? ——基于家庭人口结构和流动性约束的视角 [J]. 管理世界, 2018, 34 (5): 86 – 97.

[198] 许庆, 尹荣梁, 章辉. 规模经济, 规模报酬与农业适度规模经营 [J]. 经济研究, 2011, 3: 59 – 71.

[199] 许竹青, 郑风田, 陈洁. "数字鸿沟" 还是 "信息红利"? 信息的有效供给与农民的销售价格——一个微观角度的实证研究 [J]. 经济学 (季刊), 2013, 12 (4): 1513 – 1536.

[200] 亚当·斯密. 国富论 [M]. 上海: 上海三联书店, 2009.

[201] 颜廷武, 王原雪. 小农户对接大市场亟需跨越制度与法律障碍 [J]. 中国海洋大学学报 (社会科学版), 2013 (3): 67 – 71.

[202] 扬·杜威·范德普勒格. 新小农阶级: 帝国和全球化时代为了自主性和可持续性的斗争 [M]. 社会科学文献出版社, 2013.

[203] 杨丹, 冷利. 农户劳动力配置与 "一家两制" 行为——基于收入效应和挤出效应的分析 [J]. 农业技术经济, 2023 (3): 18 – 36.

[204] 杨佳琪, 张家才, 余典范. 互联网使用、农业生产效率与乡村振兴的内涵式发展 [J]. 华中农业大学学报 (社会科学版), 2023 (5): 53 – 65.

[205] 杨阳, 蒋佳伶, 冯瑞河, 等. 土地经营规模与中国农村家庭借贷——基于 CHFS 数据的实证研究 [J]. 经济与管理研究, 2019, 40 (6): 34 – 55.

[206] 叶敬忠, 吴惠芳, 许惠娇, 等. 土地流转的迷思与现实 [J]. 开放时代, 2016 (5): 76 – 91.

[207] 叶明华, 朱俊生. 新型农业经营主体与传统小农户农业保险偏好异质性研究——基于 9 个粮食主产省份的田野调查 [J]. 经济问题, 2018 (2): 91 – 97.

[208] 叶兴庆. 我国农业经营体制的 40 年演变与未来走向 [J]. 农业经济问题，2018（6）：8 – 17.

[209] 叶兴庆. 演进轨迹、困境摆脱与转变我国农业发展方式的政策选择 [J]. 改革，2016（6）：22 – 39.

[210] 于海龙，胡凌啸，林晓莉. 小农户和现代农业有机衔接需要何种媒介 [J]. 经济学家，2022，9：108 – 118.

[211] 于海龙，张振. 土地托管的形成机制，适用条件与风险规避：山东例证 [J]. 改革，2018（4）：110 – 119.

[212] 于丽红，陈晋丽，兰庆高. 农户农村土地经营权抵押融资需求意愿分析——基于辽宁省 385 个农户的调查 [J]. 农业经济问题，2014，3：25 – 31.

[213] 袁鹏，张宗毅，李洪波. 分散土地渐进流转何以实现规模化经营——基于苏北 Z 村"渐进规模户"的案例考察 [J]. 农业经济问题，2023（12）：1 – 10.

[214] 袁威，关文晋. 粮食安全视角下健全种粮农民收益保障机制研究 [J]. 行政管理改革，2024（1）：63 – 71.

[215] 苑鹏，丁忠兵. 小农户与现代农业发展的衔接模式：重庆梁平例证 [J]. 改革，2018（6）：106 – 114.

[216] 曾雅婷，吕亚荣，刘文勇. 农地流转提升了粮食生产技术效率吗——来自农户的视角 [J]. 农业技术经济，2018，36（3）：41 – 55.

[217] 翟世贤，彭超. 培训能增加农民收入吗——基于全国农村固定观察点数据的实证研究 [J]. 华中农业大学学报（社会科学版），2024（2）：108 – 121.

[218] 张成玉. 土地经营适度规模的确定研究——以河南省为例 [J]. 农业经济问题，2015（11）：57 – 63.

[219] 张林山. 农民市民化过程中土地财产权的保护和实现 [J]. 宏观经济研究，2011（2）：13 – 17.

[220] 张龙耀，周南，许玉韫，等. 信贷配给下的农业规模经济与土地生产率 [J]. 中国农村经济，2018，7：19 – 33.

[221] 张路雄. 耕者有其田：中国耕地制度的现实与逻辑 [M]. 北京：中国政法大学出版社，2012.

[222] 张明皓. 走自己的路：中国式农业农村现代化的理论建构与路径选择 [J]. 中国农业大学学报（社会科学版），2024，41（1）：5 – 18.

[223] 张沁岚，陈文浩，罗必良. 农地转入、细碎化改善与农业经营行为转变——基于全国九省农户问卷的 PSM 实证研究 [J]. 农村经济，2017（6）：1 – 10.

[224] 张瑞娟，高鸣. 新技术采纳行为与技术效率差异——基于小农户与种粮大户的比较 [J]. 中国农村经济，2018（5）：84 – 97.

[225] 张若瑾. 农业保险保费补贴政策的激励实效研究 [J]. 华南农业大学学报（社会科学版），2018（6）：31 – 41.

[226] 张卫国，易宇. 农民工转户行为的演化博弈分析——以重庆为例 [J]. 重庆大学学报：社会科学版，2016，22（6）：1 – 9.

[227] 张晓青. 国际人口迁移理论述评 [J]. 人口学刊，2001（3）：41 – 45.

[228] 张晓星，赵军洁. 农村承包地退出：理论逻辑与选择偏好 [J]. 农村经济，2019（11）：53 – 59.

[229] 张笑寒，岳启凡. 土地规模化经营促进农业生产性投资了吗？——基于全国三十一个省（市）的面板数据 [J]. 审计与经济研究，2019，34（4）：87 – 93.

[230] 张兴旺，孟丽，杜绍明，等. 关于信息化影响农业市场化问题研究 [J]. 农业经济问题，2019（4）：39 – 45.

[231] 张永奇，庄天慧，杨浩. 数字经济下农业生产率悖论与破解之道研究——基于 CLDS 小农户数据的经验考察 [J]. 西南民族大学学报（人文社会科学版），2023，44（7）：92 – 104.

[232] 张勇. 农户退出土地承包经营权的意愿、补偿诉求及政策建议 [J]. 中州学刊，2020，6：39 – 45.

[233] 张煜杉，杨汭华，任天驰. 农户异质性对农业保险购买行为的影响——基于第三次全国农业普查的微观农户数据 [J]. 农村金融研究，2020（9）：26 – 34.

[234] 张哲晰，潘彪，高鸣，等. 农业社会化服务：衔接赋能抑或歧视挤出 [J]. 农业技术经济，2023（5）：129 – 144.

[235] 章程. 代际视角下农民工工资市民化及其影响因素分析 [J]. 经

济问题，2018（11）：99－103.

[236] 赵丹丹，周宏，高富雄．农户分化、技术约束与耕地保护技术选择差异——基于不同约束条件下的农户技术采纳理论分析框架 [J]．自然资源学报，2020，35（12）：2956－2967.

[237] 赵光，李放．非农就业、社会保障与农户土地转出——基于30镇49村476个农民的实证分析 [J]．中国人口·资源与环境，2012，22（10）：102－110.

[238] 郑淋议，张丽婧，洪名勇．小农经济研究述评：几个重大问题辨析 [J]．西北农林科技大学学报（社会科学版），2019，19（3）：104－111.

[239] 郑秋芬，刘家成．数据要素赋能、要素成本结构变化与小农户向大农场转型 [J]．经济体制改革，2024（2）：81－87.

[240] 郑阳阳，罗建利．农户缘何不愿流转土地：行为背后的解读 [J]．经济学家，2019（10）：104－112.

[241] 郑志浩，高杨，霍学喜．农户经营规模与土地生产率关系的再探究——来自第三次全国农业普查规模农户的证据 [J]．管理世界，2024，40（1）：89－106.

[242] 中共中央马恩里斯著作编译局．马克思恩格斯选集 [M]．人民出版社，1995.

[243] 钟甫宁，陆五一，徐志刚．农村劳动力外出务工不利于粮食生产吗？——对农户要素替代与种植结构调整行为及约束条件的解析 [J]．中国农村经济，2016（7）：36－47.

[244] 钟文晶，李丹，罗必良．数字赋能：助推小农户融入现代农业发展轨道——基于全国农户微观数据的考察 [J]．暨南学报（哲学社会科学版），2023，45（6）：81－93.

[245] 钟钰，巴雪真．收益视角下调动农民种粮积极性机制构建研究 [J]．中州学刊，2023（4）：62－70.

[246] 钟涨宝，聂建亮．建立健全农村土地承包经营权退出机制初探 [J]．理论与改革，2010（5）：78－80.

[247] 钟真，徐越，蒋维扬．农业产业化联合体：理论机制及发展趋势 [J]．财经问题研究，2024（2）：120－129.

［248］周立，方平．多元理性："一家两制"与食品安全社会自我保护的行为动因［J］．中国农业大学学报（社会科学版），2015，32（3）：76-84．

［249］周敏，匡兵，黄善林．农户农地规模经营意愿影响因素实证研究——基于黑龙江省401份农户的调查数据［J］．干旱区资源与环境，2018，32（12）：63-68．

［250］朱郭奇，李文文，钱冬．基于悖论理论的农户农药减量化行为［J］．中国人口·资源与环境，2023，33（3）：102-112．

［251］朱文珏，罗必良．农地价格幻觉：由价值评价差异引发的农地流转市场配置"失灵"［J］．中国农村观察，2018，5：67-81．

［252］庄晋财，齐佈云．前景理论视角下不同类型农户的宅基地退出行为决策研究［J］．农林经济管理学报，2022，21（1）：87-94．

［253］邹一南．工农城乡关系演进下集体所有制的嬗变与重构［J］．经济学家，2022，1（4）：99-108．

［254］Adami C，Schossau J，Hintze A. Evolutionary game theory using agent-based methods［J］. Physics of life reviews，2016，19：1-26．

［255］Aker JC，Mbiti IM. Mobile phones and economic development in Africa［J］. Journal of economic Perspectives，2010，24（3）：207-232．

［256］Barberis NC. Thirty years of prospect theory in economics：A review and assessment［J］. Journal of Economic Perspectives，2013，27（1）：173-196．

［257］Baron RM，Kenny DA. The moderator-mediator variable distinction in social psychological research：Conceptual，strategic，and statistical considerations［J］. Journal of personality and social psychology，1986，51（6）：1173．

［258］Bartolini，Viaggi. The common agricultural policy and the determinants of changes in EU farm size［J］. Land use policy，2013，31：126-135．

［259］Booij AS，Van Praag B，Van De Kuilen G. A parametric analysis of prospect theory's functionals for the general population［J］. Theory and Decision，2010，68（1）：115-148．

［260］Cardenas JC，Carpenter JP. Three themes on field experiments and economic development. Field experiments in economics：Emerald Group Publishing Limited，2005：71-123．

［261］ Chang HY. Criminology： towards a neo-rational choice approach ［J］. Proceedings of the National Science Council, Part C： Humanities and Social Sciences, 1993, 3 （2）.

［262］ Coleman JS. Foundations of social theory ［M］. Harvard university press, 1994.

［263］ Cragg J G. Some statistical models for limited dependent variables with application to the demand for durable goods ［J］. Econometrica： journal of the Econometric Society, 1971： 829 – 844.

［264］ Dong J, Jiang Y, Liu D, et al. Promoting dynamic pricing implementation considering policy incentives and electricity retailers' behaviors： An evolutionary game model based on prospect theory ［J］. Energy Policy, 2022, 167： 113059.

［265］ Fei X. Jiangcun economy： the life of a Chinese farmer ［M］. The Commercial Press, 2001.

［266］ Feng L, Bao HX, Jiang Y. Land reallocation reform in rural China： A behavioral economics perspective ［J］. Land Use Policy, 2014, 41： 246 – 259.

［267］ Friedman D. Evolutionary economics goes mainstream： a review of the theory of learning in games ［J］. Journal of Evolutionary Economics, 1998, 8 （4）： 423 – 432.

［268］ Kasahara H, Shimotsu K. Nonparametric identification of finite mixture models of dynamic discrete choices ［J］. Econometrica, 2009, 77 （1）： 135 – 175.

［269］ Khan N, Ray RL, Zhang S, et al. Influence of mobile phone and internet technology on income of rural farmers： Evidence from Khyber Pakhtunkhwa Province, Pakistan ［J］. Technology in Society, 2022, 68： 101866.

［270］ Kong X, Liu Y, Jiang P, et al. A novel framework for rural homestead land transfer under collective ownership in China ［J］. Land Use Policy, 2018, 78： 138 – 146.

［271］ Li H, Huang X, Kwan M – P, et al. Changes in farmers' welfare from land requisition in the process of rapid urbanization ［J］. Land Use Policy,

2015，42：635 – 641.

［272］ Li J，Lo K，Zhang P，et al. Reclaiming small to fill large：A novel approach to rural residential land consolidation in China ［J］. Land Use Policy，2021，109：105706.

［273］ Lio M，Liu MC. ICT and agricultural productivity：evidence from cross‐country data ［J］. Agricultural Economics，2006，34（3）：221 – 228.

［274］ Liu J，Meng W，Li Y，et al. Effective guide for behaviour of farmers in the withdrawal of rural homesteads：An evolutionary game-based study ［J］. Mathematical Biosciences and Engineering，2022，19（8）：7805 – 7825.

［275］ Liu L，Liu Z，Gong J，et al. Quantifying the amount，heterogeneity，and pattern of farmland：Implications for China's requisition-compensation balance of farmland policy ［J］. Land Use Policy，2019，81：256 – 266.

［276］ Maddala GS. Limited-dependent and qualitative variables in econometrics ［M］. Cambridge university press，1986.

［277］ Mallee H. China's household registration system under reform ［J］. Development and Change，1995，26（1）：1 – 29.

［278］ Ma W，Abdulai A，Goetz R. Agricultural cooperatives and investment in organic soil amendments and chemical fertilizer in China ［J］. American Journal of Agricultural Economics，2017，100（2）：502 – 520.

［279］ Mittal S，Gandhi S，Tripathi G. Socio-economic impact of mobile phones on Indian agriculture. Working paper，2010.

［280］ Mwangi E. Subdividing the commons：Distributional conflict in the transition from collective to individual property rights in Kenya's Maasailand ［J］. World development，2007，35（5）：815 – 834.

［281］ Nelson P. Information and consumer behavior ［J］. Journal of political economy，1970，78（2）：311 – 329.

［282］ Popkin. The Rational Peasant：The Political Economy of Rural Society in Vietnam ［M］. Berkeley：University of California Press，1979.

［283］ Qian J，Ito S，Zhao Z，等 . Impact of agricultural subsidy policies on grain prices in China ［J］. Journal of the Faculty of Agriculture，Kyushu University，2015，60（1）：273 – 279.

［284］ Redfield. Peasant society and culture ［M］. University of Chicago Press，1956.

［285］ Rosenzweig M R，Binswanger H P. Wealth，weather risk，and the composition and profitability of agricultural investments ［M］. World Bank Publications，1992.

［286］ Scott J C. The moral economy of the peasant：Rebellion and subsistence in Southeast Asia ［M］. Yale University Press，1977.

［287］ Shibayama T，Noguchi H，Takahashi H，et al. Relationship between social engagement and diabetes incidence in a middle‐aged population：Results from a longitudinal nationwide survey in Japan ［J］. Journal of diabetes investigation，2018，9（5）：1060 – 1066.

［288］ Smith J，Price GR. The logic of animal conflict ［J］. Nature，1973，246（5427）：15 – 18.

［289］ Tadesse G，Bahiigwa G. Mobile phones and farmers' marketing decisions in Ethiopia ［J］. World development，2015，68：296 – 307.

［290］ Tan S，Heerink N，Kruseman G，et al. . Do fragmented landholdings have higher production costs? Evidence from rice farmers in Northeastern Jiangxi province，P. R. China ［J］. China Economic Review，2008，19（3）：347 – 358.

［291］ Taylor PD，Jonker L B. Evolutionary stable strategies and game dynamics ［J］. Mathematical biosciences，1978，40（1 – 2）：145 – 156.

［292］ Tekle L. Analysis of positive deviance farmer training centers in Northern Ethiopia ［J］. American Journal of Rural Development，2015，3（1）：10 – 14.

［293］ Tuyls K，Nowé A. Evolutionary game theory and multi-agent reinforcement learning ［J］. The Knowledge Engineering Review，2005，20（1）：63 – 90.

［294］ Wu Y，Xi X，Tang X，et al. Policy distortions，farm size，and the overuse of agricultural chemicals in China ［J］. Proceedings of the National Academy of Sciences，2018，115（27）：7010 – 7015.

［295］ Yan J，Yang Y，Xia F. Subjective land ownership and the endowment effect in land markets: A case study of the farmland "three rights separation" reform in China [J]. Land Use Policy, 2021, 101: 105137.

[296] Zhao Q, Pan Y, Xia X. Internet can do help in the reduction of pesticide use by farmers: Evidence from rural China [J]. Environmental Science and Pollution Research, 2021, 28: 2063 – 2073.

[297] Zhou N, Cheng W, Zhang L. Land rights and investment incentives: evidence from China's latest rural land titling program [J]. Land Use Policy, 2022, 117: 106126.

后　记

　　书稿即将完成，也该总结下出这本书的心路历程。

　　我出生于农村，与"三农"问题有天然的亲近感，每当看到农民在土地上辛勤耕作劳动，就想与他们聊聊天，聊聊当前的农业，聊聊他们内心的真实想法，每次都是不厌其烦地问各种幼稚的问题，但也正是他们朴素的回答带给我一次又一次的心灵冲击。读博士期间，每次寒暑假都会参加中国农业大学国家农业农村发展研究院组织的返乡调研，清晰地记得，在寒冷的冬日，蹲在村口小卖部边上与农民聊天做问卷；在凉爽的夏季，村边宽阔的大路上会有许多农民在两边的树荫下聊天打牌，我会主动与他们漫无目的地聊天，聊聊今年的收成，聊聊子女的境况，聊聊他们的生活，他们朴素的话语道出了中国农民的淳朴与善良，他们的话中有无奈、有憧憬、也有乐观和理性。比如在与一位年龄较大的农民聊天时，我问："您为什么还种地，不把土地流转给别人，您的儿子收麦、收豆每次都回家半个月，算下来工资都比您家种地的收入要高"，农民回答道，"回来不光是收麦、收豆，家里都有小孩和老人，也得回来看看，跟家里团聚一下，不能光在外面打工啊，也得回家看看，也休息休息"，这种看似不合理的情形却隐含着合理性，作为嵌入于社会的理性人，他们并不是追求个人经济利益最大化，而是追求家庭效用最大化。

　　在一次又一次与村民朴素的聊天中我认识到，现实中的农民跟论文中的农民是有差异的，他们关心的问题可能更实在，这些调研也促使我去思考一些底层的问题，如国家政策鼓励土地流转，但是为什么仍有大量小农户不愿流转土地？土地流转后为什么会形成大量小农复制？小农户愿意扩大经营规模吗？他们究竟想要多大的经营规模？农业规模化经营中不同类型农户需求是否一样？规模化经营有哪些风险，如何防范？基于这些思考我也形成了一系列文章，发表在《经济学家》《中国土地科学》《经济体制改革》《农村经济》《西北农林科技大学（社科版）》和《华中农业大学（社科版）》，等等。

　　这本书的大部分文章是我博士期间的研究成果，是对我博士四年关于土地问题思考的总结。博士期间经常与同学讨论某一个学术问题，总是充满批判性的思维，有时会因为一些问题争得面红耳赤，但大家都固执地坚持自己的观点。时至今日都能感受到读博士期间对学术的执著，这也成为我的一段无比美好的回忆，每当想起就会有一种幸福的感觉。这本书主要是关于小农户和规模化经营，我尝试用朴素的语言去解释中国农户的底层逻辑，了解他们内心真实的想法和行为，在这本书中我没有高深的理论或者模型，更多是用朴素的语言来表达我的思想，甚至有些地方直接引用被调研农民的原话，希望能够引起读者的共鸣。

　　不可否认，这本书是在一定情景、一定时间和一时激情下完成的，呈现我在过去一定时期内的思想轨迹和探索方向，关于小农户与规模化经营的探索仍处于初步阶段，仍有许多不足和需要改进的地方，任何批评和建议都会受到热烈欢迎，未来，我会继续我的研究，去真正地了解"三农"问题，了解农民真实的想法，探索中国式农业现代化中农民的实践。在此，感谢经济科学出版社给我这样的机会，让我重新梳理过去的观点和思路。感谢那些调研中的农民，是他们朴素的话语让我不断思考，向这些最可爱的人致敬。这本书也献给我的妻子田梦玲女士和刚出生不久的女儿郑孟辰，感谢妻子的辛苦付出，女儿的出生也给我增添了更大的动力。

郑阳阳

2024 年 5 月 20 日于温州茶山